KB071520

학교폭력 예방 및 학생의 이해

학교폭력 예방 및 학생의 이해

박종효 · 이선숙 · 임재연 · 최은영 · 권지웅 공저

Prevention of School Violence and
Understanding Students

학지사

머리말

학교는 학생들이 성장하고 배움을 키워 가는 삶의 터전으로서, 그 안에서 학생들은 자신의 미래를 실현할 수 있는 유의미한 교육과 소중한 관계를 경험하게 된다. 국가와 교육자들은 학생의 학습과 성장이 충실하게 이루어지도록 안전하고 심리적으로 건강한 학교환경을 조성해야 할 책임과 의무가 있다. 이 책은 학교를 건강하고 안전하게 만들어 학생들이 최적의 학습과 성장을 경험하기 위해 교사와 학교가 무엇을 해야 할지 심도 있게 고민한 결과이다.

우리나라는 2000년대 초반부터 학교폭력이 빈번하게 발생하였고, 이로 인해 귀한 생명인 학생들을 잃는 아픔을 겪어 왔다. 이러한 사회적 아픔을 근본적으로 해결하기 위해서 국가에서는 「학교폭력예방 및 대책에 관한 법률」을 제정 및 개정하여 시행하고 있고, '어울림' 등 예방교육 프로그램을 전국 학교에 의무적으로 실시하고 있으며 위클래스와 위센터 등 피해학생을 돕기 위한 제도와 정책을 구축하고 시행해 왔다. 이러한 각고의 노력에도 불구하고, 여전히 우리 주변에서 학교폭력은 사라지지 않고 예전보다 더 은밀하고 교묘하며 잔인한 방식으로 변화하고 있다.

이제 학교폭력을 새롭게 정의해야 할 시기가 되었다. 학교폭력은 폭력행위 그 자체나 가해학생 또는 피해학생의 문제가 아니다. 학교폭력은 우리 교육에서 놓치고 있는 인간 본연의 가치에 대한 존중, 배려와 돌봄 등 지지적인 대인관계, 공동체의 문화에 그 핵심이 있다. 더 나아가 학교폭력은 우리 사회가 경쟁과 성장에 매몰되어 외면하고 있었던 소수집단, 취약한 계층에 대한 배려와 돌봄과 맞닿아 있다.

이 책은 사범대학, 교육대학원, 일반대학의 교직과정 학생들이 예비교사가 되기 위하여 필수적으로 이수해야 하는 교과목 '학교폭력 예방과 학생의 이해'의 교재로서 집필되었다. 이 책을 집필한 저자들은 교육심리와 상담심리 전공 박사학위를 취득하고 수년 동안 학교폭력 관련 강의를 해 온 교수와 교사이다. 우리나라의 학교폭력 문제를 깊이 있게 고민하고 있고, 이를 해결하기 위해 대학에서 연구로, 일선 학교에서 교육으로 직접 실천한 최고의 전문가이다. 특히 저자들은 최근 학교폭력에 관한 이론과 실태를 면밀하게 주시하면서 우리 교육이 새롭게 주목해야 할 문제와 현상에 천착해 왔다.

구체적으로 각 장에서 다루는 내용을 간략하게 소개하면 다음과 같다.

제1장 학교폭력의 정의와 유형에서는 학교폭력에 관한 법률적·학술적 정의를 소개하고, 전통적인 학교폭력의 유형과 함께 사이버폭력의 유형을 세분화하여 설명하며, 최근에 이루어진 실태조사 결과를 반영하여 학교급과 성차의 특징적인 부분을 명시하였다.

제2장 학교폭력 피해학생 및 가해학생의 심리사회적 특징에서는 피해학생과 가해학생의 특징과 유형을 세분화하여 설명하였다. 학교폭력이 피해학생과 가해학생에게 미치는 영향, 학교폭력의 부정적 영향을 줄이고 관련 학생의 학교적응을 돕기위한 교육전략에 대해 다루었다.

제3장 학교폭력 영향요인과 이론적 관점에서는 학교폭력의 발생을 유발하거나 억제하는 개인의 특성과 함께 가정, 학교 및 사회 환경을 살펴보았다. 또한 학교폭력 현상을 이해하는 데 도움이 되는 이론적 관점으로 사회생태학이론, 강화이론, 사회학습이론과 사회정보처리이론을 소개하였다.

제4장 또래관계와 학교폭력 주변학생에서는 또래관계의 특성을 살펴보고 학교폭력과 관련하여 긍정적으로나 부정적으로 영향을 미치는 또래관계 요인을 제시하였다. 특히 학교폭력 주변학생의 역할과 심리사회적 특징을 이해하고, 이를 반영하여 방어행동을 촉진하고 비폭력적 학급 분위기를 조성하기 위한 교사의 역할에 대해 제시하였다.

제5장 학교폭력 예방교육에서는 학교폭력 예방의 중요성과 필요성에 대해 살펴보고 대표적인 국내외 예방 프로그램을 소개하였다. 국내에서는 '어울림'과 '우리들의 행복한 교실', 해외에서는 'Second Step' '키바코울루' '긍정행동지원'의 구성과 내용을 설명하고 그 교육적 효과에 대해 논의하였다.

제6장 학교폭력 사안처리 절차에서는 학교폭력 감지 및 인지, 신고 및 접수와 초기대응 요령을 안내하였고, 사안조사 및 전담기구 심의 과정에 대해 살펴보았다.

주요 내용으로 심의위원회의 조치 결정과 이행, 가해학생과 피해학생의 조치와 조치불복 및 분쟁조정을 설명하였다.

제7장 학교폭력 관련학생 및 보호자 상담에서는 상담의 기본 지식을 소개하고 학교폭력 관련학생과 보호자 상담을 위한 주안점을 제시하였다. 구체적인 예시를 제시함으로써 예비교사들이 상담기법을 적용해 볼 수 있게 정리하였다.

제8장 학생의 정서·행동발달에 대한 이해와 교육에서는 학생정서·행동특성검사에 대해 살펴보았고, 스트레스, 우울, 자해와 자살, 불안과 품행장애 및 비행 등 아동·청소년의 정서 및 문제행동을 이해하고 교육하는 데 필요한 핵심 내용을 포함하였다.

제9장 인성교육과 사회정서학습에서는 인성교육에 관한 정의와 핵심가치, 인성역량에 대해 소개하고 국내외 대표적인 인성교육 프로그램으로서 용서교육과 긍정행동을 설명하였다. 또한 사회정서학습의 정의와 핵심역량, 대표적인 국내외 사회정서학습 프로그램과 효과에 대해 살펴보았다.

제10장 학생생활지도와 학교문화에서는 학생생활지도를 긍정훈육과 교사주도적 훈육으로 나누어 제시하였고, 학급문화와 학급관리를 위한 교육전략과 실천방안을 소개하였다. 또한 학교폭력을 학교문화와의 관련성, 다문화 학생에 대한 이해와 교육을 연계하여 다루었다.

제11장 고위험 학생 이해와 교육에서는 3수준 공중보건모형을 소개하고 고위험 학생의 예방과 교육방안을 제시하였다. 특히 아동학대, 아동성폭력, 가정폭력에 노출된 학생들의 이해와 교육에 대해 설명하였으며 학업중단위기 과정을 이해하고 학업중단숙려제를 소개하였다.

제12장 학생 관계회복 프로그램의 이해와 실제에서는 학생 관계회복의 필요성과 프로그램 내용 및 운영 방법에 대해 소개하였다. 특히 학생 관계회복의 예시로 화해모임을 선정하고, 그 내용과 진행방식, 교사의 역할을 제시하였다.

제13장 학교폭력 관련 정책과 프로그램에서는 우리나라의 학교폭력 관련 주요 정책을 통시적으로 살펴보았고, 노르웨이, 영국, 미국, 독일의 학교폭력 정책 및 제도와 비교하였다. 또한 우리나라의 학교폭력 관련 공공 및 민간 지원기관과 서비스

등을 소개하였다.

이 책은 2021년도 교육부 교원자격검정 실무편람의 교수요목을 충실하게 반영하여 집필하였다. 첫째, 학교폭력 예방과 관련하여 인성교육과 사회정서학습에 대한 내용을 포함하였으며 국내외의 대표적인 프로그램을 다루었다. 둘째, 아동학대 예방, 아동·청소년 대상 성범죄 예방의 내용을 포함하였고 신고의무 등 법적 사항을 다루었다. 셋째, 학교문화와 관련하여 다문화 학생에 대한 이해와 교육적 지도방법을 포함하였다. 넷째, 학교부적응과 고위험 학생에 대한 이해를 토대로 학생생활지도 및 상담 방법을 예시와 함께 소개하였다. 다섯째, 학생 정서·행동에 관한 이해를 포함하였으며 일선 학교에서 빈번하게 나타나는 정서 및 행동 문제를 선별하여 구체적인 교육방법을 제시하였다.

학생들이 없는 텅 빈 학교에서 우리는 당연하게 여겼던 교사와 학교의 역할, 또래와 학교문화를 새삼스럽게 생각해 보았다. 더 이상 학교가 폭력, 갈등, 피해로 점철되지 않고, 학교 본연의 목적과 소명을 다할 수 있도록 우리 교육자와 책임 있는 성인은 더 많이 고민하고 실천해야 할 것이다.

몇 년 전 집필을 약속하고 항상 빚진 마음으로 지내 왔다. 그사이에 우리 대학원에서 함께 연구했던 선생님들이 오랜 약속을 지킬 수 있도록 마음을 모아 주셨다. 그분들이 함께해 주셨기에 이 책이 미래의 교사와 독자를 만날 수 있게 되었다. 마지막으로, 오랜 시간 너그러운 마음으로 기다려 주시고 전폭적으로 지원해 주신 학지사 김진환 대표님, 한승희 부장님, 꼼꼼하고 정확하게 편집을 담당해 주신 차형근 선생님과 관계자 여러분께 감사의 마음을 전한다.

학생이 주인인 안전하고 행복한 학교를 꿈꾸며
저자 대표 박종효

차례

제1장
학교폭력의 정의와 유형

　이 장에서는 학교폭력의 정의와 유형에 대해 학습하여 어떤 사례가 학교폭력에 포함이 되는지, 어떠한 유형에 속하는지에 대해 알아본다. 또한 초·중·고등학교 학교폭력의 현황을 학교폭력 실태조사 결과를 통해 살펴본다.

학습목표

- 학교폭력의 개념을 설명할 수 있다.
- 학교폭력의 각 유형을 구별할 수 있다.
- 학교폭력 현황을 실태조사 결과를 통해 파악하고 그 변화에 대해 설명할 수 있다.

생각해 보기

다음의 사건은 학교폭력이라 할 수 있을까?

• 권 선생님이 수근이의 머리를 때리는 행위

• 미진이의 어머니가 민수에게 욕을 하는 행위

• 진호가 학교를 그만둔 기욱이를 때린 행위

이 장에서는 「학교폭력예방 및 대책에 관한 법률」에 기반하여 학교폭력과 학교폭력 관련 개념들에 대해 면밀히 살펴보고, 학교폭력을 일곱 가지 유형으로 구분하여 각 유형에 포함되는 행위에 대해 알아보고자 한다. 또한 매년 실시되는 학교폭력 실태조사 결과를 활용하여 학교폭력 현황을 살펴보고 각 학교급의 학교폭력 특성에 대해 생각해 보고자 한다.

1. 학교폭력의 정의

「학교폭력예방 및 대책에 관한 법률」(이하 「학교폭력예방법」)에서 학교폭력이란 학교 내외에서 학생을 대상으로 발생한 상해, 폭행, 감금, 협박, 약취·유인, 명예훼손·모욕, 공갈, 강요·강제적인 심부름 및 성폭력, 따돌림, 사이버 따돌림, 정보통신망을 이용한 음란·폭력 정보 등에 의하여 신체·정신 또는 재산상의 피해를 수반하는 행위로 정의된다. 이러한 행위는 예시적이며, 이외에도 신체·정신·재산상의 피해를 수반하는 모든 행위는 학교폭력에 해당한다.[1] 「학교폭력예방법」에서 말하는 학교란 「초·중등교육법」 제2조에 따른 초등학교·중학교·고등학교·특수학교 및 각종 학교를 말하며, 학생이란 이러한 학교에 소속되어 교육을 받는 사람을 의미한다.

실제로 사소한 괴롭힘, 학생들이 장난이라고 여기는 행위도 학교폭력이 될 수 있으며, 학교폭력은 학교 내외에서 학생을 대상으로 하는 폭력이므로 가해자가 학생이 아닌 경우에도 학교폭력에 포함되며, 필요시 피해학생에 대해 보호조치를 할 수 있다. 만약 아동학대로 신고·접수된 사안일 경우, 학교폭력 사안처리 적용을 제외할 수 있지만(「학교폭력예방법」 제5조), 학교에서는 피해아동 보호를 위해 관계기관에 적극적으로 협조하며 지속적 보호를 위해 노력해야 할 필요가 있다.

「학교폭력예방법」에는 학교폭력 외에도 '따돌림'과 '사이버 따돌림'에 대한 정의도

---

1) '학교폭력은 폭행, 명예훼손·모욕 등에 한정되지 않고 이와 유사한 행위로서 학생의 신체·정신 또는 재산피해를 수반하는 모든 행위를 포함한다(서울행정법원 판례 2014구합250 판결).

포함되어 있는데, 따돌림이란 학교 내외에서 2명 이상의 학생이 특정인이나 특정집단의 학생들을 대상으로 지속적이거나 반복적으로 신체적 또는 심리적 공격을 가하여 상대방이 고통을 느끼도록 하는 일체의 행위로 정의된다. 사이버 따돌림이란 인터넷, 휴대전화 등 정보통신기기를 이용하여 학생들이 특정 학생들을 대상으로 지속적, 반복적으로 심리적 공격을 가하거나, 특정 학생과 관련된 개인정보 또는 허위사실을 유포하여 상대방이 고통을 느끼도록 하는 일체의 행위로 설명된다.

「학교폭력예방법」에는 아직까지 사이버폭력에 대한 정의가 포함되어 있지는 않지만, 연구자들은 사이버폭력을 사이버 공간에서 고의적, 악의적, 반복적으로 타인에 대한 비방이나 모욕, 협박, 위협 등을 가하는 행위라고 설명한다(Smith, Mahdavi, Carvlho, Risher, Russell, & Tippett, 2008). 푸른나무재단(2021)은 사이버폭력을 '의사소통을 목적으로 하는 다양한 전자기기를 매개로 하여 발생하며, 연령과 상관없는 대상(개인 혹은 집단, 또래 혹은 성인)으로부터 본인이 원하지 않는 피해를 받았다고 인식하고, 일회적 혹은 반복적으로 발생하는 횟수와 상관없이 일어나 피해를 주는 부정적인 모든 행위'로 정의하고, 정보통신윤리위원회(2005)에서는 사이버공간에서 발생하는 온갖 형태의 폭력적 표현 및 행위로 정의하였다.

학교폭력과 사이버폭력 모두 학자마다 사용하는 명칭에 일부 차이가 나타난다. 학교폭력의 개념과 유사한 용어로는 또래괴롭힘, 집단괴롭힘, 왕따 등의 용어가 있다. 올베우스는 '또래괴롭힘(bullying)'이라는 표현을 가지고 '힘이 불균형한 상태에서 의도를 가지고 반복적이고 지속적으로 괴롭히는 행위'라고 학교폭력을 설명하였다(Olweus, 1993). 이러한 괴롭힘 행위에는 다른 사람에게 고통을 주거나 문제를 발생시키고자 시도하는 의도가 포함되며, 그 예시로는 집단에서 소외시키거나 신체적 폭력(예: 발로 차기, 때리기), 언어적 폭력(예: 소리 지르기, 소문 퍼뜨리기)을 포함한다고 주장했다. 사이버폭력의 경우, 국내에선 사이버비행, 사이버이탈, 사이버불링, 사이버따돌림 등의 용어가 사용되고 있으며, 해외에서는 cyberbullying, internet harassment, online harassment 등의 용어가 쓰인다. 이들은 공통적으로 사이버공간에서 발생하는 공격행위를 지칭하고 있으며, 정의에 따라 명칭이 구분된다(두경희, 김계현, 정여주, 2012).

2. 학교폭력의 유형

우리나라의 「학교폭력예방법」에서는 학교폭력의 유형은 신체폭력, 언어폭력 금품갈취, 강요, 따돌림, 성폭력, 사이버폭력의 일곱 가지로 구분하고 있다. 각 학교폭력 유형에 대한 설명과 그 예시 행위를 살펴보면 다음과 같다.

① 신체폭력
- 신체를 손, 발로 때리는 등 고통을 가하는 행위(상해, 폭행)
- 일정한 장소에서 쉽게 나오지 못하도록 하는 행위(감금)
- 강제(폭행, 협박)로 일정한 장소로 데리고 가는 행위(약취)
- 상대방을 속이거나 유혹해서 일정한 장소로 데리고 가는 행위(유인)
- 장난을 빙자한 꼬집기, 때리기, 힘껏 밀치기 등 상대학생이 폭력으로 인식하는 행위

② 언어폭력
- 여러 사람 앞에서 상대방의 명예를 훼손하는 말을 하거나 그런 내용의 글을 인터넷, SNS 등으로 퍼뜨리는 행위(명예훼손)
- 여러 사람 앞에서 모욕적인 용어를 지속적으로 말하거나 그런 내용의 글을 인터넷, SNS 등으로 퍼뜨리는 행위(모욕)
- 신체 등에 해를 끼칠 듯한 언행과 문자메시지 등으로 겁을 주는 행위(협박)

③ 금품갈취
- 돌려줄 생각이 없으면서 돈을 요구하는 행위
- 옷, 문구류 등을 빌린다며 되돌려주지 않는 행위
- 일부러 물품을 망가뜨리는 행위 돈을 걷어오라고 하는 행위

④ 강요

- 속칭 빵 셔틀, 와이파이 셔틀, 과제 대행, 게임 대행, 심부름 강요 등 의사에 반하는 행동을 강요하는 행위(강제적 심부름)
- 폭행 또는 협박으로 상대방의 권리행사를 방해하거나 해야 할 의무가 없는 일을 하게 하는 행위(강요)

⑤ 따돌림

- 집단적으로 상대방을 의도적이고, 반복적으로 피하는 행위
- 싫어하는 말로 바보 취급 등 놀리기, 빈정거림, 면박주기, 겁주는 행동, 골탕 먹이기, 비웃기
- 다른 학생들과 어울리지 못하도록 막는 행위

⑥ 성폭력

- 성적인 말과 행동을 함으로써 상대방이 성적 굴욕감, 수치감을 느끼도록 하는 행위
- 상대방에게 폭행과 협박을 하면서 성적 모멸감을 느끼도록 신체적 접촉을 하는 행위
- 폭행·협박을 하여 성행위를 강제하거나 유사 성행위, 성기에 이물질을 삽입하는 등의 행위

⑦ 사이버폭력

- 사이버모욕, 사이버명예훼손, 사이버성희롱, 사이버스토킹, 사이버음란물 유통, 대화명 테러, 인증놀이, 게임부주[2] 강요 등 정보통신기기를 이용하여 괴롭히는 행위
- 특정인에 대해 모욕적 언사나 욕설 등을 인터넷 게시판, 채팅, 카페 등에 올리는

---

2) 캐릭터를 대신 맡아 주거나 대신 사용하는 사람을 말한다.

행위.

- 특정인에 대한 허위 글이나 개인의 사생활에 관한 사실을 인터넷, SNS 등을 통해 불특정 다수에 공개하는 행위
- 성적 수치심을 주거나, 위협하는 내용, 조롱하는 글, 그림, 동영상 등을 정보통신망을 통해 유포하는 행위
- 공포심이나 불안감을 유발하는 문자, 음향, 영상 등을 휴대폰 등 정보통신망을 통해 반복적으로 보내는 행위

3. 사이버폭력의 차별성과 유형

사이버폭력은 휴대폰이나 인터넷 등의 최신 기기를 사용한 공격성의 표출행위로 기존의 전통적인 학교폭력과는 차별적인 특성이 있다. 첫째, 사이버폭력은 사이버 공간에서 익명으로 상대를 공격하게 된다는 특징이 있다. 이러한 익명성은 자신이 누구인지 모른 상태로 괴롭힘에 쉽게 참여하게 해 주며, 피해자에게는 가해자가 누구인지 모르기 때문에 쉽게 방어할 수 없게 한다. 둘째, 사이버폭력은 전통적인 학교폭력에 비해 더 많은 사람에게 목격되고 잠재적인 대중의 범위가 증가할 수 있다. 이러한 확산성과 대중성은 많은 이에게 글이나 사진의 형태로 전달되기 때문에 사이버폭력의 피해는 더 역동적이고 심각하게 된다. 셋째, 힘의 불균형 측면에서 전통적 학교폭력의 경우, 나이나 신체적 힘과 관련되어 있지만, 사이버폭력은 인터넷을 잘 다루는 힘과 관련되어 있다. 이러한 전자장치 사용능력에 따라 사이버폭력의 확산성이나 익명성 등의 정도가 달라질 수 있다. 넷째, 가해자가 피해자의 반응을 확인할 수 없다. 이러한 특성은 가해자가 피해자의 고통을 목격하지 못하기 때문에 더 쉽고, 심각하게 괴롭힘 행위에 참여할 수 있게 한다. 다섯째, 방관자의 역할은 학교폭력보다 더 다양하게 나타날 수 있다. 방관자는 가해자가 메시지를 보내거나 게시했을 때 가해자와 함께 있었을 수도 있고, 피해자와 함께 있었을 수도 있으며, 가해자나 피해자와 함께 있지 않으면서 메시지를 받거나 해당 웹 사이트에 방

문했을 수도 있다. 이처럼 사이버폭력이 전통적인 학교폭력과 차이가 있지만, 다수의 연구에서 학교폭력과 사이버폭력이 매우 중첩적으로 나타나는 현상이며, 밀접한 관련성이 있음이 확인되어 왔다(Olweus & Limber, 2018; Vaillancourt, Faris, & Mishna, 2017). 사이버공간에서의 괴롭힘을 교사나 부모가 쉽게 알아차리거나 통제하기가 어렵다는 것을 고려한다면(Linderholm, 2019; Stewart & Fritsch, 2011), 학교에서 어려움을 겪는 학생들이 사이버공간에서 또 다른 괴롭힘의 피해자가 되진 않는지 지속적인 교사의 관심이 필요하다.

　　사이버폭력 유형은 연구자마다 구분에 있어 차이가 있는데, 주로 사이버 괴롭힘 혹은 사이버 언어폭력, 사이버 명예훼손, 사이버 사칭, 신상정보 유출 혹은 폭로, 사이버 따돌림, 사이버 스토킹, 사이버 갈취, 사이버 강요, 사이버 성폭력으로 구분된다. 사이버폭력 유형별 정의는 〈표 1-1〉과 같다.

〈표 1-1〉 사이버폭력 유형별 정의

사이버폭력 유형	정의
사이버 괴롭힘/언어폭력	타인이 원하지 않거나 상처가 될 수 있는 메시지를 반복적으로 보내는 행위
사이버 명예훼손	타인에 대한 가해 목적으로 소문이나 사진 등을 퍼뜨리는 행위
사이버 사칭	타인을 사칭해서 글이나 사진을 퍼뜨리는 행위
신상정보 유출/폭로	타인에게 해를 가하거나 창피하게 하려는 목적으로 개인상의 정보 및 사생활 및 비밀 등을 특정인의 동의 없이 인터넷, SNS에 공유 및 밝히는 행위
사이버 따돌림	온라인 채팅방 및 SNS상의 그룹 대화창에서 특정인을 차단하거나 속해 있는 의도를 배제하고, 사회적 참여를 공격하는 행위
사이버 스토킹	타인이 원하지 않음에도 불구하고 공포감 및 불안감을 유발하는 이메일 등의 흔적을 남기는 행위
사이버 갈취	인터넷에서 사이버(게임) 머니, 스마트폰 데이터 등을 빼앗는 행위

사이버 강요	인터넷이나 휴대전화를 통해 다른 사람에게 그 사람이 원치 않는 말/행동을 하도록 강요하거나 심부름을 시키는 행위
사이버 성폭력	타인을 대상으로 성적인 언어표현 등 성적인 불쾌감을 느낄 수 있는 내용을 인터넷이나 휴대전화를 통해서 전달하는 행위

이외에도 카톡과 같은 대화방 등에서 퇴장하지 못하도록 막는 사이버 감옥, 특정인을 자극해 논쟁 혹은 분란을 일으켜 특정인이 문제 있음을 드러내는 플레이밍, 폭행과 협박 같은 물리적 수단을 통해 아이디를 강탈하는 아이디 뺏기 등이 있다.

4. 학교폭력의 현황

학교폭력 실태조사는 「학교폭력예방법」(제11조, 시행령 제9조)에 의해 학교폭력 현황 분석을 위해 교육부는 매년 전국의 모든 학교 초등학교 4학년부터 고등학교 2학년 학생을 대상으로 실시하고 있다. 2018년부터는 전수조사 1회와 표본조사 1회로 개편되어 실시되고 있으며 코로나19와 같이 특수한 상황의 경우 학교현장 업무 부담을 경감시키기 위해 축소하여 시행되기도 한다. 학교폭력 실태조사는 컴퓨터나 모바일 기기(2021년부터 가능)를 활용하여 온라인 조사의 형태로 실시되고 있다.

1) 학교폭력 피해

2013년부터 2021년까지의 학교폭력 피해율을 살펴보면, 2017년까지 지속적으로 감소하는 추이를 나타내다, 2019년까지 다시 증가하는 양상을 보였다. 2020년 코로나19 이후 크게 감소하였으나, 2021년 소폭 증가하는 양상을 보여 주었다. 학교급별로 비교하여 살펴보면, 매년 초등학교, 중학교, 고등학교 순으로 피해 응답률이 높게 나타났다.

(1) 피해유형

피해유형별로 살펴보면, 2021년 기준으로 언어폭력, 집단따돌림, 신체폭력, 사이버폭력, 스토킹 순으로 피해 응답이 많이 나타났다. 학교급을 구분하여 살펴본 경우, 언어폭력은 초등학교에서, 사이버폭력은 중학교에서 응답비중이 가장 높은 것으로 나타났다.

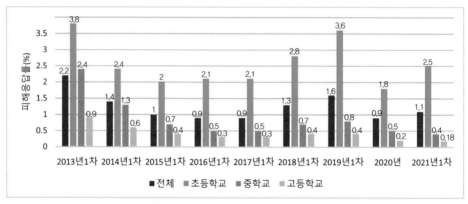

[그림 1-1] 학교폭력 피해응답률

(2) 피해장소

피해장소에 대해 살펴보면, 2021년 기준으로 교실 안, 복도, 놀이터, 사이버공간, 운동장 등의 순으로 나타났다. 학교급을 구분하여 살펴보면 초등학생의 경우 교실 안, 놀이터, 복도, 운동장 등의 순으로 나타났으나, 중학생의 경우 교실 안, 사이버공간, 복도, 운동장 등의 순으로 나타났으며, 고등학생의 경우 교실 안, 복도, 사이버공간, 운동장 등의 순으로 나타났다. 특히 중학생이 사이버공간에서의 피해를 많이 경험한다는 실태조사 결과를 통해 볼 때, 중학생 대상의 사이버폭력 예방교육이 매우 중요함을 알 수 있다.

(3) 피해시간

피해시간에 대해 살펴보면, 2021년 기준으로 쉬는 시간, 하교 이후, 하교 시간, 점심 시간 등의 순으로 나타났다. 초등학생의 경우 쉬는 시간, 하교 이후, 하교 시간, 점심 시간 등의 순으로 나타났고, 중학생의 경우 쉬는 시간, 하교 이후, 점심 시간, 수업 시간 등의 순으로 나타났으며, 고등학생의 경우 쉬는 시간, 점심 시간, 하교 이후, 수업 시간 등의 순으로 학교폭력 피해를 자주 경험한다고 나타났다. 특히 점심 시간의 경우, 학급에서 교사가 함께 있는 초등학생에 비해 중·고등학생에게 발생 빈도가 더 높은 것으로 나타나 중·고등학교 점심 시간에도 학생들의 행동 양상에 대해 지속적으로 관심을 가져야 함이 확인되었다.

(4) 가해자의 유형

가해자의 유형에 대해 살펴보면, 2021년 기준으로 같은 학교 같은 반 학생, 같은 학교 같은 학년 학생, 같은 학교 다른 학년 학생, 다른 학교 학생, 잘 모르는 사람 순으로 나타났다. 특히 '같은 학교 같은 반 학생' '같은 학교 다른 학년 학생'이 가해자인 비율이 초등학생에게서 가장 높게 나타났으며, '다른 학교 학생'이 가해자인 비율이 중·고등학생이 현저히 높게 나타났다.

(5) 피해사실을 알린 사람

피해사실을 알린 사람에 대한 응답을 살펴보면, 2021년 기준으로 보호자나 친척, 학교선생님, 친구, 선후배 등의 순으로 나타났다. 초등학생의 경우 '보호자나 친척에게 알린다'는 비율이 중·고등학생에 비해 높게 나타났으며, 중·고등학생의 경우 보호자 외에도 학교선생님이나 학교 상담선생님, 학교전담경찰관 등 다양한 대상과 방식으로 피해사실을 알리는 것으로 나타났다.

(6) 피해를 신고하지 않은 이유

피해를 신고하지 않은 이유에 대한 응답을 살펴보면, 2021년 기준으로 별일이 아니라고 생각해서, 스스로 해결하려고, 이야기해도 소용이 없을 것 같아서 등의 순으로 나타났다. 초등학생에 비해 중·고등학생이 이야기해도 소용이 없을 것 같아서 학교폭력 피해를 신고하지 않았다는 응답률이 높게 나타났다. 이러한 결과는 이전

학교급이나 학년에서 교사나 부모가 학교폭력 사안을 어떻게 대처하였는지에 대한 경험으로 나타난 결과라고 추측해 볼 수 있다.

2) 학교폭력 가해

(1) 가해율

학교폭력 가해율을 살펴보면, 2018년까지 지속적으로 감소하는 추이를 보이다가 2019년 다시 증가하는 양상을 보였다. 코로나19 이후, 2020년 조사에서 학교폭력 가해율이 감소하였으나, 2021년 다시 소폭 증가하였다. 학교급별로 비교하여 살펴보면, 매년 초등학교, 중학교, 고등학교 순으로 가해응답률이 높게 나타났다.

(2) 가해 이유

가해 이유를 살펴보면, 2021년 기준으로 장난이나 특별한 이유 없이, 상대방이 먼저 괴롭혀서, 오해와 갈등으로, 화풀이 또는 스트레스 때문에 등의 순으로 응답이 나타났다. '상대방이 먼저 괴롭혀서'에 대한 응답은 중·고등학생에 비해 초등학생의 응답으로 매우 높게 나타났으며, '오해와 갈등으로'와 '상대방의 행동이 마음에 안 들어서'의 응답은 중·고등학생의 응답으로 매우 높게 나타났다. 이러한 결과는

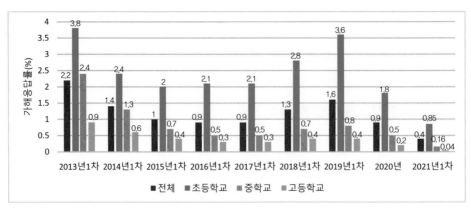

[그림 1-2] 학교폭력 가해응답률

초등학생과 중·고등학생에 대한 학교폭력 예방교육이나 개입방법이 다르게 이루어질 필요가 있음을 말해 준다.

3) 학교폭력 목격

(1) 학교폭력 목격률

학교폭력 목격률을 살펴보면, 2016년(2.5%)까지 지속적으로 감소하는 추이를 나타내다, 2019년까지 다시 증가하는 양상을 보였다. 코로나19 이후 2020년 조사에서 학교폭력 목격률이 감소하였으며 2021년은 2020년과 유사한 비율(2.3%)을 나타내었다. 학교급별로 비교하여 살펴보면, 매년 초등학교, 중학교, 고등학교 순으로 목격응답률이 높게 나타났다.

(2) 학교폭력을 목격한 학생들의 목격 후 행동

학교폭력을 목격한 학생들의 목격 후 행동에 대한 응답 결과를 살펴보면, 2021년 기준으로 '피해를 받은 친구를 위로하고 도와주었다' '아무것도 하지 못했다' '때리거나 괴롭히는 친구를 말렸다' 등의 순으로 많은 응답이 나타났다. 학교급을 구분지어 살펴보았을 때, 초등학생의 경우 '때리거나 괴롭히는 친구를 말렸다'의 비율

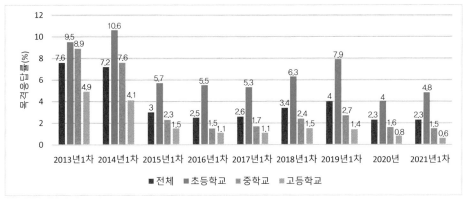

[그림 1-3] 학교폭력 목격응답률

이 다른 학교급에 비해 높게 나타났으며, 초등학생에 비해 중·고등학생의 경우 '아무것도 하지 못했다'의 응답이 매우 높게 나타났고, 특히 중학생의 경우 초등학생과 고등학생에 비해 '나도 같이 피해학생을 괴롭혔다'의 응답이 높게 나타났다. 학교급에 따라 또래관계의 특성이 다르기 때문에 이러한 관계적 특성에 의해 목격 후 행동이 다르게 나타나는 경향이 있다고 볼 수 있다. 특히 괴롭힘에 함께 참여하는 비율이 높게 나타난 중학생들의 경우 학교폭력 예방교육을 실시할 때, 가해행동을 막거나 피해학생을 돕는 등 적절한 방어행동을 할 수 있도록 지도할 필요가 있다.

이 장에서는 학교폭력의 정의와 유형을 살펴보고 사이버폭력의 차별성과 유형을 구분해 보았다. 또한 학교폭력 실태조사 결과를 토대로 2013년부터 2021년까지 학교폭력 현황에 대해 각 학교급의 특징에 대해 초점을 맞추어 살펴보았다.

교육적 시사점

이 장에서는 학교폭력의 정의와 유형에 대해 학습하였으며, 학교폭력 실태조사 결과를 통해 학교폭력의 현황에 대해 최근 추이와 초·중·고등학교 간의 차이를 살펴보았다.

'생각해 보기'에서 살펴본 권 선생님이 수근이의 머리를 때리는 행위, 미진이의 어머니가 민수에게 욕을 하는 행위는 피해자가 학생의 신분이므로 학교폭력에 해당된다. 이와 반대로 만약 학생이 교사를 폭행하는 경우 학교폭력에는 해당하지 않지만 교권침해에 해당하며 '교권보호위원회'에서 자체적으로 교권침해여부를 판단받게 된다.

학교폭력 실태조사 결과를 통해 학교급별 피해와 가해의 발생률과 목격률에 대해 비교하여 살펴본 결과, 매년 초등학생, 중학생, 고등학생 순으로 응답률이 높았다. 이러한 발생률의 결과만을 놓고 생각하면 초등학생의 학교폭력이 가장 심각하다고 생각할 수 있지만, 학교폭력 피해학생이나 가해행동을 하는 학생이 다수가 아닌 몇몇의 소수 학생으로 특정지어질 수 있다는 것도 고려해 볼 필요가 있다. 또한 중학생의 경우 사이버폭력의 피해가 다른 집단에 비해 매우 높은 비율로 나타났고, 이러한 보이지 않는 곳에서의 학교폭력은 교사나 부모가 빠르게 개입하기가 힘들기 때문에 지속적인 예방교육이 매우 중요함을 시사한다.

제2장
학교폭력 피해학생 및 가해학생의 심리사회적 특징

이 장에서는 학교폭력과 관련이 있는 주요 대상자인 피해학생과 가해학생의 심리사회적 특징에 대해 다룬다. 피해학생 또는 가해학생은 집단 내에서도 특징에 따라 구분해서 설명되는데, 어떻게 구분되며 어떤 차이를 보이는지 살펴본다. 또한 피해학생과 가해학생은 학교폭력 문제로 인해 어떤 영향을 받는지 함께 알아보고 학교폭력의 예방과 문제해결을 위해 교사로서 이들을 어떻게 지도할 수 있는지 살펴보고자 한다.

학습목표

- 피해학생 및 가해학생의 심리사회적 특징을 이해할 수 있다.
- 학교폭력이 피해학생 및 가해학생에게 미치는 영향을 이해할 수 있다.

생각해 보기

　국어시간에 최 선생님은 학생들에게 "이 부분을 누가 한번 읽어 볼까?"하고 물었다. 그러자 수근이가 "재석이요! 재석이!" 하면서 한 학생의 이름을 불렀다. 최 선생님은 "그래? 재석이가 한번 읽어 볼래 그럼?" 하고 말했다. 재석이는 잠시 망설이더니 일어나서 책을 읽기 시작했다. 그러자 수근이와 몇몇 학생이 작은 소리로 웃고 수군거렸다.

　이 사례와 유사한 상황은 수업 시간에 종종 일어난다. 그러나 교사는 이러한 상황을 학교폭력과 바로 연관 지어 인식하지 못할 수도 있다. 수근이는 재석이를 왜 지목했을까? 지목을 받은 재석이는 어떤 기분이 들까? 또 책을 읽기 시작하자 들리는 몇몇 학생의 수군거리고 웃는 소리는 교실의 다른 학생들에게 어떤 인식을 심어 줄까? 재석이에게 책을 읽힌 최 선생님은 계속 수업 진도만 나가면 되는 것일까? 아니면 어떤 반응을 보이는 것이 필요할까?

학교폭력의 주요 관련학생은 피해학생과 가해학생이다. 그리고 피해학생과 가해학생의 옆에는 주변학생이 있다. 주변학생으로는 피해방어학생, 가해조력학생, 방관학생 등이 있는데, 이 장에서는 학교폭력의 주요 대상자인 피해학생과 가해학생의 특징을 구체적으로 다루고, 주변학생에 대해서는 제4장에서 다루고자 한다.

1. 피해학생

이 절에서는 피해학생이 보이는 행동 징후와 피해학생의 심리사회적 특징에 대해 다룬다. 또 학교폭력은 피해학생에게 어떤 부정적인 영향을 미치는지, 학교폭력 피해에도 불구하고 학교에 적응하는 피해학생의 특징과 피해 극복을 돕는 교사의 역할은 무엇인지 살펴보고자 한다.

학교에서 "집단에서 떨어져 혼자 따로 행동하거나 팀 활동을 할 때 늘 맨 마지막에 끼워진다" "평소에 안색이 안 좋고 기운이 없다" "어두운 얼굴 표정으로 수심이 있어 보인다" "친구가 시키면 그대로 따르고 친구의 심부름을 잘한다" "청소 당번을 돌아가면서 하지 않고 항상 그 학생이 한다" "교무실, 상담실 등 교사의 주위를 배회하거나 양호실을 찾는 일이 잦다" "지각, 조퇴, 결석을 자주 한다" "수업에 열중하지 못하며 성적이 갑자기 떨어진다" 등의 행동을 보이는 학생들이 종종 있다. 이러한 모습의 학생들은 학교폭력 피해를 당하고 있을 가능성이 크다(푸른나무재단, 2010).

1) 피해학생의 유형과 특징

학교폭력 피해학생의 특징에 대해 학자들은 일반적으로 수동적 피해학생과 도발적(또는 공격적) 피해학생으로 구분해서 설명한다(Olweus, 1994; Salmivalli, 1999). 수동적 피해학생과 도발적 피해학생의 큰 차이점은 폭력 피해를 당할 때 수동적 피해학생의 경우 자기주장을 하지 않고 적극적으로 대항하지 않는 반면, 도발적 피해학생은 가해학생에게 반응을 보이지만 그 반응이 비효과적이며 공격적이어서 폭력 피해에 다시 노출된다는 것이다.

수동적 피해학생(passive victims)의 심리적 특징은 내성적이고 조용하며 자존감이 낮다. 스스로 친구를 찾아 나서기보다 또래와 관계를 맺는 데 수동적인 경향을 보인다. 따라서 신학기가 되거나 전학을 가게 되면 매우 예민해지고 불안해한다. 또래보다 부모에게 의존적인 관계성향을 보이므로 친구관계에서 문제가 생기면 문제해결력이 부족한 경우가 많다. 이들은 외현적으로도 몸이 작고 허약하거나 힘이 없어 보이고 자기주장을 잘 못하며, 학교생활에서 친구가 적고 집단과 떨어져 혼자 지내는 경향이 있다(Hodges & Perry, 1999). 수동적 피해학생이 또래관계에서 보이는 수동적, 복종적 반응은 가해학생들에게 공격의 표적이 되고 이에 적절히 대처하지는 못하게 만든다(곽금주, 2006). 따라서 특별한 이유 없이 또래로부터 학교폭력을 당할 수 있고, 당한 뒤에도 너무 위축된 나머지 방어할 마음조차 갖지 못한다. 피해학생의 대부분은 이러한 수동적 피해학생에 속한다(Olweus, 1994).

도발적 피해학생(provocative victims)의 심리적 특징은 불안해하고 자존감이 낮다는 것인데, 수동적 피해학생에 비해 공격적이고, 충동적이며, 반항적인 면이 있다. 도발적 피해학생의 경우는 폭력 피해를 당하면 일방적으로 당하고 있지 않고, 화를 내거나 싸우고 논쟁하는 등 부정적 반응으로 대응을 한다. 그러나 이러한 반응이 폭력이나 갈등관계에 있는 또래의 문제를 해결하지 못하며 다시 폭력 피해로 이어진다. 도발적 피해학생은 외현적으로 또래의 사회적 거절, 적대감을 끌어내는 행동을 보이는 경우가 많다. 올베우스(Olweus)는 또래들을 짜증나게 하면서 갈등과 긴장을 유발하기 때문에 가해학생의 공격 대상이 되기 쉽다고 설명한다(Olweus, 1994). 학급에서 함께해야 하는 공통 과제를 잘 수행해오지 않거나, 주의력결핍 과잉행동으로 인해 수업 방해 행동을 보이는 학생도 이에 속할 수 있다. 곽금주(2006)는 잘난 척하거나 타인을 무시하는 행동을 보이는 따돌림의 피해학생을 도발적 피해학생에 속하는 것으로 설명한다. 이들은 자신의 태도가 주위와 어울리지 못하고 충돌하며 다수에게서 외면당한다는 사실을 인식하지 못하며, 경쟁적·공격적인 태도가 주변을 자극하는 대결국면을 형성함으로써 따돌림의 피해로 이어진다고 보았다(문용린 외, 2006).

피해학생 중 도발적 피해학생의 수는 많지 않다. 이들의 문제는 학교폭력 피해를 당하고 있음에도 불구하고 학교에서 피해학생이 아닌 가해학생으로 인식되는 경향이 있다는 것이다. 피해경험과 함께 공격행동도 나타나기 때문이다. 그러나 이들은 가해학생의 폭력에 대항해서 공격적으로 반응하는 반응적 공격행동을 나타낸 것이며(박종효, 2003), 먼저 가해행동을 보이는 것은 아니다. 이런 측면에서 이들은 피해학생으로 분류될 수 있다. 도발적 피해학생의 반응적인 공격행동은 이후 피해행동을 촉발시키는 원인이 되며, 또래들도 가까이 지내려 하지 않게 된다.

〈표 2-1〉 수동적 피해학생과 도발적 피해학생의 특징

수동적 피해학생	도발적 피해학생
• 내성적, 조용함, 낮은 자존감 • 친구를 사귀는 데 수동적임 • 또래보다 부모에게 의존적임 • 자기주장을 잘 못함	• 불안감, 낮은 자존감, 공격성, 충동성 • 가해행동에 대응해 공격적으로 반응 • 산만한 행동, 또래관계에서 갈등과 긴장 유발행동으로 공격 대상이 되기 쉬움

지금까지 학교폭력 피해학생에게서 나타나는 심리사회적 특징에 대해 살펴보았다. 피해학생이 가진 개인적 특징들 때문에 학교폭력 피해를 당한다고 단정 짓기는 어렵다. 피해학생의 수동적, 위축적, 또는 공격적 반응 때문에 가해학생 폭력의 대상이 될 위험에 노출되기는 하지만, 피해를 지속적으로 당해서 피해학생의 이러한 특징이 고착된다고도 볼 수 있다(이승하, 2012). 실태조사 결과에 의하면 학교폭력은 '장난이나 특별한 이유가 없이' 가장 많이 발생한다(교육부, 2020; 푸른나무재단, 2018). 즉, 피해학생의 특별한 특징과 무관하게 학교폭력이 발생하는 경우가 많다는 의미이다. 실제 사례에서 보면 말이나 행동이 또래와 달라도, 성적이 좋거나 나빠도, 심지어 친한 친구사이여도 학교폭력 피해의 대상이 되기도 한다. 학교폭력의 피해는 언제, 어디서, 누구에게든 발생할 수 있다(푸른나무재단, 2008).

2) 학교폭력이 피해학생에게 미치는 영향

학교폭력은 피해학생에게 심리·정서적 문제, 대인관계의 어려움, 학교부적응 등의 부정적인 결과를 초래할 수 있다. 피해학생은 피해경험뒤에 높은 수준의 '불안' '분노' '복수심' '우울' '소외감' '대인관계가 힘듦' '학교 가기 싫음' '내가 초라하고 쓸모없는 존재다' '죽고 싶다' '피해자로 찍혔다' 등의 생각과 마음을 갖는 것으로 나타난다(푸른나무재단, 2018). 문제는 이러한 심리·정서적 상태가 청소년기 성격 형성 발달에 부정적인 영향을 미치게 되며 지속적인 피해에 노출될 시 병리적인 문제로 심화될 수 있다. 특히 만성적 우울, 부정적 자기개념은 성인기까지 지속되며 청년기 자살시도를 예견하기도 한다(Olweus, 1993). 특히 학교폭력은 사람으로부터 당하는 대인간 폭력으로, 장기간 반복적으로 누적될 경우 복합 외상 후 스트레스 장애(복합 PTSD)를 유발한다(정지선, 안현의, 2008). 이외에 신체화 증상, 악몽이나 수면장애, 원치 않는 생각·충동·행동을 되풀이하는 강박 증상, 적대감, 특정한 사람·장소·대상 혹은 상황에 대한 두려움으로 공포불안, 편집증 등의 병리적 문제가 보고된다(신성웅 외, 2000).

학교폭력은 피해학생에게 친구관계에 대한 열등감과 자괴감을 갖게 해서 대인관계를 기피하게 만든다. 특히 피해학생이 가지는 높은 거부민감성은 타인에게 거부당하는 것에 대해 지나치게 걱정해서 자신의 의견보다 타인이 듣기에 좋은 얘기만하게 되는 성격으로 바뀌게 할 수 있고 이는 사회적 불안으로 이어진다(지하영, 김빛나, 2020). 이러한 피해학생이 겪는 대인관계 어려움은 다시 사회적 소외와 고립으로 이어져 학교폭력 문제를 해결하기 어렵게 만든다.

또한 피해학생은 학교폭력을 경험하지 않은 학생에 비해 일관되게 낮은 수준의 학교적응을 보인다(이은희, 김남숙, 2011). 학교적응은 학교생활에의 흥미, 학업 및 성적에 대한 태도, 학교 규범에 대한 준수 등을 기준으로 판단할 수 있다. 피해학생의 사례를 살펴보면 잦은 지각과 결석, 등교회피 등 학교 규칙을 지키는 것이 어려워지며, 수업집중이 힘들고, 학교성적은 저하되며, 학급활동에 불참하는 횟수가 늘어나는 등의 학교부적응을 보인다(임재연, 이선숙, 박종효, 2015). 이러한 학교부적응은 학생과 교사와의 관계에도 부정적인 영향을 미칠 수 있다. 학교폭력으로 인한 피해학생의 심리정서적 문제, 대인관계의 어려움, 학교부적응 등은 결과적으로 온전한 학교생활을 경험하기 어렵게 만들며 피해학생의 인지적, 정서적, 사회적 발달을 저해할 수 있다.

3) 피해학생의 피해 극복 및 학교적응을 위한 교사의 지도

학교폭력은 지속되는 특성이 있어서 피해학생은 반복적으로 피해에 노출될 가능성이 크다. 특히 우리나라 학교폭력의 경우, 같은 학교 안에서 또래로부터 피해를 많이 당하며, 가해학생이 집단일 경우가 많아 피해학생과 가해학생의 힘이 불균형적인 사례가 많다. 또 피해학생은 언어폭력, 장난을 빙자한 괴롭힘, 따돌림과 같은 유형에 가장 많이 노출되지만 주변학생들은 이를 학교폭력으로 인식하지 않는 경향이 있다. 따라서 학교폭력 피해가 지속될 수밖에 없는 특성을 갖고 있다. 학교폭력 피해율은 학년이 올라갈수록 줄어들긴 하지만, 피해를 경험한 학생이 경험하지 않은 학생에 비해 계속 피해학생으로 남을 가능성이 높다. 피해경험학생의 26% 정도는 학년이 바뀌어도 계속해서 피해를 받는 것으로 나타난다(임재연 외, 2015). 또한 학교폭력 피해가 지속될 경우 피해학생은 가해학생으로 전락할 수 있다. 실제 사례에서 보면 피해학생이 폭력 피해가 두려워 가해 집단에 가담하거나, 지속적 피해로 고통 받던 학생이 가해학생에게 공격행동을 가함으로써 가해학생이 되는 경우도 적지 않다(푸른나무재단, 2008). 다시 말해, 피해학생이 가해 행동을 하고 가해학생이 폭력 피해를 받게 되는 등 피해학생과 가해학생의 역할이 순환되는 사례도 많이 있다.

반면, 학교폭력 피해에도 불구하고 높은 수준의 학교적응을 보이는 피해학생도 존재한다. 학교폭력은 아동·청소년의 건강한 발달을 저해하고 부적응 행동의 발생 가능성을 높이는 위험요인임에 틀림없다. 그러나 학교폭력과 같은 위험요인에도 불구하고 높은 수준의 학교적응을 보이는 피해학생에게는 보호요인이 작용하고 있다. 보호요인은 아동·청소년의 부정적 발달경로로부터 개인을 보호해 주는 개인적, 환경적 특징들이다. 피해학생 개인이 갖고 있는 내적 보호요인으로는 자기효능감, 자아존중감, 유능감, 회복탄력성 등이 있고, 외적 보호요인으로는 가정 요인(부모 애착, 정서적 지지, 온정적 가정환경 등), 또래 요인(또래관계, 또래지지, 또래의 학교폭력에 대한 반폭력적 인식과 태도 등), 학교 요인(학교의 신속하고 공정한 사안처리, 학교폭력에 대한 교사의 적극적 인식과 태도, 교사와의 긍정적 관계, 교사의 지지 등) 등이 피해학생의 학교적응에 긍정적인 영향을 미칠 수 있다(김예성, 박현선, 2007; 김혜원, 2011; 성지희, 정문자, 2007). 내적 보호요인을 갖고 있는 피해학생의 경우 학교폭력 문제를 극복할 수 있는 힘을 기대할 수 있지만, 내적 보호요인이 부족한 피해학생이라면 심리 상담과 같은 회복의 기회를 제공하고 또 피해학생에게 외적 보호요인을 충족시켜 줌으로 내적 보호요인이 강화될 수 있도록 도와야 한다. 따라서 가정에서 부모의 지지적인 역할, 학교 차원에서 적극적 사안처리, 교사의 피해학생에 대한 관심과 지지, 주변학생들의 피해학생에 대한 지지 등을 통해서 피해학생이 학교폭력 문제를 극복하고 학교에 적응할 수 있도록 돕는 것이 필요하다.

피해학생의 학교적응을 위해 교사가 할 수 있는 역할을 살펴보면 다음과 같다. 첫째, 교사는 피해학생에 대한 부정적인 인식을 갖지 않는 것이 필요하다. 만약 학교폭력 피해의 원인이 피해학생 개인의 특징 때문이라고 인식한다면 교사가 피해학생을 도울 수 있는 일은 별로 없다(방기연, 2011). 둘째, 교사는 피해학생의 회복과 학교적응에 관심을 가지고 피해학생에 대한 긍정적인 기대와 지지를 보내는 것이 중요하다. 그리고 학교폭력 발생 후 피해학생의 심리정서적인 문제가 어느 정도 인지를 진단받게 하고 지속적인 상담이 필요한 경우 상담을 받을 수 있도록 상담교사와 협의하여 피해학생의 심리적 회복을 도와야 한다. 셋째, 학급 차원에서는 피해학생이 부담스럽지 않게 피해학생을 너무 드러내지 않고 도울 수 있어야 한다. 교사는 학생 간 상호작용을 촉진시키는 수업 내외의 다양한 활동이나 학급 규칙(예: 급식시간에 우리 반 학생들은 다 함께 먹기)을 통해 피해학생이 자연스럽게 집단 활동에 참여하고 또래와 어울릴 수 있는 기회를 만들어 주는 것이 필요하다(임재연, 2017). 피해학생이 피해를 극복하고 다시 학교폭력에 노출되지 않도록 하는 중요한 보호요인은 '친구'의 존재이다.

2. 가해학생

이 절에서는 가해학생이 보이는 행동 징후와 가해학생의 심리사회적 특징에 대해 다룬다. 또 학교폭력은 가해학생에게 어떤 부정적인 영향을 미치는지, 가해행동의 중단을 돕기 위한 교사의 역할은 무엇인지 살펴보고자 한다.

교실에서 큰 소리를 내고 활발하며 반 분위기를 주도하는 학생들이 있다. 쉽게 흥분하며 화를 잘 내고, 화를 내는 데 이유와 핑계가 있다. 교사의 권위에도 종종 도전하며 자존심이 강하고 지는 것을 싫어한다. 주변에 친구들을 데리고 다니면서 책가방을 들게 하거나 심부름을 잘 시킨다. 이들 중에는 성적이 좋거나 학생들 사이에 인기가 많고 교사의 신임을 받는 학생들도 있다. 그러나 이러한 모습을 보이는 학생들은 학교폭력 가해학생일 가능성이 크다(엄명용, 송민경, 2011).

1) 가해학생의 유형과 특징

가해학생은 공통적으로 공격성과 충동성이 높고 내재된 분노가 많으며 스트레스 상황에서 자신의 분노나 좌절을 공격적 행동으로 표출한다. 또래 간에 갈등이 발생하면 사회적으로 바람직하고 수용할 만한 해결보다 공격행동을 해결방법으로 선택한다. 공격행동을 통해 목적한 결과를 얻게 되면 이후 비슷한 상황에서 또다시 공격행동을 사용하며, 자아정체성 확립의 수단으로 인식한다. 그러나 자신의 공격행동으로 피해를 입은 타인의 고통에 대해서는 무관심하며 공감하지 못한다. 사회질서나 규칙을 고려하기보다 자기중심적으로 행동하려는 경향이 크며, 바람직하지 않은 행동에 대한 죄책감도 결여되어 있다(박종효, 2007; 장은진, 2013; Salmivalli & Nieminen, 2002).

가해학생의 경우 일반적으로 적극적(또는 목적적) 가해학생과 피해를 경험한 가해학생으로 분류되며 집단의 특성에도 차이가 있다(Crick & Dodge, 1996; Olweus, 1994). 적극적 가해학생은 과시욕, 사회적 지배욕이 있어 또래관계에서 우월함을 강화·유지하기 위해 가해행동을 한다. 사회성이 좋아서 교실에서 큰 영향력을 가

〈표 2-2〉 가해학생의 특징

가해학생의 공통적 특징	적극적 가해학생의 특징	피해를 경험한 가해학생의 특징
• 높은 공격성, 충동성, 분노 • 스트레스 상황에서 공격적 행동 표출 • 공격적 행동을 자아정체성 확립의 수단으로 인식 • 타인에 무관심, 공감이나 죄책감 결여 • 사회 규칙보다 자기중심적 행동	• 과시욕, 사회적 지배욕 • 또래관계에서 우월함 강화 유지 위해 가해행동 • 사회성 좋고 교실에서 영향력이 큼 • 특정한 기대와 욕구 충족 위한 목적적 공격행동을 보임	• 불안, 우울한 성향, 피해의식 • 또래로부터 인기가 없음 • 학교폭력 피해경험 또는 성인으로부터 거부 또는 학대 경험 있음

지며 또래로부터 인기가 있는 경우도 많다. 전형적인 가해학생 집단으로, 특정한 기대와 욕구 충족을 위한 목적적인 공격행동을 한다. 체격이 좋거나 큰 소리로 말하고 주위에 친구들을 끌고 다닌다.

피해를 경험한 가해학생 집단은 폭력 피해의 경험이 있는 가해학생 집단이다. 심리적으로 불안과 우울한 성향이 있고 피해 경험으로 인해 피해의식이 많은 경향이 있다. 신체적으로 적극적 가해학생에 비해 작고, 자기보다 더 약한 피해학생에게 주로 공격행동을 보인다. 그러나 또래로부터 인기가 없다. 이들은 학교폭력 피해가 아니더라도 부모나 중요한 성인으로부터 거부, 학대의 경험이 있을 가능성이 높다. 피해나 학대 경험으로 인한 상처나 분노가 타인에 대한 폭력으로 나타난다(Neary & Joseph, 1994).

학교폭력 피해경험과 가해경험이 모두 있는 피해를 경험한 가해학생 집단에 대한 연구는 학자에 따라 분류의 차이를 보인다. 헤이니와 동료들은 피해를 경험한 가해학생 집단을 순수 피해학생도 가해학생도 아닌 별도의 집단으로 보았다(Haynie et al, 2001). 또 피해경험과 가해경험의 중첩이라는 측면에서 피해를 경험한 가해학생 집단을 도발적 피해학생과 유사한 집단으로 보기도 했다(김혜원, 2013;

박종효, 2003). 스티븐슨과 동료는(Stephenson 1988; 곽금주, 2006에서 재인용) 피해를 경험한 가해학생 집단과 도발적 피해학생을 특징이 다른 두 집단으로 구분하였다. 그러나 피해를 경험한 가해학생 집단의 분류에 대한 관점보다 중요한 것은 피해경험과 가해경험을 모두 갖는 집단의 심리적 위험성과 비행, 폭력 등의 외현화 문제가 단순 피해학생 또는 가해학생 집단보다 더 심각하다는 것이 학자들의 공통된 의견이다. 피해 및 가해 행동을 모두 경험한 학생들은 가해학생보다 분노와 불안수준은 더 높고, 자아개념도 더 부정적인 것으로 보고된다(박종효, 2003). 또한 학업수행능력과 학교활동 참여에 있어서도 피해학생, 가해학생 집단과 비교하여 가장 낮은 수준을 보고한다(박종효, 2006).

2) 학교폭력이 가해학생에게 미치는 영향과 가해행동 중단을 위한 지도

  학교폭력은 가해학생에게도 심리정서적인 문제와 학교부적응을 초래한다. 폭력 가해행동으로 가해학생의 분노는 해소되지 않으며, 폭력을 통한 지배욕구의 충족은 폭력 행동을 강화시킬 뿐 좌절이나 애정결핍과 같은 근원적 문제는 해결되지 않는다. 폭력 가해행동이 지속되면 가해학생 역시 우울함, 사회적 고립감, 현실에 대한 부정과 같은 정서적 문제, 품행장애, 적대적 반항장애와 같은 행동장애를 초래할 가능성이 있다(김현욱, 안세근, 2013). 또래에게 영향력을 행사하고 인기가 있던 가해학생들도 학년이 올라갈수록 또래로부터의 인기와 영향력은 떨어진다. 가해행동이 지속되면 학교에서의 잦은 징계로 교사와의 관계도 악화시킨다. 낮은 학업성취와 함께 학교부적응을 초래하며 학업중단으로 이어질 수도 있다.
  지속적으로 가해행동을 하는 가해학생의 경우, 가정폭력 경험 등 불우한 가정환경에서 자란 경우가 많다. 특히 부모의 양육태도가 지나치게 강압적이거나 체벌중심의 훈육, 가정폭력의 경험을 통한 학습효과 등은 가해행동을 지속하게 하는데 영향을 미친다(정희태, 2011). 한편, 가해학생의 성찰과 성장을 도모할 수 있는 교육과 교정의 기회 부족, 가해학생에게 관심과 긍정적 기대를 보여 주는 의미 있는 타자

(significant other)의 부재 등 낮은 보호요인은 가해행동을 지속되게 만든다. 또한 주변학생들의 동조하는 분위기에 휩쓸려 약한 학생을 대상으로 장난으로 시작해 심각한 괴롭힘으로까지 가해행동이 심화·지속되기도 한다.

가해행동에 가장 크게 영향을 미치는 것은 가해학생이 가진 개인적 요인이라는 연구가 있다(최운선, 2005). 특히 우리나라의 경우 가해행동을 하는 이유가 폭력에 대한 가해학생 개인의 인식과 밀접하게 관련이 있다. 실태조사 결과(푸른나무재단, 2018, 2019)에서도 나타나듯이 가해학생은 대부분 '장난으로' '상대방이 먼저 잘못해서' '오해와 갈등이 있어서' '상대방이 마음에 안 들어서' 등의 이유로 가해행동을 한다. 이는 폭력을 정당화하는 가해학생의 잘못된 인식과 갈등 상황에서 폭력이 아닌 바람직한 해결 방식에 대한 교육적 지도가 필요함을 의미한다. 한편, 다수의 가해학생은 가해행동 후에 '피해학생에게 미안하고' '자신의 행동이 지나쳤고' '후회하는 마음'을 갖고 있다. 가해학생이 자신의 행동에 대해 성찰하고 피해학생에게 사과하는 기회를 통해 학교폭력 사안을 교육적으로 해결할 수 있다는 가능성을 시사한다. 그러나 실제 사례에서는 가해행동 후에 '아무 일도 없었거나' '선생님께 혼나거나' '부모에게 혼나는 것'으로 끝나는 경우가 대부분이다. '학교(또는 교육청) 조치를 받거나' '피해학생에게 사과하고 대화하는 자리를 가지거나' '전문가의 상담을 받는' 등의 교육적 조치와 기회를 갖는 가해학생은 많지 않은 것으로 나타난다(임재연, 2021).

가해학생의 가해행동 중단을 위한 지도와 개입은 매우 중요하다. 가해학생이 자신의 행동에 대한 책임인식과 대안행동의 성찰, 피해학생을 이해·공감할 수 있는 기회를 가질 수 있게 해야 한다(임재연, 김미정, 조영선, 2019). 이를 위해 교사는 전문 상담교사와 협력하여 교사가 할 수 있는 가해학생 개인에 대한 지도와 학급에서의 지도가 필요하다. 가해학생의 인격 자체를 비난해서는 안 되며 잘못된 행동에 대한 지적과 올바른 행동에 대한 교육이 필요하다. 또 가해학생의 폭력에 대한 잘못된 인식은 수정해 주어야 한다. 그럼에도 불구하고 계속해서 자신의 폭력을 정당화한다면 역지사지로 생각해 볼 수 있게 하고, 폭력에 대한 명확한 설명과 자신의 가해행동으로 인해 발생한 피해 사실을 단호하게 알려 줘야 한다. 학급 차원에서 가해학생에 대한 편견이나 낙인을 피해야 하고, 가해학생의 말에도 귀 기울이며 마음에 공감해 주어야 한다. 가해학생의 장점을 발견하고 강화해 주는 것이 필요하며, 가해학생의 지배욕이나 높은 사회성 등을 긍정적으로 활용하여 학급에 기여하도록 역할을 줄 수도 있다. 다만, 이때 교사의 세심한 관리가 있어야 한다.

　지금까지 피해학생과 가해학생의 심리사회적 특징, 학교폭력이 피해학생과 가해학생에게 미치는 부정적인 영향 그리고 피해학생의 학교적응과 가해학생의 가해행동 중단을 위한 교사의 지도방법에 대해 살펴보았다. 피해학생과 가해학생을 도울 수 있는 구체적인 상담 방법에 대해서는 제7장을 참고하기 바란다.

💡 교육적 시사점

　학교폭력은 교사가 없는 곳에서 대부분 발생한다. 교사가 함께 있는 교실에서나 수업 시간에는 거의 일어나지 않는다. 그러나 피해학생과 가해학생은 여전히 교실에 있다. 교사는 학교폭력이 발생했을 때 또는 신고가 됐을 때 잘 대처하는 것도 중요하지만, 피해, 가해 상황이 예측되는 학생들의 행동을 발견했을 경우에도 그냥 넘어가지 않고 민감하게 반응할 필요가 있다. 따라서 교사는 피해학생과 가해학생은 어떤 특징과 행동을 보이는지에 대해 제대로 알고 있어야 한다.

　'생각해 보기'의 사례에서 수근이는 재석이가 책을 읽도록 지목하면서 반 분위기를 주도한다. 또래관계에서 우위에 있고 사회성도 있어 주변학생들이 주목할 상황을 만들어 낸다. 교사가 없을 때 가해행동을 할 가능성이 높다. 반면, 재석이는 수근이가 지목할 때 위축적이고 소극적 반응을 보일 뿐 곧 책을 읽고 순응한다. 교사가 없을 때 피해를 당할 가능성이 높다. 주변의 학생들은 교사가 있는 수업 시간에도 지속되는 수근이와 재석이의 관계를 보면서 학급에서 수근이의 위치를 인정하고 재석이는 안타깝지만 어쩔 수 없다는 생각을 할 것이다.

　이 상황에서 피해학생과 가해학생의 특징을 잘 알고 있는 민감한 교사라면 수군거리고 웃는 학급을 조용히 시키고 그냥 넘어가지는 않을 것이다. 책을 읽은 재석이를 지지해 주고, 수업시간 후에 따로 조용히 불러 학교생활에 어려움이 없는지 관심을 갖고 물어볼 수 있을 것이다. 수근이의 행동과 관련해서도 누군가를 지목하고 뒤에서 수군거리고 웃는 행동이 바람직하지 않다는 것을 지적하고 넘어갈 것이다.

제3장
학교폭력 영향요인과 이론적 관점

이 장에서는 학교폭력의 원인에 대해 살펴보고, 학교폭력과 관련된 다양한 이론을 통해 학생들의 공격행동이나 괴롭힘 행동을 이해하는 데 주안점을 둔다. 학교폭력의 원인은 크게 개인특성, 가정환경, 학교환경, 사회환경으로 구분할 수 있으며 각 요인은 상호작용하여 학생들의 발달과 행동에 영향을 미치게 된다. 또한, 학교폭력은 다양한 이론적인 관점으로 설명되는데, 사회생태학이론, 강화이론, 사회학습이론, 사회정보처리이론에 초점을 맞추어 살펴본다.

학습목표

• 학교폭력의 원인을 설명할 수 있다.
• 학교폭력을 설명하는 이론을 설명할 수 있다.
• 학교폭력을 예방하기 위한 교사의 역할을 설명할 수 있다.

생각해 보기

　중학교 2학년인 현빈이는 초등학교 때부터 성적이 좋지 않아 열등감을 가지고 있으며, 누군가 자기를 무시하는 것 같으면 주체할 수 없이 화가 나곤 한다. 또한 현빈이 부모님께서는 맞벌이를 하셨으며, 부모님은 현빈이가 공부를 열심히 하지 않는 것에 대해 늘 못마땅해하셨다. 어느 날 미술시간에 현빈이는 중기에게 준비물을 빌려 달라고 했지만, 현빈이의 말을 듣지 못한 중기는 대답을 하지 못했다. 이에 화가 난 현빈이는 중기를 때렸고, 자신이 화가 나서 때렸을 뿐이라며 이를 심각하게 생각하지 않았다. 그때부터 현빈이는 반에서 힘이 있는 친구들과 함께 중기를 따돌리고 괴롭히기 시작했다.

　현빈이는 왜 중기에게 폭력을 가했을까? 담임교사로서 현빈이를 선도하기 위해 할 수 있는 노력에는 어떠한 것이 있는지 학교폭력의 원인과 다양한 이론을 통해 생각해 보자.

이 장에서는 학교폭력이 발생하는 데 영향을 미치는 요인과 공격행동, 학교폭력
이 발생하게 되는 과정을 설명한 이론에 대해 살펴보고자 한다. 사회생태학적 모형
에 기반하여 학교폭력에 영향을 미치는 요인을 개인특성과 가정환경, 학교환경, 사
회환경으로 구분하여 살펴보고자 한다. 또한 학교폭력을 설명하는 이론 중 사회생
태학이론, 강화이론, 사회학습이론, 사회정보처리이론에 대해 학습하고 학교폭력
과 연관 지어 살펴보도록 한다.

1. 학교폭력의 영향요인

1) 개인특성

학교폭력을 이해하는 데 있어서 개인의 심리사회적 특성, 즉 공감과 공격행동
의 역할에 주목할 필요가 있다. 먼저, 공감이란 다른 사람의 감정을 함께 경험하게
하는 정서적인 특성으로, 공감능력이 높은 경우 다른 사람을 돕는 친사회적 행동
이 촉진되며, 반사회적 행동을 조절하고 억제할 수 있게 된다(Mehrabian & Epstein,
1972). 학교폭력의 맥락에서 공감능력이 높은 학생의 경우 피해학생의 감정을 이해
하고 함께 느낄 수 있기에 피해학생의 고통을 줄이기 위해 노력할 수 있지만, 공감
능력이 낮은 학생의 경우 피해학생의 정서적 고통을 이해하거나 함께 느끼지 못하
기 때문에 오히려 가해행동에 쉽게 가담하거나 피해학생을 돕지 못할 가능성이 높
다. 실제로 많은 연구에서 공감능력이 낮은 경우 가해행동에 쉽게 참여하며, 공감능
력이 높을 때 피해학생을 돕는 행동이 나타날 가능성이 높다고 밝혀져 왔다(Jolliffe
& Farrington, 2006; Zych, Ttofi, & Farrington, 2019).

공격행동이란 다른 사람을 의도적으로 다치게 하려는 사고와 감정을 의미한다.
공격행동이란 부정적 반응을 유도하는 사회적 사건이 있었는지, 공격행동을 하는
행위자의 감정이 어떠한지에 따라 반응적 공격행동과 선제적 공격행동으로 구분된
다(Berkowitz, 1993). 반응적 공격행동이란 불쾌함이나 좌절감 등과 같은 부정적인

사건에 뒤따르는 공격행동을 의미하며, 선제적 공격행동이란 행위자가 원하는 결과(예, 물리적인 재화나 피해자의 고통 등)를 얻기 위해 나타나는 공격행동으로 도구적 공격행동이라고 불리기도 한다. 반응적 공격행동의 경우 공격행동을 하는 행위자의 감정이 부정적인 반면에, 선제적 공격행동의 경우 공격행동을 통해 더 긍정적인 결과를 만들 수 있을 것이라는 행위자의 긍정적인 감정과 함께 나타난다. 예를 들어, 지나가는 행인이 실수로 자신을 스치고 지나간 경우 상대가 사과를 하지 않았다는 불쾌한 감정으로 인해 나타나는 공격행동은 반응적 공격행동이라 할 수 있다. 반면에, 친구들의 주목을 받고 싶어 학급에서 힘이 약한 친구를 괴롭히는 형태로 나타나는 공격행동은 선제적 공격행동이라 할 수 있다.

또한 공격행동은 드러나는 형태에 따라서 외현적 공격행동과 관계적 공격행동으로 분류할 수 있다(Crick & Grotperter, 1995). 외현적 공격행동이란 언어적, 신체적 공격행동으로 타인에게 직접적으로 해를 가하는 공격행동이다. 관계적 공격행동이란 관계를 훼손하고자 하는 의도를 가지고 타인을 배제시키거나 악의적으로 소문을 퍼뜨리는 등 사회적 지위를 손상시키는 공격행동이다. 공격행동에 대한 초기 연구에서는 남학생이 외현적 공격행동을, 여학생이 관계적 공격행동을 더 높게 나타난다고 확인되어 왔으나(Crick & Grotperter, 1995), 외현적 공격행동은 남학생이 높지만 관계적 공격행동은 남녀의 차이가 확인되지 않으며(박영신, 2005; Loukas, Paulos & Robinson, 2005), 오히려 아동기에서 청소년기로 갈수록 관계적 공격행동이 더 증가하는 경향이 있다고 설명되고 있다(Loeber & Hay, 1998).

공격행동은 성별에 따라 차이가 나타난다. 초기 학교폭력 연구에서는 공격행동이 주로 신체폭력에 초점이 맞추어져 있었기 때문에 남학생이 주로 공격행동에 많이 참여한다고 알려져 왔다. 최근에는 여학생과 남학생의 공격행동 표출방법에 있어서 차이가 있다고 설명되고 있다. 예를 들어, 남학생들은 신체적인 힘을 활용해 친구를 때리거나, 욕을 하는 것과 같이 겉으로 드러나는 공격행동에 더 참여하게 되며, 여학생들은 친구에 대한 험담이나 루머, 뒷담화 등 간접적이고 관계적인 공격행동에 더 참여하는 경향이 있다.

공격행동에 대해선 성차뿐 아니라 **연령**에 따른 차이도 고려할 필요가 있는데, 특히 초등학생과 중·고등학생의 경우 그 차이가 더 크게 나타난다. 이는 발달적 변화와 학교구조의 차이로 설명된다. 아동기에서 청소년기로 성장함에 따라 겪는 사춘기 시기에는 호르몬과 성적 성숙, 인지적 변화로 인해 많은 대인관계 변화를 겪게된다. 중·고등학교의 경우, 초등학교와 달리 교사와 함께 있는 시간이 적고, 상급학교를 위한 입시와 학업위주의 풍토로 인해 학업스트레스가 증가하게 된다. 또한청소년기에는 부모 및 교사보다는 또래와의 관계가 중요시되고 또래집단 내 지위(예: 인기)를 얻기 위해 돋보이거나 반사회적인 행동(예: 학교폭력 가해행위 등)에 참여할 가능성이 높다. 연령의 증가는 전체적인 피해자 발생률이 감소하는 것처럼 나타나지만, 피해학생과 가해학생의 역할이 안정적이게 되어 부정적인 영향은 오히려 더 크게 나타날 수 있다. 피해학생의 경우 피해자라는 낙인으로 인해 더 친구를사귀기 어렵고 또래관계를 회복하는 것이 힘들어지게 되며, 가해학생 역시 가해자라는 낙인과 역할에서 벗어나지 못해 공격행동이 지속적으로 나타날 수 있다.

2) 가정환경

가정은 자녀가 적응적인 발달을 하는 데 있어서 매우 중요한 역할을 한다. 부모와의 원활한 의사소통과, 안정적인 애착형성, 충분한 부모의 지지와 지원과 같이 긍정적인 가정환경은 학교폭력 가해나 피해 위험을 줄여 주는 반면에(Conners-Burrow et al., 2009; Elsaesser et al., 2017), 부정적인 양육방식과 불안정한 애착형성, 가정폭력 경험 등은 또래와의 관계를 형성하고 유지하는 데 어려움을 겪게 되어 학교폭력의 가해나 피해의 위험이 높아지게 된다(Baldry & Farrington). 가정환경은 크게 부모의 양육방식, 부모-자녀 애착, 부모의 의사소통능력, 가정폭력 경험으로 구분지어 살펴보고자 한다.

첫째, 부모의 양육방식이란 자녀를 기르는 데 비교적 일관되고 안정적으로 나타나는 태도와 행동을 말한다(이지영, 2016). 학교폭력과 관련해서 어려움을 겪는 학생들의 주요한 특징을 보면 부모님들이 가정에서 강제적이고 억압하면서 자녀들을 양육하는 경우가 많다. 예를 들어, 체벌을 통해서 아이를 통제하려고 하는 경우라면 아이는 부모로부터 폭력을 학습하게 된다. 이러한 학습된 폭력행동은 밖에 나가서 다른 아이들을 때리는 행동으로 이어진다. 반면, 부모가 지나치게 허용적이고 방임적이라 모든 것을 자녀 멋대로 하게끔 규율이나 규칙에 대해서 가르치지 않는 경우도 있다. 부모가 자녀에게 적절한 통제를 가르치지 않으면 집 밖에서 행동이 산만하거나 제멋대로이며, 남에게 피해를 주는 행동 등을 많이 할 수도 있다. 이러한 행동은 또래 사이에서 불편하고 문제가 되는 행동일 수도 있으며, 친구들의 의견을 묻지 않고 멋대로 하는 경우 다른 친구들이 함께 놀기를 꺼려할 수 있다. 가장 이상적인 부모의 양육방식은 민주적이면서 권위주의적인 방식이다. 자녀가 해도 되는 것과 안 되는 것을 구분해 주고, 그러면서도 자녀를 인정해 주고 자유롭게 자신이 선택할 수 있도록 책임을 지게 하는 부모의 양육방식은 자녀를 훨씬 더 책임감 있게, 자신이 원하는 것에 대해서 자율적으로 할 수 있는 바람직한 성격과 태도를 갖도록 해 준다. 이러한 환경에서 자란 자녀는 또래와의 관계에서도 적절하게 자신의 의견을 말하고 조율해 가며 타인과 원활한 소통을 할 수 있다. 이처럼 부모의 양육방식은 자녀의 폭력적인 행동이나 학교 안에서 또래 간 갈등관리 및 문제해결과 밀접하게 관련이 있다.

둘째, 부모-자녀의 안정적인 애착 형성은 자녀가 타인을 바라보는 렌즈로 작용하고 타인과의 대인관계를 맺는 데 매우 중요한 영향을 미친다. 볼비는 애착이론을 통해 생애 초기에 양육자로부터 민감한 반응성과 수용, 일관되고 따뜻한 돌봄을 경험하게 될 때 아동은 안정적인 애착 관계를 형성한다고 설명하였다(Bowlby, 1982). 안정적 애착을 유지한 아동은 다른 사람을 신뢰하고, 다른 사람과 좋은 관계를 유지하는 데 있어서 필요한 기술과 기본적인 정서적 안정감을 갖게 된다. 반면에, 부모가 자주 돌봐 주지 않는다거나 잘 돌봐 주지 않는 사람에게 아동을 맡겨 놓으면 아동은 불안정한 애착관계를 형성한다. 그래서 "저 사람을 믿어도 되는 것인가? 저 사람은 나에게 잘해 주는 사람인가?"라는 불신이 생기고 사람을 회피하게 된다. 사람과 좋은 관계를 맺는 것이 두렵고 무섭고 거부당할 것 같은, 불안정하고 회피적인 애착을 갖게 될 수 있다. 이러한 애착관계는 학교에서 또래와 관계를 맺을 때도 안정적이고 신뢰할 수 있는 좋은 관계를 맺는 데 부정적 영향을 미칠 수 있다. 친구들을 의심하고, 싫어할까 봐 초조해하거나 불안해하며 회피하는 감정, 거부반응 등으로 인해 좋은 또래관계를 맺지 못할 가능성이 있다. 결국 부모–자녀의 애착은 우리가 앞으로 맺어 가는 다양한 인간관계에서 기본적인 신뢰, 애정, 지지를 위한 기초의 역할을 한다. 만약 또래나 교사와 관계맺기를 잘 못하는 학생의 경우 학교에서 다른 사람에 대해서 폭력적으로 행동할 수도 있고, 집착을 하거나 의존하는 등 정상적이지 못하고 건강하지 못한 관계를 맺을 수 있으며 이러한 문제는 학교폭력 피해 및 가해 경험으로 연결이 될 수도 있다.

셋째, 부모의 의사소통능력은 자녀가 타인과의 관계를 맺는 데 필요한 대인관계 기술 습득에 영향을 미치게 된다. 부모가 자녀가 하는 말을 충분히 들어주고, 힘든 일을 적절하게 공감해 주는 것은 자녀가 안정적인 정서를 가질 수 있게 해 주며, 타인과의 관계를 맺을 때 이러한 기술을 배워 긍정적인 관계 형성에 기여할 수 있다. 대인관계 기술이 잘 학습된 경우, 또래들의 이야기를 잘 들어주고 자신의 감정을 적절하게 표현하며 갈등상황에서도 서로 양보하고 타협할 수 있다. 반면에, 부모가 자녀의 이야기를 듣지 않고, 부모의 생각을 강요하고 억압적으로 표현을 한다면 자녀는 분노, 적대감과 같은 부정적인 정서를 가질 수 있다. 이런 경우, 또래나 타인과의 관계를 맺을 때, 자신의 의견과 맞지 않거나 부정적인 감정이 생긴다면 과도하게 화를 낸다거나 폭력적이고 바람직하지 않은 행동으로 표출할 수 있다. 특히 가정 내에서 폭력을 당했거나 목격한 경우 학교에 와서 그러한 행동을 하는 경우도 있다.

3) 학교환경

학교는 교육이 이루어지는 장소이면서 동시에 다양한 구성원(학생, 교사, 학교장, 학교지킴이, 학부모 등) 간의 상호작용이 발생하는 공간이다. 학교환경은 물리적 환경과 사회적 환경으로 구분되며, 교사관계와 또래관계가 포함되어 있다.

물리적 환경에는 학교의 시설이나 학교 및 학급의 규모, 인적 및 물적 자원 등이 포함된다. 무질서적이며 비조직화된 학교환경은 학생들에게 불쾌감을 제공하게 할 수 있으며 학생에 대한 교사나 학교 구성원들의 관리와 감독이 적절하게 이루어지지 않는다면, 학생 간의 괴롭힘이나 공격행동에 대해 빠르게 대처하지 못할 수도 있다. 이를 위해 다수의 학교에서는 CCTV 설치, 학교 구성원들의 순찰 등의 조치를 통해 학교폭력 예방과 학생들의 안전을 위한 노력을 하고 있다. 학교에 CCTV만 설치해 두어도 학교폭력이 줄어들 수 있다. 우리는 '누군가가 내 행동을 보고 있다' '내가 폭력적으로 행동했을 때 관찰이 될 수 있다'고 생각이 들 때 행동이 조심스러워진다. 학교에서 복도나 화장실, 사각지대 등에 교사나 교직원, 학부모가 자주 순회하거나 계속 감독하고 있다면, 교내에서 발생할 수 있는 사고가 훨씬 줄어들 수 있다. 실제로 일부 학교에서는 교사들이 교무실에 있는 책상을 없애고 쉬는 시간에도 교실에서 쉬고, 점심을 아이들과 함께 먹는 경우도 있다. 물론 교사는 수업 외에도 일종의 학생관리 업무가 추가되는 것이다 보니 힘들 수 있지만 그만큼 관리감독이 중요하다는 것이다. 일부 국가에서는 교사가 모든 역할을 하기에 어려움이 있기 때문에 자원봉사, 학부모, 지역의 어른들이 학교에 와서 순찰을 하고 있다. 이들은 안전을 관리하는 사람이라는 표시로서 조끼 등을 입고 학교를 돌아다니며 도움이 필요한 아이들을 돕거나 혹시 폭력이나 갈등이 있을 때 바로 개입할 수 있게 하고 있다.

다음으로, 사회적 환경에는 학교의 문화와 풍토, 학급 구성원 간의 공유된 믿음과 태도 등이 있다. 특히 학교폭력 무관용의 학교규범은 학교폭력을 예방하는 중요한 요인이다(Henry et al., 2011). '학교폭력은 어떠한 경우라도 발생하면 안 된다'는 강한 태도와 신념을 학생들에게 분명하게 인식시키고 전달하는 것은 학교폭력의 발생을 현저하게 감소시킨다. 만약 학급에서 괴롭힘이나 학교폭력이 일어나는 것에 대해서 묵인하고 수용하고 관용하는 분위기라고 하면 그런 학급에서는 학교폭력이 많이 발생할 수 있다. 학교폭력이 발생되었을 때에 공정한 규칙이 적용되는 것은 학생들에게 학교폭력 행동에 대한 결과를 명확하게 인식시켜 준다는 점에서 매우 중요하다(Johnson, 2009). 반면에, 학교폭력 사안을 가볍게 여기거나 묵인하는 것은 학생들에게 학교폭력이 암묵적으로 승인된다는 착각을 불러일으켜 학교폭력 행동을 강화시킬 가능성이 있다. 학생들끼리 서로 좋아하고 서로 평화롭게 지낼 수 있도록 풍토를 만들어 주며 친밀해지는 관계를 유지하는 것이 중요하다. 그리고 학생들끼리 서로 믿어 주고 신뢰하는 태도를 갖도록 유도해야 한다.

학교생활에서 학생들이 직면하게 되는 사회적 관계에는 또래관계와 교사관계가 있다. 교사는 학급의 '보이지 않는 손'으로써 학급에 많은 영향을 미칠 수 있다. 교사가 학급에 함께 있는 초등학교뿐 아니라 교사가 조회, 종례, 수업 시간에만 함께하는 중·고등학교에서도 담임교사의 '손'은 끊임없이 작동하며 개개인 학생의 행동과 학생 간의 관계에 영향을 미치게 된다. 특히 학교폭력에 담임교사의 역량과 역할은 매우 중요하다. 담임교사가 폭력에 대해서 어떤 생각을 갖고 있는지, 가치관이 무엇인지, 태도가 어떠한지, 담임교사가 학교폭력이 생겼을 때 어떤 식으로 처리하겠다고 생각하는지 등은 학생들에게 은연중에 전달된다. '선생님은 학교폭력 문제에 관심이 많고 문제가 생겼을 때 잘 처리해 낼 수 있다' '누구든지 문제가 생기면 선생님을 믿고 꼭 이야기를 해야 한다' 등의 이야기를 계속해서 강조하고 실제로 그렇게 보여 주며, 사건이 생겼을 때 바로 개입해서 해결하는 적극적인 태도를 보이는 것이 매우 중요하다. 이러한 교사의 행동은 학생들에게 '우리 선생님은 학교폭력은 절대 용서하지 않는구나'라는 마음을 갖게 해 주며 이러한 마음은 학생들의 행동을 통제하고 억제하는 효과로 이어진다. 교사의 학교폭력에 대한 확고한 신념과 태도, 가치, 효능감은 학생들로 하여금 적절하게 행동하는 데 중요한 영향을 미친다는 것을 유념해야 한다. 또한 교사가 학생에게 신뢰와 애정, 관심과 지지를 제공해 주는 것은 학생들의 정서에 긍정적인 영향을 끼치며, 학생들은 이러한 교사의 행동을 모방하여, 또래 간의 원만한 관계를 형성하는 데 도움을 준다.

마지막으로, 또래관계도 학교폭력에 매우 중요한 요인으로 작용한다. 또래와의 우정 관계를 형성하고, 원만한 관계를 유지하는 것은 학교폭력에 대한 보호요인으로 작용할 수 있다. 그러나 비행이나 일탈 등 문제행동의 빈도가 높은 또래와의 어울림은 오히려 학교폭력 가해나 피해 위험의 증가와 관련될 수도 있다. 또래관계의 중요성은 제4장 또래관계와 학교폭력 주변학생에서 자세하게 설명한다.

4) 사회환경

학교폭력에 영향을 끼치는 사회환경으로는 유해환경과 대중매체, 지역사회 폭력 허용 정도, 사회복지서비스 등이 있다(도기봉, 2008, 2009; Karriker-Jaffe, 2006). 유해환경에 자주 접촉하거나 대중매체를 통해 폭력에 자주 노출되는 것은 폭력행동에 대한 규범의식을 약화하며, 모방하고 싶은 학생들의 심리를 자극해 학교폭력 발생위험을 높일 수 있다. 학교폭력은 학교 안에서도 발생하지만 학교 밖에서도 많이 발생한다. 특히 중·고등학교 같은 경우에는 거주지역과 학교가 동일한 지역사회 안에 있기 때문에 학생들이 하교하면서 또는 주말이나 방학에 학교의 학생들에게 폭력을 하는 경우도 많다. 주로 재건축 지역의 공사현장이나 빈집, 야밤의 놀이터, 공터 등이 학생들의 폭력행위가 발생할 수 있는 위험한 장소이다. 지역사회 차원에서 이런 위험한 장소가 있지는 않은지 확인하고, 그런 장소가 있다면 지속적인 감독을 통해 이를 관리할 필요가 있다. 또한 주변 유해환경과 유흥업소처럼 청소년들이 접근하면 안 되는 곳들이 있는데 아이들이 호기심을 갖고 유혹에 노출이 돼서 금품 갈취 같은 일들이 생길 수 있다. 지역사회 내 폭력 행동에 대한 잦은 노출도 폭력행위가 일상적으로 발생하는 사건이라는 인식을 유발해 부정적인 영향을 끼칠 수도 있다. 이처럼 학교 근처 유해환경과 대중매체를 통한 폭력접촉, 사회 내 폭력 허용도는 학교폭력의 위험요인으로 작용하지만, 그 영향은 학생들의 특성에 따라 다르게 나타날 수 있다. 도기봉(2009)의 연구에서는 공격성이 높은 학생의 경우 사회요인들의 부정적인 영향이 더 큰 것으로 보고하고 있다.

최근 들어 지역사회 차원에서 아동·청소년을 위한 노력에 많은 관심을 기울이고 있다. 지역사회의 멘토 체제를 통해 지역에 거주하는 성인이 해당 지역의 아동·청소년에게 도움을 주고 있으며, 한부모 가정 등 취약한 가족구조를 가진 학생들을 위해 함께 관리해 주고 지도해 주며 관심을 가져 주는 사회복지적 차원의 관심이 높아지고 있다. 취약계층 학생들뿐 아니라 학업중단이나 위기청소년들을 같이 지역사회에서 관리해 줄 수 있도록 학교가 중심이 돼서 연계하는 것이 매우 중요하다.

2. 학교폭력의 이론적 관점

1) 사회생태학이론

브론펜브레너의 사회생태학이론에서는 개인의 발달과 행동이 생태 환경에 의해 영향을 받으며, 여러 차원 요인 간의 상호작용을 통해 결정된다고 설명한다(Bronfenbrenner, 1979). 사회생태학이론에서는 이러한 요인을 미시체계, 중간체계, 외체계, 거시체계로 구분하였으며 이들이 서로 영향을 주고받는 것을 강조한다.

미시체계(microsystem)란 개인에게 가장 밀접하고도 직접적인 환경이며 개인과의 관계로서 여기에는 가족, 교사, 또래 등이 포함된다. 미시체계는 아동·청소년의 정서적 및 사회적 발달에 가장 큰 영향을 미치며, 실제로 학교폭력이나 학교적응, 적응적인 발달에 대한 부모나 또래, 교사의 영향력이 다수의 연구에서 확인되었다. 중간체계(mesosystem)는 미시체계 간의 상호적 연결관계를 의미하며 교사와 학부모 학교 간의 관계, 교우관계에 대한 학부모의 인지정도 등이 포함된다. 외체계(exosystem)는 개인이 직접적인 영향을 미치지는 않지만, 개인에게는 영향을 주는 사회적 환경을 뜻하며, 이에는 학교의 교육제도 및 정책, 부모의 직무 여건 등이 포함된다. 거시체계(macrosystem)는 문화적 및 간접적인 영향을 주는 체계로 종교집단, 생활방식 및 관습, 정책이나 법률, 문화적 신념 등이 이에 포함된다. 실제로 국가의 빈곤 수준이 높을수록 학교폭력 피해자 발생률이 더 증가하며(Carlson, 2006), 불평등 국가일수록 학교폭력 발생률이 더 높아지는 것으로 밝혀졌다(Elgar et al., 2009).

많은 연구자는 사회생태학이론을 적용해 학교폭력 현상을 설명하고자 노력해 왔으며 가족과 학교, 또래 및 지역사회의 특성이 학교폭력 가해와 피해에 영향을 미치는 것이 확인되어 왔다(Swearer, Espelage, & Vaillancourt, 2010; Swearer & Hymel, 2015). 학교폭력의 영향요인을 사회생태학적 모형에 기반해 살펴볼 필요가 있다. 학교폭력이라는 현상은 대상 학생을 포함해서 학생이 속해 있는 가정, 학교, 학생을 중심으로 관계를 맺고 있는 또래, 학교와 가정이 속해 있는 지역사회, 지역사회보다

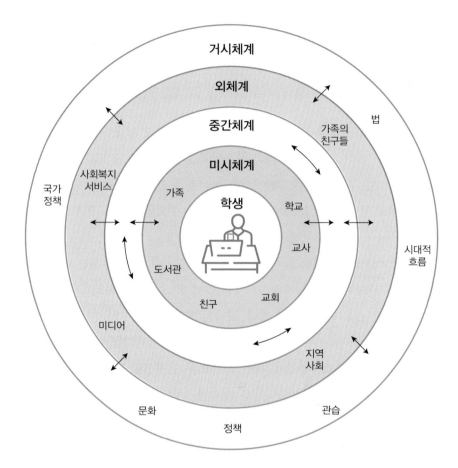

[그림 3-1] 브론펜브레너의 사회생태학적 모델

더 확장된 상태에서의 사회, 문화, 역사적 배경들이 밀접하게 관련되어 있다. 예를 들어, 가해학생을 만났을 때, '그 학생이 가정에서 어떤 영향을 받았는가' '학교나 친구들은 이 생각들에 어떤 영향을 주었나' '지역사회는 어떠한가' '현재의 한국사회와 문화가 학생들이 공격적이거나 폭력적인 행동을 어떻게 바라보도록 가치관을 만들고 있는가' 등을 고려할 필요가 있다. 이러한 이유로 학교폭력은 쉽게 해결하기가 어렵다. 학교폭력은 학생 한 사람의 문제가 아니라 이 학생이 오랫동안 영향을 받아 온 다양한 맥락적 요소가 중복적으로 영향을 미치기 때문에 그러한 것들이 모두 바뀌지 않는 한 학생들의 입장에서는 변화할 가능성이 적다고 할 수 있다. 교사는 학교폭력 사안이 가해학생만의 잘못이라 여기기보다는 이처럼 다양한 맥락적 요소가 함께 상호 연결되어 영향을 미치고 있음을 염두에 두면서 학교폭력 현상을 이해할 필요가 있다.

2) 강화이론

강화이론(Skinner, 1969)은 인간의 행동에 변화를 주기 위한 행동수정 원리에 초점을 맞춘다. 행동은 결과에 의해 영향을 받게 되며, 행동을 이해하기 위해서는 행동 뒤에 따르는 결과를 분석할 필요가 있다. 행동을 증가시키는 절차나 결과를 강화라 한다. 예를 들어, 어떤 행동을 했을 때 칭찬을 받았다면 그 행동을 계속하게 된다. 이러한 행동을 '강화된 행동'이라 할 수 있으며 이때 칭찬은 '강화물'로 작용한다. 즉, 강화물을 활용해 바람직한 행동을 증가시킬 수 있다. 강화에는 정적강화와 부적강화가 있다. 정적강화란 행동을 더 증가시키기 위한 목적으로 제공되는 유쾌한 자극을 의미한다. 정적강화에는 착한 행동을 칭찬하거나, 열심히 공부한 학생에게 제공되는 높은 점수, 노동의 대가로 지급되는 임금 등이 포함된다. 부적강화란 행동의 증가를 목적으로 불쾌한 자극을 제거하는 것을 말한다. 예를 들어, 과제를 완수했을 때 청소를 면제시켜 주거나 혐오스럽거나 부정적인 자극을 면제시켜 주는 것을 말한다.

반대로, 행동을 감소시키는 절차를 벌이라고 한다. 예를 들어, 학생이 어떤 행동을 했을 때 야단을 맞는다면 그 행동을 하지 않게 된다. 벌은 수여성 벌과 박탈성 벌로 구분된다. 수여성 벌은 싫어하는 자극을 제공함으로써 바람직하지 않은 행동을 감소시키는 것을 의미한다. 예를 들어, 화장실 청소나 징계, 잔소리, 해고 등을 통해 행동의 감소를 유도하는 것을 말한다. 박탈성 벌은 좋아하는 자극을 제거함으로써 바람직하지 않은 행동을 감소시키는 것을 의미한다. 예를 들어, 부모님 말을 듣지 않았을 때 용돈을 줄이거나 스마트폰 사용 금지, 임금을 삭감하는 것 등을 말한다.

〈표 3-1〉 강화와 벌의 유형

| | 제공되거나 박탈되는 **자극의 유형** | |
	긍정적 자극	부정적 자극
반응 후에 무엇이 **제공**되는 경우	정적강화	수여성 벌
반응 후에 무엇이 **박탈**되는 경우	박탈성 벌	부적강화

　　강화이론을 학교폭력에 적용시켜 생각해 보면, 학교폭력이 발생했을 때, 가해학생에게 제공되는 가해자의 처분이나 교사의 훈계가 학생에게 수여성 벌로 작용되어 행동을 감소시킬 수 있다. 반대로, 피해학생을 도와주거나 가해행동을 막아 주는 것과 같이 방어행동을 하는 학생에 대한 교사의 칭찬과 격려는 정적강화로 작용되어 학생의 친사회적인 행동을 증가시킬 수 있다. 또한 학급에서 학교폭력이 발생했을 때, 또래들이 보여 주는 반응도 가해학생에게는 강화나 벌로 작용될 수 있다. 만약 가해행동에 또래들이 웃음과 호응으로 반응한다면 가해행동에 대한 강화물로 작용되어 가해행위가 증가될 수도 있다. 반대로 가해행동을 누군가 반대하거나 피해학생을 돕는 등의 행동을 보여 준다면 가해행동 감소로 이어질 수 있다.

3) 사회학습이론

　　사회학습이론(Bandura, 1997)에서는 사람들의 행동을 주위환경에 대한 관찰이나 모방을 통한 학습된 결과로 설명한다. 사회학습이론을 학교폭력에 적용해 보면, 아동·청소년의 폭력행위는 가정에서 부모나 형제의 행동을 관찰하고 모방함으로써 학습될 수 있으며, 여러 영상매체의 모방을 통해 발생할 수 있다는 것이다. 가정에서 부모가 자녀에게, 혹은 부모 간의 폭력행위, TV나 영화, Youtube, 게임 등을 통해 접하는 폭력행위는 아동·청소년의 폭력행동 기술의 습득을 돕거나 폭력행위에 대한 억제력을 감소시켜 가해행동을 유발할 수 있다. 실제로 밴듀라는 '보보인형 실험'을 통해 관찰만으로도 폭력행동이 학습되는 것을 설명했다. 이 실험은 3~6세의 아동에게 한 성인이 보보인형을 때리는 것을 10분간 지켜보게 한 후, 아동의 행동 변화를 관찰하는 것이다. 그 결과 공격적인 행동을 관찰한 아동은 보보인형을 똑같이 때리기 시작하였고, 특히 성인과 동성일수록 더 쉽게 모방하는 것으로 나타났다. 이외에도 많은 연구에서 폭력적인 TV 프로그램의 시청과 공격행동 간의 밀접한 관련성이 있음이 확인되었다. 예를 들어, 타인을 때리고 돈을 받는 장면을 목격한다면 공격행동이 자신의 목표를 달성하는 데 효과적이라고 생각하게 된다. 더 나아가 폭력적인 게임에 참여하는 것은 TV 프로그램 시청보다 더 적극적인 행위로서 공격행동을 더 쉽게 유발하는 것으로 나타났다. 폭력적인 게임의 경우 아이템이나 점수 획득 등의 폭력행위에 대한 직접적인 보상이 뒤따르게 되기 때문에 폭력행동이 더 강화될 수 있다. 최근 10여년의 종단연구를 통해 폭력적인 게임에 대한 참여를 살펴본 코인과 스톡데일의 연구에서 청소년기의 폭력적인 게임의 참여는 성인기에까지 영향을 미칠 수 있으며, 공격적인 청소년일수록 더 폭력적인 게임에 참여할 수 있다는 것이 밝혀졌다(Coyne & Stockdale, 2021).

폭력적인 대중매체뿐 아니라 학급에서 또래나 교사의 행동과 그에 따른 결과는

[그림 3-2] 밴듀라의 보보인형 실험

학생들에게 대리학습을 가능하게 해 준다. 학급에서 교사는 학생들에게 모델로서 역할을 한다. 교사와 학생, 교사와 교사 간의 상호작용을 보고 학생들은 교사의 행동양식을 모방할 수 있다. 또한 많은 학생은 학급에서 또래들 간의 상호작용을 관찰하고 그 행동양식을 따라 하게 된다. 특히 청소년기는 집단에 소속되고 싶은 욕구가 강한 시기로 집단에 소속되기 위해서 또래들의 행동양식을 그대로 내재화한다. 이처럼 모호한 상황에서 집단에 수용되기 위해 자신의 행동양식을 집단의 규범에 일치시키는 것을 동조행동이라 한다. 특히 가해자 집단에 소속되어 있는 경우, 가해행동을 하고 싶은 특정한 이유가 없더라도 집단에 소속되고 싶은 욕구로 인해 가해행동에 참여하기도 한다.

4) 사회정보처리이론

사회정보처리이론은 사회적 맥락에서 어떠한 자극에 의해 행동반응을 할 때 자신의 이해와 해석과 관련되어 있으며, 일련의 사회정보처리 절차가 있다고 설명한다(Crick & Dodge, 1994; Dodge et al., 1986). 그 절차는 [그림 3-3]과 같다. 먼저 어떠한 사회적 단서에 직면했을 때, 사회적 단서에 주의와 관심을 기울이고 해당 단서에 대해 알아차리고 인지하게 된다. 예를 들어, 운동장을 가로질러 걷다가 공에 맞았을 때, '지금 현재 무슨 일이 일어났는지' '누가 이 공을 던졌는지' 등을 알아차리는 단계이다. 다음으로, 단서에 대한 해석을 하게 된다. 이 단계에서는 사회적 자극을 인지한 후, 그 단서에 대해 우호적이거나 적대적, 무의도적 등으로 해석을 하게 된다. 예를 들어, 공에 맞은 사건에 대해 '우연하게 발생한 사고'로 해석할 수도 있고 '누군가 고의로 공을 던졌다'고 해석할 수도 있게 된다. 이때 단서를 어떻게 해석하는지에 따라 긍정적인 혹은 부정적인 정서를 유발한다. 만약 이 과정에서 '누군가 고의로 공을 던졌다'와 같이 단서에 대해 적대적 해석을 하게 되는 경우, 상대에 대해 부정적인 감정을 유발할 수 있다. 특히 공격적인 행동을 많이 하는 학생들의 경우 적대적인 해석을 많이 하는 경향이 있다(de Castro & Van Dijk, 2017).

다음으로, 반응의 산출 단계에서는 단서의 해석에 뒤따르는 반응이나 행동을 떠올리게 된다. 해석에 따라 여러 반응을 산출할 수 있는데, 선택할 수 있는 행동의 가짓수가 적은 경우 공격적인 행동을 선택할 가능성이 높다. '공을 다시 그 친구에게 던져 복수할까?' '주의하라고 친구에게 이야기를 할까?'와 같이 여러 반응을 떠올릴 수 있다. 이러한 반응을 산출한 후에는 상대방과 자신의 상태, 특성, 사회적 맥락 등을 고려해서 산출한 각 반응에 대해 평가하고 선택하는 과정이 뒤따른다. 만약 '공을 다시 그 친구에게 던져 복수를 해야지'와 같은 반응을 선택했을 때, '사건이 더 심각해질 수도 있다' '내가 세게 던져서 친구를 맞히지 못할수도 있다'와 같이 선택하는 반응에 뒤따르는 결과를 떠올려 보며 자신이 할 수 있는 최적의 반응을 선택하게 된다.

또래와의 갈등상황에서 이를 어떻게 해석하고 반응하는지, 갈등을 해결하기 위해 적절하게 사고할 수 있는 능력은 사회적 적응을 하는 데 매우 중요한 영향을 미치게 된다. 이때 적대적 해석을 하게 되는 경우, 부정적인 반응양식이 산출되고 이는 학교폭력으로 이어질 수 있다. 이를 예방하기 위해 교사나 부모는 학생들이 갈등상황을 적절하게 해석하고 갈등해결에 도움이 되는 반응을 산출할 수 있도록 지도해 줄 필요가 있다. 특히 또래에게 수용되지 못하며 거부당하는 학생의 경우 사회적 정보처리 과정 중 어느 과정에 문제가 있고, 부적절한 행동을 하는지 확인함으로써 부적응적인 행동을 예방하고 적절한 개입을 할 필요가 있다.

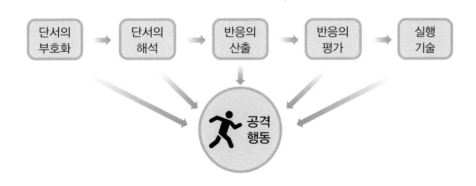

[그림 3-3] 사회적 정보처리 모형

이 장에서는 학교폭력의 원인을 개인특성, 가정환경, 학교환경, 사회환경으로 구분지어 살펴보았으며, 공격행동이 유발되는 과정을 사회생태학이론, 강화이론, 사회학습이론, 사회정보처리이론을 통해 알아보았다.

┤ 🔆 교육적 시사점 ├

학교폭력은 하나의 원인으로 인해 발생하는 것이 아니며, 다양한 요인이 서로 상호작용하여 나타나는 현상이라 할 수 있다.

'생각해 보기'에서 살펴본 현빈이의 폭력행동은 사회생태학이론과 사회정보처리이론을 적용해 생각해 볼 수 있다. 사회생태학이론을 적용해 보면, 현빈이의 열등감과 부모님과의 부정적인 관계는 현빈이의 불안정한 정서를 유발할 수 있으며, 이러한 부정적인 정서는 현빈이가 다른 학생과 관계를 맺는 데 영향을 미칠 수 있다. 또한 사회정보처리이론을 적용해 보면, 현빈이는 중기가 대답을 하지 못한 것에 대한 해석을 하는 단계에서 문제가 발생되었다고 볼 수 있다. 현빈이는 '중기가 자신을 무시해서 대답을 하지 않았다'라는 적대적인 해석을 했기 때문에 화가 났고 폭력행동으로 이어졌을 수 있다.

교사는 학교폭력에 대한 다차원적인 이해를 통해 학생 개인뿐 아니라 학교폭력이 발생되는 맥락을 살펴볼 수 있어야 하며, 학교폭력을 예방하기 위한 다방면의 노력이 요구된다.

제4장
또래관계와 학교폭력 주변학생

이 장에서는 학급 내 전반적인 또래관계의 특성과 '학교폭력 주변학생'들의 역할에 대해 중점적으로 살펴본다. 학교폭력 주변학생이 중요한 이유는 이들의 역동에 따라 또래괴롭힘의 규모가 커지거나 작아질 수 있기 때문이다. 따라서 교사는 학교폭력의 개입과 예방의 관점에서 학교폭력 주변학생들에 대한 이해가 반드시 필요하다. 또한 교사는 비폭력적인 학급 분위기를 만들어 나갈 수 있도록 학생들의 또래관계에 관심을 가지고, 그들을 지지하며 학급을 관리 및 감독하는 것이 무엇보다 중요하다. 이때 교사가 염두에 두어야 할 주요 사항을 소개한다.

학습목표

- 또래관계의 긍정적 또는 부정적 특성을 구분할 수 있다.
- 또래관계의 긍정적 또는 부정적 특성이 학교폭력에 미치는 영향을 설명할 수 있다.
- 학교폭력 주변학생들의 역할이 학교폭력에 미치는 영향을 설명할 수 있다.
- 비폭력적인 학급 분위기와 규준을 조성하기 위한 교사의 역할에 대해 설명할 수 있다.

생각해 보기

　지훈이는 화장실에서 나갈 수가 없다. 회장과 그의 단짝들이 자신의 친구인 영진이에 대해 악담을 하고 있기 때문이다. 지금 문을 열고 나가면 서로 민망해지는 것은 둘째 치고, 회장 무리들이 영진이에 대해 어떤 험담을 하는지 끝까지 듣고 싶어 화장실에 좀 더 있기로 마음을 먹었다. 뒷담화의 내용은 크게 두 가지이다. 하나는 수업 시간에 영진이가 활발하게 참여하는 모습이 못마땅하다는 것, 다른 하나는 다한증 때문에 생기는 영진이의 체취에 대한 것이다.

　갑자기 지훈이는 가슴이 답답해진다. '솔직히 영진이가 공부를 그리 잘하는 것은 아니지만 수업 시간에 열심히 참여하는 것이 학생으로서 잘못된 일은 아니잖아! 몸에서 냄새나는 것은 다한증 때문이고, 유달리 땀이 많은 영진이도 자기 체취가 신경 쓰여 속옷을 여벌로 갖고 다니는 거 웬만한 친구들은 다 알고 있는데 말이야.'

　고민이 이어진다. 이 사실을 영진이에게 얘기해야 하나? 지훈이는 회장 무리들과 딱히 관계가 나쁜 것도 아니라서 굳이 엮일 필요가 있나 싶기도 하다. 더 솔직히는 겁이 난다. 작년에 회장 무리에게 괴롭힘을 당한 친구를 어설프게 도와주다 같이 괴롭힘을 당했던 학생이 불현듯 떠올랐기 때문이다. 지훈이는 '굳이 내가 나선다고 해서 상황이 달라지는 게 있을까?'라는 생각에 선뜻 나서지 못한다.

이 장에서는 학생 개인뿐만이 아니라, 학급의 차원에서도 중요하게 다루어지는 또래관계의 특징을 알아본 후, 이를 토대로 학교폭력과 관련해서 나타날 수 있는 학교폭력 주변학생들의 역할과 심리적 특징을 살펴본다. 또한 비폭력 학급 분위기를 만들어 갈 수 있는 교사의 실천사항에 대해 소개한다.

1. 또래관계의 특성

학교폭력과 밀접한 관련을 가지는 요인 중 하나가 학급 구성원들 간의 관계인 '또래관계'이다. 이 절에서는 긍정적 또는 부정적인 또래관계에서 나타날 수 있는 중요한 특성들을 알아보고자 한다.

긍정적인 또래관계는 두 가지로 구분할 수 있다. 첫째, '인기도'인데 학급에서 누가 인기가 많은가에 대한 것으로 또래관계에서 아이들이 좋아하는 정도를 의미한다. 둘째, '선호도'인데 인기도와는 다른 측면으로 학급에서 학생들이 친해지고 싶어 하는 정도이다.

반면에, 부정적인 또래관계 특성을 살펴보면 또래들에게 거부되거나 무시당하는 학생들이 있다. 거부학생은 학생들이 좋아하지 않거나 함께 어울리고 싶어 하지 않는, 즉 인기나 선호도와는 반대의 특성을 가지고 있다. 이런 또래관계를 가진 학생들은 누군가에게 지속적으로 거부당하는 경험을 통해서 "저 친구가 나를 싫어하는구나!"라고 느낄 것이다. 또한 무시학생은 사회적 영향력이 낮고 또래들이 좋아하지도 싫어하지도 않는다고 평가를 받는데, 그들은 외딴섬처럼 무리에게서 떨어져 고립되어 있는 경우가 많다. 보통은 친구가 없으면 불편해 하거나 관계를 맺기 위해 노력하는데, 무시학생들은 이런 관심이 없는 경우가 많다. 이들은 하루 종일 혼자 책을 보고 있거나 게임을 하면서 멍하니 있고, 누군가 와서 자신에게 관심을 보이면 싫어하는 등 낮은 사회성을 보인다. 문제는 이런 부정적인 또래관계의 특성을 가진 학생들은 또래들 사이에서 고립되어 학교폭력의 피해자가 될 가능성이 매우 높다는 것이다. 그 이유는 피해를 당했을 때 도와줄 친구도 없고 스스로 어떻게 행동해야 되는지에 대해 학습할 기회도 부족하기 때문이다. 정리하면 긍정적 또래관계의 특성은 인기와 선호도로 나타나고, 부정적 또래관계의 특성은 학급에서 거부나 무시로 나타난다.

2. 학교폭력과 관련된 또래관계의 긍정 요인

학교폭력에 관련된 또래관계의 긍정 요인에 대해서 조금 더 살펴보자. 이 절에서는 '또래지위'와 함께 '또래지지'를 다루고자 한다. 또래지위와 또래지지는 서로 관련성이 많지만 구분되는 개념이다. 또래지위는 동료가 인식하는 사회적 지위를 의미하며, 또래지지는 동료로부터 얼마나 지지를 받는지에 대한 개인의 주관적 느낌이라는 점에서 차이가 난다. '저 친구는 인기가 많아!' 또는 '난 저 학생이랑 친구 하고 싶어'라는 인기와 선호도가 높은 학생들은 또래지위가 높다. 또래지위가 학교폭력과 관련된 부분은 다음과 같다. 학교폭력은 가해학생과 피해학생의 힘 또는 지위의 차이로 인해 발생한다. 가해학생은 자신보다 또래지위가 불안정하고 힘이 없는 학생을 신중하게 골라 반복해서 고의로 괴롭히는 경향성이 있다(Obermann, 2011). 따라서 이런 가해학생들의 행위를 막기 위해서는 기본적으로 또래 내 사회적 지위가 가해학생과 비슷하거나 더 높아야 한다. 이런 이유로 인해 또래지위는 학교폭력이 일어났을 때 가해행동을 막는 매우 중요한 요인으로 알려져 있다.

또래관계의 또 다른 긍정 요인은 또래지지이다. 학생들은 부모, 교사, 또래 중 또래에게서 가장 많은 사회적 지지를 받는다. 특히 청소년기는 기본적으로 또래와 흥미를 공유하고 친구들로부터 인정을 받고자 하는 욕구가 많기 때문에 친구들의 지지와 이해를 받는 경험은 매우 중요하다. 또래들에게서 받는 지지는 친구로부터 긍정적인 사랑과 관심을 받는 것뿐만 아니라 학교폭력이 발생했을 때 문제를 해결할 수 있는 정보도 받을 수 있다. 다수의 피해학생은 또래로부터 따뜻한 지지를 받지 못했던 경험으로 인해 분노를 극복하지 못해 정서적 문제가 발생하거나 이후 가해학생이 되는 경우가 많다. 즉, 또래지지를 적게 받는 학생들은 학교폭력에 쉽게 노출된다(Rigby, 1999). 따라서 또래지지는 가해와 피해의 수준을 낮추어 주는 효과를 가진다. 정리하면 또래관계에서 긍정적 특성으로서 또래지위를 높여 주고 또래관계에서 지지를 많이 받는 것은 학교폭력을 방지해 주는 요인으로 작용하게 된다.

3. 학교폭력과 관련된 또래관계의 부정 요인

이 절에서는 또래관계의 부정 요인에 대해 다룬다. 또래지위는 또래 집단에서 학생이 수용되거나 거부되는 정도에 따라 결정된다. 또한 그 지위는 안정적으로 지속되는 특성을 보인다. 문제는 인기와 선호도가 높아 또래에게 수용되는 학생들보다 거부되거나 무시되는 학생들은 또래지위가 상대적으로 낮다는 점이다. 낮은 또래지위를 가진 학생들은 사회성 발달과 학교적응에 부정적인 영향을 받게 되고, 이런 결과는 다시 또래와 친밀한 관계 형성을 더욱 힘들게 한다. 이후 또래관계에서 점점 더 소극적인 태도를 취하게 되어 결국 친구들 사이에서 힘없는 약자로 전락하게 된다. 가해자와 피해자 간의 불균형한 힘의 차이에서 기인하는 학교폭력의 특성상 또래관계에서 무시당하거나 거부당하는 학생들은 지속적인 학교폭력의 피해자가 되기 쉽다.

또래관계에서 학교폭력과 관련된 또 다른 부정 요인은 '또래동조성'이다. 또래동조성은 개인의 의지나 신념보다는 집단이 추구하는 신념이나 판단을 따르려고 하는 경향성을 의미한다. 특히 학생들이 또래들에게 동조하는 행위는 가치 판단 기준이 불분명한 상황에서 판단을 내려야 할 때 자주 나타난다. 이런 또래동조성은 중립적 동조성과 반사회 동조성으로 나뉘는데, 학교폭력과 밀접한 관계가 있는 것은 '반사회적 동조성'이다. 반사회적 동조성이란 본인이 원치 않는 행동이지만 타인에게 해를 주거나 규칙을 준수하지 않는 등의 행위에 동조하는 것을 의미한다(Berndt, 1979). 청소년들은 본인들에게 가장 의미 있는 타인인 또래에게 상대적으로 민감하게 반응하는 경향이 있다. 이런 이유로 인해 가치관이 명확히 형성되지 않는 청소년기에는 또래의 의견이 잘못되었다고 판단하더라도 다수의 의견에 따라가지 않으면 자신이 소외나 배척될 것이라는 두려움을 느껴 자신의 판단과 다른 행동을 할 가능성이 높다(Millman, 1968). 예를 들어, 친구들에게 거부나 무시를 당하는 학생들에게 폭력을 행사하는 것은 스스로 그릇된 행동이라고 생각하더라도 또래들이 그런 행동을 한다면 쉽게 동조하게 된다. 실제 반사회적 동조성이 높으면 학교폭력을 지켜만 보는 방관행동이 많아졌고(전연희, 심은정, 이윤형, 2015), 전반적으로 반사회적 동조성이 낮은 학생들은 가해학생의 행동을 막거나 피해학생을 보호하는 행동을 하였다(김규리, 김장회, 2021). 정리하면 또래관계에서 나타난 부정적 특성 중 거부나 무시당하는 학생들은 낮은 또래지위로 인해 학교폭력에서 피해학생이 되기 쉽다. 또한 청소년기의 특성인 또래동조성 중 반사회적 동조성은 학교폭력을 고착시키는 원인으로 작용함을 알 수 있다.

4. 학교폭력 주변학생

앞에서 언급했듯이 어떤 학생들은 학교폭력을 방관하고 또 다른 학생들은 학교 폭력이 일어났을 때 가해학생을 막거나 피해학생을 보호하는 행동을 한다. 이런 행동들은 '학교폭력 주변학생'으로 불리는 학생들에게서 나타나는데, 이 절에서는 행동 차이의 원인과 함께 학교폭력 주변학생이 학교폭력에 어떤 영향을 미치는지에 대해 살펴본다. 학교폭력 주변학생이란 학교폭력 현장에서 가해학생과 피해학생을 제외한 나머지 학생들을 의미한다. 일반적으로 학교폭력은 가해학생들이 공격성을 도구로 삼아 자신이 원하는 것을 이루고자 피해학생을 괴롭히기 때문에 언뜻 보면 가해학생과 피해학생만 존재하는 것처럼 보인다(Atlas & Pepler, 1998). 하지만 이런 학교폭력은 가해학생과 피해학생의 상호작용으로만 설명되지 않는다. 왜냐하면 학교폭력은 폭력 상황을 인지하고 있는 가해학생과 피해학생을 제외한 70% 이상의 학교폭력 주변학생들이 참여하는 집단적 현상이기 때문이다(Salmivalli et al., 1996). 가해학생은 자신의 사회적 지위를 유지하거나 높이기 위해 폭력을 사용한다. 학교 폭력이 유지되는 이유 중 하나는 가해학생의 이런 의도가 주변학생들의 반응을 통

〈표 4-1〉 주변학생 유형에 따른 행동 역할

유형	행동과 역할
가해조력학생	• 가해학생을 도와주며 적극적으로 폭력행위에 참여하고, 폭력행위를 부추기는 야유나 욕설을 통해 바람잡이 역할을 함
방관학생	• 목격을 하였지만 마치 자신은 아무런 상관이 없다는 태도를 가짐
방어학생	• 가해학생을 제지하거나 피해학생을 지지하고, 주위 어른들에게 도움을 구하는 등의 행동으로 피해학생을 보호하는 역할을 함

해 만족되기 때문이다. 그렇다면 학교폭력 주변학생은 폭력 현장에서 어떤 역할을 하며, 그들은 어떤 심리적 특징을 가지고 있는지에 대해서 알아보자.

청소년기는 부모와 밀접했던 관계에서 점점 멀어지는 반면, 또래와의 사회적 관계는 더 친밀해지고, 다양한 상호작용이 일어나면서 자아정체성을 확립해 나가는 시기이다. 이때 또래집단에 소속되지 못하는 것은 두려움과 불안의 큰 원인이 된다. 따라서 청소년기는 어느 때보다 또래들에 대한 의존성이 크고 집단적 사고에 민감해지는 시기이다. 이러한 청소년기의 특징으로 인해 학교폭력은 단순히 가해학생과 피해학생의 개인적 문제로 바라보고 해결책을 제시하기에는 무리가 있다. 왜냐하면 폭력이 일어나는 상황을 인지하고 있는 대부분의 학생은 집단의 맥락에서 볼 때 이미 직간접적으로 학교폭력에 참여하고 있기 때문이다. 학교폭력 주변학생들은 학교폭력 발생 시 누가 누구를 괴롭히고 있고 어떤 식으로 상황이 진행되는지를 분명히 인식하고 있다. 이들의 유형은 일반적으로 조력학생, 강화학생, 방관학생, 방어학생으로 분류한다(Salmivalli et al., 1996). 하지만 조력학생과 강화학생이 명확하게 구분되지 않는 경우가 많아(Sandstrom & Bartini, 2010), 〈표 4-1〉과 같이 학교폭력 주변학생의 유형을 가해조력학생, 방관학생, 방어학생으로 구분하기도 한다(Sutton & Smith, 1999).

주변학생의 유형별 특징을 살펴보면 다음과 같다. 첫째, 가해조력학생은 가해학생을 도와서 피해학생을 괴롭히는 행동을 적극적으로 가담하고 있다. 가해학생의 행위가 촉진되게끔 피드백을 제공하며, 피해학생이 괴롭힘을 당하는 상황을 재미 있어하고 가해학생을 격려하는 행동을 한다. 둘째, 방관학생은 학교폭력을 방관함으로써 폭력 상황에 무관심하고 겉으로는 어떠한 반응도 하지 않는 것처럼 보인다. 셋째, 방어학생은 피해를 경험한 학생들을 보호하고 정서적 지원을 제공하며, 가해학생에게 맞서는 행동을 한다. 정리하면 학교폭력 주변학생은 학교폭력 현장에서 가해학생과 피해학생을 제외한 대부분이며, 이들의 행동을 역할로 구분하면 가해조력학생, 방관학생, 방어학생으로 나눌 수 있다. 학교폭력 주변학생의 행동과 역할을 알아보았으니 이제 그들이 가지고 있는 심리사회적 특징을 살펴볼 필요가 있다. 이들의 심리사회적 특징을 모르면 학교폭력이 일으키는 또래들의 역동을 근원적으로 이해할 수 없다.

5. 학교폭력 주변학생의 심리사회적 특징

이 절에서는 학교폭력 주변학생의 심리사회적 특징에 대해서 살펴본다. 가해조력학생, 방관학생, 방어학생의 심리사회적 특징은 다음과 같다.

1) 가해조력학생

가해조력학생은 가해학생과 유사한 심리상태를 나타낸다. 가해학생의 사회적 지위나 인기를 부러워하며, 자신과 가해학생을 동일시함으로써 또래들 사이에서 사회적 지위를 높이는 전략을 사용한다. 가해조력학생은 반복적이고 공개적인 따돌림이 반복되면 도덕적 감각이 점차 마비되어 자신의 행동에 문제의식을 느끼지 못하고, 오히려 피해학생에게 책임을 전가하면서 스스로를 합리화한다. 또한 학교폭력이 만연한 학급 분위기에서는 자신도 피해를 당할 수 있다는 불안감이 잠재해 있어 폭력적인 분위기에 휩쓸려 쉽게 동조하는 경향이 있다(김현주, 2003). 또한 그들의 심리상태는 피해학생이 당할 만한 이유가 있어서 괴롭힘을 당한다는 생각을 가지고 있으며, 가해학생에게 지지와 인정을 보여 주고자 하는 경향이 있다. 또한 이들은 충동성이 높고 피해학생에 대한 공감능력이나 감정이입과 같은 관점채택능력이 떨어지는 편이다.

2) 방관학생

방관학생은 학교폭력이 일어났음을 알고는 있지만 자신에게 피해가 올지 모른다는 두려움 때문에 회피하거나 자신도 가해학생과 같이 피해학생의 행동에 못마땅함을 느껴서 학교폭력에 관여하지 않는 경우가 많다. 또한 학교폭력에 대하여 '자신이 나선다고 상황이 달라지지는 않아!'라고 생각하는 경우가 많고, 이런 일은 본인과 관계없는 일이라고 여겨 평상시처럼 행동하는 특징을 가지고 있다. 학교폭력은 가해학생과 피해학생 모두가 잘못이라는 양비론적 사고 관점을 가지고 있어 어느 편도 들지 않는 학생도 있다. 또한 방관학생들은 사회적 능력 및 사회적 유능감이 낮은 편이다.

3) 방어학생

방어학생은 피해학생의 고통에 공감하는 등 도덕적 정서와 인식이 높은 편이다. 이들의 특징은 친구들에게 인기 및 선호의 대상이 되는 경우가 많아 또래지위가 높다. 따라서 방어학생들은 학교폭력이 일어나는 경우 직접적으로 가해학생의 폭력을 중단시키거나, 간접적으로는 피해학생들을 위로하고, 친구가 되어 지지해 주며, 선생님이나 부모님에게 상황을 알리고 대책을 마련하는 등의 방어행동을 한다. 이런 행동들이 쉽게 일어나지 않는 이유는 무엇일까? 가장 큰 이유는 또래 사이에서 사회적 지위 또는 위상이 높을 때나 비폭력을 추구하는 학급 분위기에서 방어행동이 주로 나타나기 때문이다. 즉, 또래관계의 긍정적인 특성과 함께 학급의 풍토는 방어학생의 행동과 관련이 있음을 알 수 있다.

가해학생의 입장에서는 방어학생을 제외한 나머지 학교폭력 주변학생들을 통해 자신의 행위가 인정받는 것으로 여긴다(Craig & Pepler, 1998). 즉, 이들은 자신의 행위를 묵인해 주고, 동조나 강화해 주는 무리로 인해 본인의 행동을 정당화시킨다. 피해학생은 방관학생들이 직접적으로 자신에게 가해 행위를 하지는 않았지만 폭력 행위에 함께 공모한 것으로 받아들인다(Rigby & Slee, 1991). 학교폭력은 이와 같이 집단적 맥락에서 발생하는 사회적 현상이므로 주변 또래들의 태도는 폭력의 확산과 유지 또는 감소를 결정짓는 중요한 요인으로 작용한다. 즉, 학생들이 폭력 행위에 부정적 태도를 보이면 가해학생은 또래괴롭힘을 그만두거나 다른 방식을 택할 것이다. 하지만 또래들이 가해학생에게 어떠한 제재도 하지 않는다면 결과적으로 학교폭력은 점차 강화되고, 학급 구성원은 가해조력학생들이 가해학생과 함께 학교폭력에 참여하는 것을 암묵적으로 묵인하거나 조장하게 될 것이다. 정리하면 학교폭력을 중단시키고 예방하는 데 있어서 학교폭력 주변학생은 매우 중요하며 특히 방어학생의 역할이 큰 비중을 차지하고 있음을 알 수 있다.

6. 방어행동 및 비폭력 학급 분위기 조성과 교사의 역할

학교폭력을 예방하는 방법은 또래관계의 긍정적 특성들을 활성화시켜 학교폭력 주변학생 중 방어학생을 많아지게 하는 것이다. 이와 함께, 방어학생의 비율을 높일 수 있는 방법은 비폭력적인 문화가 학급의 규준이 되어 학교폭력 주변학생들이 방어행동을 해도 안심할 수 있도록 교사가 학급 분위기를 조성하는 것이다. 이에 관한 관한 구체적인 교사 역할을 살펴보면 다음과 같다.

1) 방어행동을 촉진하기 위한 교사의 역할

우선 교사는 학급에서 또래관계의 특성에 대해 면밀하게 파악할 필요가 있다. 즉, 학급에서 인기가 있는 학생은 누구인지, 친구가 되고 싶어 하는 학생들은 누구인지, 또는 싫어하는 학생이나 관심이 없는 학생은 누구인지를 사전에 알아 둘 필요가 있다. 특히 담임교사는 거부되거나 배척되는 아이들, 고립되는 아이들을 사전에 파악하여 해당 학생들에게 적절한 친구를 만들어 준다거나 또래와 같이 활동할 수 있는 기회를 제공하면 학교폭력을 예방하는 데 도움이 될 것이다.

또한 학교폭력의 예방 차원에서 또 하나 중요하게 다루어야 하는 것은 가해학생과 피해학생을 제외한 나머지 학교폭력 주변학생들도 이런 또래관계들의 다양한 역동을 통해 폭력을 강화하거나 약화하는 역할을 한다는 것이다. 따라서 교사는 방어학생의 비율을 높이는 것에 학급운영의 초점을 맞출 필요가 있다. 구체적인 실천 방안에 대해 알아보자.

첫째, 학교폭력이 일어났을 때 학급 구성원들이 이를 충분히 거부하고 대처할 수 있다는 자신감을 키워 줄 필요가 있다. 이를 학교폭력 대처에 관한 집단효능감이라고 한다. 이처럼 집단효능감이 높은 학급에서 학생들의 방어행동은 쉽게 일어난다.

둘째, 방어행동을 하는 학생들을 지지하여 또래 사이에서 이들의 인기나 선호와 같은 사회적 지위를 공고히 해 줄 필요가 있다. 청소년들은 또래 집단에 속하기 위해 자신의 개인적 태도나 가치와는 상관없이 자신이 지각한 또래집단의 일반적 행동규준에 쉽게 동조하는 경향이 있다. 이런 방어행동을 장려하는 분위기는 학교폭력에 반대하는 학급의 규준으로 자리 잡을 것이다.

셋째, 학교폭력이 발생했을 때 우리 학교와 학급에서는 이런 행위를 허용하지 않는다는 단호한 태도를 보여 줄 필요가 있다. 이런 명확한 태도는 괴롭힘에 대해서 학생들에게 행동의 기준을 제시해 준다.

넷째, 인성 교육을 통해서 친사회적 행동을 강화시킬 필요가 있다. 친사회적 행동을 많이 하는 학생은 방어행동도 쉽게 할 수 있다. 피해학생들을 위로해 주는 등의 방식으로 상황 해결을 시도하려는 행동 자체가 친사회적 행동과 밀접하게 관련이 있다. 또한 친사회적인 학생들이 또래 사이에서 지위가 높을수록 방어행동을 할 가능성은 더 높아진다.

다섯째, 학급 내 친구들과 긍정적이고 친밀한 관계를 유지하도록 함으로써 학급의 공동체 의식을 함양할 필요가 있다. 공동체 의식이 높으면 방어행동이 자주 일어나며, 학급 내에서 외현적 공격행동이 줄어든다는 연구 결과가 이를 뒷받침한다(권지웅, 박종효, 2020c).

2) 비폭력 학급 분위기 및 규준의 조성을 위한 교사의 역할

다음에서는 교사가 비폭력 학급 규준을 만들어 가는 데 도움이 될 수 있는 다양한 실천적 방법을 소개한다. 교사는 학생에게 누구보다 중요한 타자이며 교실 내에서 '보이지 않는 손'의 역할을 한다. 가정환경이 열악하더라도 교사와 안정적 관계를 맺거나 지지를 받는 학생들은 자신이 가진 불리한 여건들을 극복하는 경우가 많다. 특히 교사와 상호작용이 적은 학급에서는 더 공격적이고 폭력 행동이 많이 일어났다. 반면에, 교사가 학생들에게 애정을 보이는 등의 상호작용이 일어나는 학급에서는 반대의 결과가 나타났다. 학생들은 교사가 자신들을 얼마나 지지하는지 인식할수록 방어행동을 더 많이 하였다(권지웅, 박종효, 2020a).

교사는 학생들과 좋은 관계를 유지하면서도 학생들에게 학교폭력은 허용하지 않겠다는 단호하고 명확한 메시지를 수시로 전달할 필요가 있다. 학교폭력이 일어났을 때 교사는 최대한 빨리 발견한 후 피해학생에 대한 즉각적 보호와 상담을 제공해야 한다. 학교폭력 사태에 대한 교사의 사안처리가 신속하고 공정하며 투명하게 진행되었음을 학생들이 인지하면 그들은 학교와 교실을 매우 안전하게 느낄 것이다. 실제 학교폭력에 효과적이면서도 신속하게 반응하는 교실에서 학교폭력은 덜 발생했다. 반대로 학교폭력에 대한 교사의 감독 수준이 낮고 학교의 안전망이 제대로 구축되지 않은 경우에는 학교폭력이 증가하는 경향을 보였다. 교사의 학생에 대한 지지와 학교폭력에 대한 불허용 태도, 학급의 관리 감독은 비폭력적인 학교문화가 학급 규준으로 자리 잡는 데 도움을 준다. 비폭력적 학급 규준은 학급 구성원에 의해 규정된 행동의 기준이며, 학교폭력을 사전에 방지하고, 폭력이 일상화되지 않게끔 하는 데 중요한 맥락으로 작용한다. 즉, 학급에 소속된 학생들은 학급 규준이 바르다고 판단하면, 다른 또래들도 규준에 따르기를 원한다. 만약 학교 또는 학급의 분위기가 폭력에 대해 허용적이라면 학생들이 따돌림을 묵인하거나 피해학생을 돕지 않고, 오히려 가해행동을 돕기도 한다(Sandstrom, Makover, & Bartini, 2013). 반대로 학생들이 학교폭력을 거부하는 학급 규준을 받아들이는 경우에는 괴롭힘에 동조하는 행동이 감소되었다(권지웅, 박종효, 2020b; Salmivalli & Voeten, 2004).

이 장에서는 학교폭력에 관련된 또래관계의 긍정적, 부정적 특성과 학교폭력 주변학생의 정의 및 그들의 심리사회적 특성을 살펴보았다. 또한 학교폭력 예방과 밀접한 방어학생들의 비율을 증가시킬 수 있는 비폭력적인 학교규준과 분위기를 만들기 위한 교사의 역할에 관해 중점적으로 다루었다.

╞ 💡 교육적 시사점 ╡

교실의 학교폭력 주변학생들 중 방어학생의 비율이 높아지게 하기 위한 구체적인 방법을 소개한다. 학급의 또래관계에서 인기가 소수의 학생에게 집중될 때 이들이 바람직한 학생들이면 괜찮은데 만약 공격적이거나, 이기적이라면 이 다양한 문제가 발생한다. 이런 경우 소수가 권력을 남용하는 바람직하지 못한 일들이 발생할 수 있다. 특히 문제가 되는 것은 학급에서 형평성이 무너져 힘 있는 소수의 학생이 자기 멋대로 다른 학생들을 지배하거나 학급에 영향을 주어 힘이 부족한 학생들은 늘 피해를 보는 경우다. 이때 교사는 힘 있는 소수의 학생들에게 몰린 힘을 적당히 분산시켜 학급이 평등한 구조가 될 수 있도록 개입할 필요가 있다. 여기에 관한 내용은 제10장에서 좀 더 자세하게 다루기로 한다.

교사는 자신의 학급에 대한 응집력이 어떠한가에 대해서도 관심을 가질 필요가 있다. 학급마다 응집력이 조금씩 다른데, 즉 서로 친한 학급이 있고 그렇지 않은 경우도 있다. 문제가 되는 것은 서로 친하지 않은 학급에서 학교폭력이 생길 가능성이 높다는 것이다. 이유는 누군가 피해를 당했을 때 아무도 친하지 않으면 관심도 없고 도와주려고 하지도 않는다는 것이다. 하지만 서로 친하고 관심이 많은 반은 작은 다툼이나 피해에 대해서도 학생들이 서로 도와주고 개입할 수 있는 여지가 있다. 따라서 교사는 학생들이 서로 친밀해질 수 있도록 알맞은 활동을 시키는 등의 개입을 사전에 적절하게 한다면 학생들은 친화력이 높아지고 서로 협동하는 모습을 보이는 등 학급의 응집력은 높아지게 될 것이다.

마지막으로, 학급에는 여러 개의 무리가 생기게 되는데 교사는 자신의 학급이 몇 집단으로 이루어져 있고, 집단 간의 관계가 어떤지 그리고 두 집단 이상 동시에 소속된 학생들은 누군지를 유심히 살펴볼 필요가 있다. 특히 이들은 각 집단을 연결해 주는 매개자 역할을 하게 되는데 이 학생들의 역할에 의해 집단 간 사이가 좋아지거나 나빠질 수도 있기 때문이다. 따라서 학급 운영에 경험이 많고 유능한 교사는 이런 매개 역할을 하는 학생들과 적절한 개입을 통해 교실 내 집단의 안녕과 균형을 조절한다.

제5장
학교폭력 예방교육

이 장에서는 학교폭력 예방을 위하여 학생들에게 어떠한 교육을 할 것인지를 다룬다. 이를 위해 학교폭력 예방교육의 중요성과 필요성, 목적과 내용, 예방교육의 모형을 소개하고 있으며 학교폭력 예방 프로그램의 예시를 살펴본다. 국내 프로그램으로는 어울림과 우리들의 행복한 교실을 소개한다. 해외 프로그램으로는 Second Step, 키바코울루, 긍정행동지원 프로그램을 살펴본다.

학습목표

• 학교폭력 예방의 중요성을 느낀다.
• 학교폭력 예방의 목적과 내용을 설명할 수 있다.
• 학교폭력 예방을 돕는 대표적인 프로그램 특성을 이해한다.

생각해 보기

　　김 선생님은 아침 조회를 마치고 교장실로 향했다. 교장선생님이 전화로 급하게 부른 이유는 아마도 학교폭력에 관한 문제 때문일 것이다. 나흘 전 반 학생인 지훈이에게 문자를 받고 난 이후 마음이 착잡했다. 왜 하필 자신의 학급에서 이런 일이 일어났는지, 또 학교폭력이 있었다는데 자신은 꿈에도 몰랐던 것이 영진이게 미안하기도 하고 지훈이에게 부끄럽기도 하고 …… 여하튼 지금 마음이 무척 편치 않다.

　　다음 날 지훈이랑 간단하게 사실 확인을 한 이후, 영진이와 상담을 하여 피해 증거를 확인했다. 그리고 어제는 지훈이와 영진이가 말한 3명의 학생과 상담을 하였다. 그중 회장에게 조심스럽게 영진이를 괴롭힌 일이 사실인지를 묻자 자기는 절대 그런 일을 한 적이 없다고 펄쩍 뛰며, 심지어 눈물까지 보였다. 공부도 열심히 하고 리더십도 있고 해서 누구보다 믿었던 학생인데, 이렇게 천연덕스럽게 거짓말을 하는 모습을 보니, 그냥 넘어가면 또 다른 피해자가 생길 것 같다는 생각이 들었다.

　　교장실에 들어가니 교장선생님과 미리 온 학생부장 선생님은 웬만하면 이 문제를 담임 선생님이 처리하기를 원하시는 것으로 보인다. 학생부장 선생님은 학교가 시끄러워지면 자기 부서의 일이 많아지는 것이 못마땅해 보였고, 교장선생님은 직접적으로 얘기하지는 않았지만 회장 어머니가 학부모 대표를 맡은 것이 꽤나 신경이 쓰이는 듯 느껴졌다.

　　갑자기 온몸에 힘이 빠진다. 물론 그분들의 마음이 이해가 되지 않는 것은 아니지만 말이다. 하지만 그냥 이렇게 덮었다가는 영진이뿐만 아니라 지훈이까지도 학교폭력에 휘말리게 되는 것이 아닐까 걱정이 되기 시작했다. 도대체 이러한 문제가 생기지 않으려면 어떻게 해야 했을지…… 김 선생님은 자기도 모르게 한숨이 나왔다.

1. 학교폭력 예방의 이해

1) 학교폭력 예방교육의 중요성

　교사로서 학교폭력 사건을 잘 대응하고 처리하는 것보다 더 중요한 것은 학교폭력이 일어나지 않도록 학급이나 학교에서 예방하는 것이다. 학교폭력은 일단 사건이 발생하면 가해학생이나 피해학생, 주변학생 그리고 주변의 선생님, 교장선생님, 학교와 교육청에 관련된 사람 등 여러 사람이 사안을 처리하는데 많은 시간, 에너지와 노력을 기울여야 한다. 교사는 학생의 교육을 위해 사용할 중요한 시간과 자원들을 학교폭력 사건을 처리하느라 길게는 한 학기, 짧게는 몇 주 이상 학생들의 학습에 충분히 신경을 쓰지 못할 수 있다. 학생들 입장에서도 학교폭력이 발생했을 때, 학교에 오는 것 자체가 심리적으로 고통스럽고 힘들 수 있다. 그렇기 때문에 학교폭력이 발생한 후에, 교사가 무엇인가를 하는 것은 비효율적인 방법이다. 이에 학교폭력 발생 자체를 억제하는 예방교육의 중요성이나 효과에 대한 많은 연구가 진행이 되고 있다.

　학교폭력과 관련해서 예방교육이 얼마나 중요한지를 잘 인식하고 있을 필요가 있다. 학교폭력 예방 및 대책에 관한 법률에 의거하여, 매학기 학생들에게 예방교육을 실시하도록 법적으로 의무화하고 있다. 또한 학교는 학생들에게 실시한 예방교육의 내용과 시간을 학교정보공시에 게시할 의무가 있다. 학생들이 학교폭력 예방교육을 받았다는 것을 학생생활기록부에 작성하여 기록에 남기도록 되어 있다. 학교에서는 법적 의무가 있기 때문에 모든 학교, 모든 학생이 예방교육을 받고 있지만 문제는 형식적으로 이루어질 가능성이 있다는 것이고 정해진 시간, 최소시간만 이수하는 경우가 많다는 것이다. 그것도 대부분은 집단강의 형식으로 강당에서 혹은 방송수업으로 대체하는 경우가 많은데 그러고 나면 학생들은 자신이 예방교육을 받았는지조차 인식하지 못할 수 있다. 최근에는 교육부가 학교폭력 예방교육을 교과연계와 체험위주로 전환하도록 하고 있으며, 생활지도나 인성교육의 일부로서 예방교육을 진행하도록 제안하고 있다.

핵심적으로, 학교폭력 예방교육은 폭력을 예방하고 줄이는 데 도움이 되는 심리사회적 기술, 능력, 태도들을 형성하는 데 도움을 줄 뿐 아니라 피해자를 돕는 방어행동을 높이는 데 초점을 두어야 한다.

2) 학교폭력 예방모형

학교폭력 예방을 위한 모형으로서 오피나스와 혼(Orpinas & Horne)은 학교 사회역량 발달과 괴롭힘 예방모형(School Social Competence Development and Bullying Prevention Model: SSCD & BPM, 이하 학교폭력 예방모형)을 제안하였다(Orpinas & Horne, 2006). 학교폭력 예방모형은 [그림 5-1]과 같이 학교수준과 학생수준으로 구분된다.

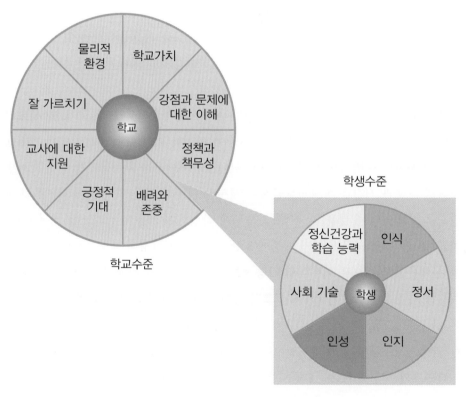

[그림 5-1] 학교 사회역량 발달과 괴롭힘 예방모형(Orpinas & Horne, 2006)

(1) 학교수준의 학교폭력 예방

학교수준에서 살펴보면, 학교폭력 예방은 잘 가르치기, 우수한 교수 기술, 잘 준비된 수업, 학생의 학습동기 향상, 학교의 공유된 가치관에서 출발한다. 학교수준에서 학교폭력 예방은 모든 학생이 학습에 집중할 수 있고, 학교 공동체의 모든 사람은 존중과 존엄으로 대우받아야 하며 폭력, 공격성, 괴롭힘은 절대 허용되지 않아야 한다는 학교 가치관의 공유를 가정한다고 볼 수 있다.

또한 학교폭력 예방을 위해서는 학교의 강점과 문제를 이해하는 것이 중요하다. 학생, 학부모, 교사 설문 조사를 통해서나 집단 면담을 통해서 학교폭력과 관련한 문제점을 확인한 후 해결책을 구안하고 해결책을 실행하고 평가한다. 학교폭력에 관한 정책과 책무성은 모든 학교 구성원이 학교폭력을 포함하여 학교생활 규정에 대한 의사결정에 참여하는 것을 중요하게 여긴다. 교사, 학부모, 교직원 간에 학교의 학교폭력에 관한 규정과 정책을 공유하고 강제에 의한 복종이 아니라 학생과 교직원이 서로 책임감을 유지하도록 하는 것이 중요하다.

학교폭력 예방모형의 한 요소로서 배려와 존중은 학생과 학생 간, 교사와 학생 간의 관계를 강화하고, 경쟁보다는 협동, 민주적 의사결정, 학생에 대한 존중을 보여주기(교사 모델링 효과), 긍정적 훈육 방식 활용, 다양성 인정을 위해 사회 경제 문화 배경이 다른 집단을 이해하고 수용하기 등이 포함될 수 있다. 이와 유사하게, 교사의 학생에 대한 긍정적 기대는 학생의 성취와 학습을 촉진할 뿐 아니라 학교장의 교사에 대한 긍정적 기대도 교사의 헌신과 사명감 향상에 도움을 줄 수 있다. 이러한 긍정적 기대가 부정적이고 바람직하지 않은 행동을 억제하고 긍정적이고 바람직한 행동을 촉진하는 데 기여한다.

교사에 대한 지원은 교사의 스트레스나 소진으로 인한 부정적 영향을 줄이고 수업과 생활지도 등 전문성 향상에 필요한 시간과 자원을 지원하는 것이다. 교사의 긍정적 정서나 정신건강은 학생과 학교에 대한 헌신과 책무성을 높이는 데 기여한다. 학교폭력 예방에는 물리적 환경도 중요하게 기여한다. 안전하고, 깨끗하고, 심미적이고 쾌적한 물리적 학교공간은 학생들의 학교에 대한 만족감, 자존감을 향상시킬 수 있으며 갈등을 줄이고 긍정적 상호작용을 높일 수 있다.

(2) 학생수준의 학교폭력 예방

학생수준에서의 학교폭력 예방교육을 위해서 다음과 같은 요소가 중요하다.

첫째, 학생들의 정신건강과 학습능력에 초점을 두어야 한다. 학생들이 신체적으로 뿐 아니라 정신적으로 건강하고 긍정적이며 학습에 적극적으로 참여하고 학교적응을 잘하도록 돕는 것이다. 이는 학생의 학업이나 사회정서적 영역에서의 학교적응과 성공을 촉진한다. 정신건강과 학습능력은 의학적, 심리적 치료가 필요한 학생을 선별하는 것으로, 예를 들어 자살 위험 군에 있는 학생들을 선별하여 치료를 한다든지 학습장애가 있는 경우 주변 친구들로부터 놀림을 받을 수 있기 때문에 예방활동의 일환으로 해당 문제를 가진 학생들을 조기에 선별하여 치료할 필요가 있다.

둘째, 학교폭력에 대한 인식이 중요하다. 학교폭력에 대한 문제의식을 높이고 학교폭력과 학교폭력 아닌 것(예: 장난, 싸움)을 구분하며 학교 공동체가 학교폭력에 대해서 동일한 의미로 이해하고 인식을 공유하는 것이 중요하다.

셋째, 학교폭력 예방교육으로서 정서는 정서 인식, 조절 및 통제와 관련 있으며, 긍정심리로서 삶에 대한 낙관적 태도와 기대, 분노 통제 및 조절, 또래, 학교, 가족에 대한 긍정적 태도와 감정을 가질 수 있도록 교육할 필요가 있다.

넷째, 학교폭력에 대한 인지도 중요한 학교폭력 예방교육의 내용이 될 수 있다. 사회인지이론에 기반하여, 학교폭력 사건과 관련하여 어떠한 단서나 자극이 학교폭력으로 이어지는지, 이때 가해학생, 피해학생의 생각이나 감정을 이해하고 행동의 결과에 대해 판단해 보는 과정이 포함될 수 있다. 이와 관련해서 학교폭력 예방교육으로서 평화적 갈등해결을 제안해 볼 수 있다. 예를 들어, 학교폭력과 관련하여 도발적인 자극이 있을 때, 문제를 확인하고 목표를 설정한 다음, 대안을 탐색하고 예상결과를 평가한 후 실행하는 것이다.

다섯째, 학교폭력 예방과 관련하여 인성교육의 중요성은 점점 더 커지고 있다. 인성교육은 도덕적, 윤리적 가치관을 교육하고, 인지적 및 정서적 공감을 발달시키며, 타인에 대한 편견이나 차별적 태도를 줄이는 것을 목적으로 한다. 인성교육이 효과적으로 이루어진다면, 학교폭력이나 괴롭힘 행동은 상당 부분 감소할 것으로 예상된다.

여섯째, 학교폭력 예방과 관련된 요소는 사회 기술이다. 사회 기술은 사회적 능력을 발달시키고 타인에 대한 존중과 배려, 언어적 의사소통 기술, 경청기술을 의미한다. 사회적 기술이 발달했을 때, 갈등이나 다툼의 가능성이 줄어들기 때문에 학교폭력 예방에도 중요하게 기여한다.

3) 학교폭력 예방의 위험요인과 보호요인

학교폭력 예방교육은 학교폭력 발생의 위험요인을 억제하고 학교폭력 발생의 보호요인을 강화함으로써 학교폭력이 일어나지 않도록 하는 것이다. 이에 맞추어, 학교폭력 예방교육의 내용 역시 학교폭력 위험요인을 줄이면서 보호요인을 강화할 수 있는 활동 중심으로 이루어져야 한다. 학교마다 학생마다 학교폭력 발생과 관련해서 영향을 미치는 요인이 다양할 수 있다. 학교폭력도 학생 개인수준에서의 위험요인, 보호요인도 있고 학급이나 학교, 지역사회 등 환경 수준의 위험요인과 보호요인이 있을 수 있으며, 개인과 환경의 상호작용을 통해서 학교폭력이 발생하기도 하고 억제되기도 한다. 따라서 교사는 학생, 학급, 학교가 어떤 요인 때문에 학교폭력이 유발되거나 억제되는지를 잘 탐색해 볼 필요가 있다.

브론펜브레너의 사회생태학적 모형은 학교폭력 예방교육의 이론적 틀을 제공한다(Bronfenbrenner, 1979). 사회생태학적 모형에 기반하여 학교폭력은 개인, 가정, 또래, 학교 요인과 관련하여 복잡한 상호작용의 과정을 통해 발생하게 된다. 학교폭력 예방교육에서 중요하게 다루어야 하는 개인 요인은 학교폭력에 대한 인식과 함께, 공감, 의사소통, 갈등해결과 같은 사회정서적 역량, 타인에 대한 존중과 배려와 같은 인성 요소들이다.

최근에는 학교폭력 예방에 있어서 교사의 역할이나 학급 또는 학교의 영향을 중요하게 다루고 있다. 학교폭력에 대한 교사의 신념이나 효능감이 학생들의 학교폭력 예방과 밀접한 관련이 있다. 교사가 학교폭력에 대해 무관용 원칙을 자주 피력하거나 학교폭력에 대해 민감하게 인식하고 적절하게 대응하는 효능감 수준이 높은 경우 학급 내 학교폭력은 억제될 수 있다. 또한 교사가 학교폭력이나 따돌림 관련 사항을 교과수업시간이나 학급회의 시간에 다룰 경우 자연스럽게 예방교육이 이루어질 수 있다.

학급이나 학교수준에서는 풍토나 문화가 학교폭력 예방을 위한 핵심 요소이다. 학급이나 학교의 풍토나 문화는 학생들이 어떻게 행동할 것을 기대하는 명시적, 암묵적 규준으로 정의된다. 우리 학급 또는 학교에서는 학교폭력이 허용된다든지, 학교폭력을 해도 크게 처벌받지 않는다는 문화나 풍토, 즉 행동규준이 만연해 있다면 폭력은 더 빈번하게 발생할 것이다. 반면에, 우리 학급이나 학교에서는 학교폭력을 허용하지 않을 뿐 아니라, 학교폭력이 발생했을 때 피해학생을 적극적으로 돕는 것이 당연하다는 인식이 널리 퍼져 있다면 학교폭력 발생 자체도 적을 뿐 아니라 학교폭력이 발생하더라도 피해학생의 어려움을 도와줄 수 있는 안전한 학급 또는 학교환경이 마련될 것이다.

2. 학교폭력 예방 프로그램

이 절에서는 학교폭력 예방과 관련해서 국내 및 해외 프로그램을 소개한다.

국내 프로그램으로는 '어울림' 프로그램과 '우리들의 행복한 교실'을 소개한다. 어울림 프로그램은 국가수준에서 표준화된 예방 프로그램으로 널리 사용되고 있다. 우리들의 행복한 교실은 저자 연구팀이 교육부에서 의뢰를 받아서 만들었다.

해외 프로그램으로는 미국에서 많이 검증된 'Second Step'이라는 프로그램과 핀란드의 대표적인 학교폭력 예방 프로그램인 '키바코울루(Kiva Koulu)' 프로그램을 소개하였다. Second Step은 미국에서 1970, 1980년대부터 연구가 많이 되었고 그것을 기반으로 해서 2000년 이후에 프로그램으로서 평가 연구가 많이 수행함으로써 효과성이 검증이 된 대표적인 예방 프로그램이다. 유럽에서 학교폭력 예방에 관련해서 핀란드 중심으로 많이 연구가 되고 있는데, 그것의 가시적인 성과가 키바코울루 프로그램이다. 또한 최근에는 학교풍토와 문화를 바꾸기 위하여 학교전체 수준에서 이루어지는 학교폭력 예방 프로그램이 강조되고 있다. 이러한 관점을 반영하여, '긍정행동지원(Positive Behavior Supports)'과 '전학교 긍정행동 개입 및 지원 (School-wide Positive Behavior)' 프로그램이 중·고등학교 과정에서 널리 활용되고 있다.

1) 어울림

어울림 프로그램은 초등학생부터 고등학생까지의 학교폭력을 예방하기 위하여 개발된 국가 수준의 학교폭력 예방 프로그램이다. 어울림 프로그램은 학생들의 학교폭력을 예방하는 데 도움을 줄 수 있는 핵심역량으로 공감, 의사소통, 갈등해결, 자기존중감, 감정조절, 학교폭력 인식 및 대처를 선정하였다. 최근에는 사이버폭력이 빠르게 증가함에 따라 사이버 어울림 프로그램을 추가 개발하여 시행하고 있다. 사이버 어울림 프로그램은 사이버 공감, 사이버 의사소통, 사이버 감정조절, 사이버 자기존중, 사이버 상의 갈등관리 및 문제해결, 사이버폭력 인식 및 대처, 사이버 자기조절, 인터넷 윤리의식 및 활용으로 구성되어 있다.

어울림 프로그램은 학생용, 학부모용, 교직원용으로 구분되며 기본과 심화과정으로 구성되어 있다. 기본 과정은 일반 학생들을 대상으로 진행되는 반면에, 심화과정은 학교폭력 가해 및 피해 우려가 높은 관심군 학생들을 대상으로 프로그램이

[그림5-2] 어울림 프로그램

개발되었다. 어울림 프로그램은 모듈형식으로 학교여건에 따라 학생들에게 부족한 역량을 키우기 위해 필요한 프로그램을 선택하여 운영할 수 있다. 교과와 연계하여 운영할 수도 있고 창의적 체험활동이나 자치활동의 일환으로 운영할 수 있다. 구체적인 정보는 교육부 학교폭력예방 사이트에서 확인할 수 있다.

2) 우리들의 행복한 교실

우리들의 행복한 교실(우행교)은 학급 내 따돌림 등을 예방하기 위하여 개발한 프로그램으로 학급 담임선생님이 학생들과 함께 학년 초에 시행함으로써 교우 관계 및 학급 분위기를 긍정적으로 변화시키는 것을 목적으로 한다(박종효 외, 2012).

우행교 프로그램은 총 8회로 구성되어 있다. 1회기 '행복한 교실로의 첫걸음'은 프로그램의 필요성을 이해하고 프로그램 규칙을 공유한다. 2회기 '얼마나 알고 있을까?'는 학교폭력에 대한 인식을 점검하고, 학교폭력에 대한 이해를 돕는다. 특히 학교폭력이 얼마나 심각한 문제인지에 대한 학생들의 경각심을 일깨우는 데 주안점을 둔다. 3회기 '우리반 홈페이지에 생긴 일'은 타인의 입장을 이해하고, 어려움에 처해 있는 타인에게 도움을 주는 내용으로 구성되어 있다. 4회기 '그랬구나! 이제야 알겠다'에서는 주로 '나 전달법(I-message)'을 학습하는데, 기분을 상하게 만드는 상대방의 말이나 행동이 구체적으로 무엇인지, 그 말이나 행동이 자신에게 어떠한 영향을 미쳤는지, 상대방이 어떻게 해 주길 바라는지를 솔직하게 말하는 의사소통 방법을 학습하게 된다. 5회기 '절친노트'는 서로의 같음, 다름을 이해함으로써 상호 존중감을 증진하는 데 주안점이 있다. 6회기 '모르는 척'은 방관자에 관한 교육으로서 갈등을 일으키는 사건을 탐색하고, 그 상황에서 주변학생들은 어떠한 역할을 하는 것이 바람직한지를 학습하게 된다. 7회기 '다친반(다같이 친한 우리반)'은 따돌림이나 학교폭력 문제를 해결하기 위하여 학급 내 규칙을 정하고 실천하는 일련의 과정을 다룬다. 사소한 다툼이나 갈등은 대부분 학급 규칙에 의해 해결할 수 있기 때문에 이를 명확하게 설정하고 공유하는 것이다. 8회기 '우리들의 행복한 교실'에서는 프로그램 목적과 내용을 다시 한번 확인하고 그 효과를 점검하며 지속적으로 실천

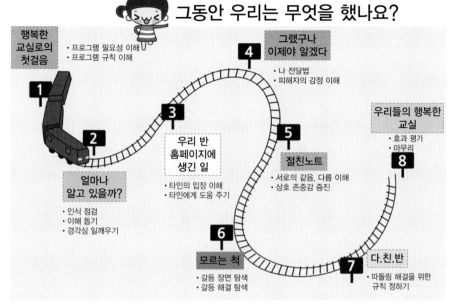

학교폭력 예방교육 프로그램(우행교)

그동안 우리는 무엇을 했나요?

행복한 교실로의 첫걸음
1
• 프로그램 필요성 이해
• 프로그램 규칙 이해

2
얼마나 알고 있을까?
• 인식 점검
• 이해 돕기
• 경각심 일깨우기

3
우리 반 홈페이지에 생긴 일
• 타인의 입장 이해
• 타인에게 도움 주기

4
그랬구나 이제야 알겠다
• 나 전달법
• 피해자의 감정 이해

5
절친노트
• 서로의 같음, 다름 이해
• 상호 존중감 증진

6
모르는 척
• 갈등 장면 탐색
• 갈등 해결 탐색

7
다.친.반
• 따돌림 해결을 위한 규칙 정하기

8
우리들의 행복한 교실
• 효과 평가
• 마무리

출처: 박종효 외(2012). 우리들의 행복한 교실 프로그램 개발. 교육과학기술부

[그림 5-3] 우리들의 행복한 교실

에 대한 의지를 다진다.

3) Second Step

Second Step(Second Step: Student Success Though Prevention, SS-SSTP) 프로그램은 사회정서학습에 기반을 둔 학교폭력 예방 프로그램이다(Espelage & Colbert, 2016). 사회정서학습은 타인과의 관계를 맺고 유지하는 데 필요한 사회적 역량과 자신과 타인의 정서를 인식하고 조절하는 정서역량을 발달시키기 위한 이론과 실천을 다룬다.

학교폭력 예방을 위한 Second Step 프로그램은 공감과 의사소통, 또래괴롭힘 예방, 정서조절(스트레스 대처), 문제해결(의사결정, 목표설정)과 약물 남용 예방으로 구성되어 있다. 첫째, 또래괴롭힘 예방으로는 학교폭력 주변학생의 힘을 강조하는데, 주변학생들이 괴롭힘 상황에서 피해학생을 도와주고 신고함으로써 괴롭힘 피해를 줄이도록 적절한 행동을 취하라는 것이다. 둘째, 문제해결, 의사결정, 목표설정과 관련해서 실천 단계를 제안하고 있다. 실천 단계에서는 상황에 대해 분석하고, 여러 가지 대안을 떠올리고, 대안들 중에서 가장 좋은 해결방법을 선택하게 된다. 선택된 해결방법을 직접 실천한 후 그 결과를 평가해 봄으로써 추후 유사한 상황에서 어떻게 행동해야 하는지를 이해할 수 있다. 셋째, 정서조절과 관련해서 통제 상태에 머물기 과정이 존재한다. 자신의 감정 상태, 특히 분노를 느낄 때 분노를 인식하고 멈추고, 두 번 생각해 보고, 필요하다면 진정하면서 자신의 분노로 인해 충동적으로 행동한 결과를 반추해 보는 절차를 학습한다. 넷째, 스트레스 대처하기는 긍정적인 자기 대화로서 태도를 바꾸고 여러 가지 행동을 해 보는 것을 말한다. Second Step 프로그램은 교사의 수업활동, 집단토론, 성찰활동, 역할극 등 다양한 방법을 활용하여 실시하며, 각 회기에는 시나리오에 기반한 각본이 주어지고 학생들 간의 상호작용을 촉진하며 또래 간의 연습활동, 개별 활동 등 다양한 교수학습 방법이 포함되어 있다.

4) 키바코울루

키바코울루(Kiva Koulu) 프로그램은 핀란드 투르크대학교 연구팀에 의해 개발된 학교폭력 예방 프로그램이다(김병찬, 2012; Salmivalli et al., 2011). 키바코울루는 '좋은 학교'라는 뜻이며, 이 프로그램의 목적은 기존의 또래괴롭힘 없애기, 새롭게 생길 수 있는 괴롭힘 예방하기, 또래괴롭힘 피해의 부작용을 최소화하기이다. 이 프로그램의 특징은 전체 학생과 일부 학교폭력 관련 학생 프로그램으로 구분되며, 교사, 학생, 학부모를 위한 풍부한 교육 자료와 구체적 도구를 활용하여 사이버 학습 환경에서 컴퓨터 게임을 활용할 수 있게 되어 있다.

전체 학생을 대상으로 하는 프로그램의 내용으로는 '모든 사람 존중하기', '또래괴롭힘에 대한 이해', '또래괴롭힘의 은밀한 형태', '또래괴롭힘 결과', '또래괴롭힘과

[그림 5-4] 키바코울루 프로그램

또래집단', '또래괴롭힘 피해를 당할 때 어떻게 대처할까?' '키바코울루-우리 함께하자!', '우리는 현재 어디에 있고 앞으로 어디로 가야 하는가?'로 구성되어 있다.

컴퓨터 게임에는 세 가지 메시지가 있는데, 첫 번째 메시지는 'I Know'로 또래괴롭힘을 학습하고 학습 내용을 점검한다. 두 번째 메시지는 'I Can'으로 피해학생을 지원하고 가해학생에게 대항할 수 있는 기술을 학습한다. 세 번째 메시지는 'I Do'로 학교 일상생활에서 학습한 기술을 적용할 수 있게 한다.

일부 학교폭력 관련 학생 프로그램의 내용으로는 전담팀이 가해학생과 피해학생과 개별적으로 논의를 하고, 학급교사는 친사회적이고 높은 지위의 또래들을 이용하여 피해학생을 편안하게 느끼도록 돕고, 피해학생이 다른 공격을 받지 않도록 보호한다.

5) 긍정행동지원

긍정행동지원(Positive Behavior Supports)은 긍정적 학교문화를 만들기 위하여 다음과 같은 일련의 과정을 포함하는 예방 프로그램이(Sugai & Horner, 2006). 우선 학교 전체적으로 모든 학생이 서로를 존중할 수 있도록 가르칠 필요가 있으며, 학교폭력이나 괴롭힘으로 이어질 수 있는 무례한 행동을 차단하기 위하여 3단계 반응(멈추기-다가가기-말하기, Stop-Walk-Talk)을 하도록 학습한다. 만일 문제행동이 발생한다면, 교사나 학교 전체 구성원은 문제행동을 바로잡을 수 있는 기회를 주고 적절하게 행동하는 방법에 대해 강화한다. 이러한 일련의 행동교정 과정은 학교 전체적으로 이루어지며 학교의 문화를 긍정적이고 바람직하게 변화시키는 데 기여할 수 있다.

유사하게 전학교 긍정행동 개입과 지원(School-Wide Positive Interventions and Supports: SWPBIS) 프로그램도 학교폭력이나 따돌림과 같은 학생들의 문제행동을 줄이고 바람직하며 긍정적인 행동을 강화하는 데 주안점을 둔다(Sugai & Horner, 2009). 이러한 접근은 학생의 생활교육이나 훈육 차원에서 이루어지기 때문에 학교 전체 구성원의 공유된 인식과 참여가 중요하다. 이 프로그램은 관찰이 가능하고 측정할 수 있도록 목표 행동이나 기대하는 결과를 기술한다. 목표행동이나 기대하는 결과를 보여 주는 자료를 주기적으로 수집하여 프로그램의 효과성을 평가한다. 평가결과를 토대로, 학교전체 구성원들이 목표달성 여부를 판단하거나 계획이나 목표를 수정하기도 하고 새로운 계획이나 목표를 설정한 후, 각 구성원의 역할과 책임을 명시화한다. 행동에 대한 명확한 설명과 직접적인 가르침, 적합한 행동에 대한 강화와 보상 등이 구체적으로 포함되어야 한다. 특히 학생들의 폭력이나 괴롭힘과 같은 문제행동이 줄지 않는다면 그 원인을 탐색하기 위하여 응용행동분석 기법을 활용한다. 응용행동분석이란 특정행동이 이루어지 전에 어떠한 원인이나 선행사건이 있는지 확인하고 특정행동이 발생했을 때 이에 대해 처벌이나 강화와 같은 필요한 조치를 취함으로써 문제행동이 지속되지 않도록 하는 방법이다.

이 장에서는 학교폭력 예방의 필요성과 중요성을 살펴보고 학교수준과 학생수준에서 다루어야 할 학교폭력 예방교육 내용에 대해 논의하였다. 국내외적으로 학교폭력 예방을 위한 교육을 소개하면서, 최근 사이버폭력에 대한 예방교육이 어울림을 통해 강화되고 있음을 확인하였다. 학교폭력의 예방은 개인 교사나 단위 학급 수준에서만 이루어질 수 없으며, 학교의 전체 구성원이 참여하여야 하고, 더 나아가 학교와 가정, 지역사회가 유기적으로 연계하는 것이 필요하다.

┤ 💡 교육적 시사점 ├

학교폭력 예방은 교사의 신념과 태도가 중요한 영향을 미친다. 학교폭력과 관련하여 교사 스스로 어떠한 인식을 갖고 있는지, 본인이 학생이었을 때 학교폭력에 대해 어떠한 경험을 갖고 있는지를 검토해 볼 필요가 있다. 만일 교사가 피해 경험이 있다면 학교폭력 피해학생을 더 잘 이해할 수도 있지만 오히려 피해학생에게 거부적 또는 부정적으로 대할 수 있다. 반면에, 교사가 가해경험이 있다면 가해학생에 대해 온정적으로 대할 수 있기 때문에 오히려 피해학생은 교사에게 제대로 이해받지 못한다고 생각할 수 있다. 따라서 교사가 학교폭력에 대해 어떠한 생각을 갖고 있고 피해학생이나 가해학생에 대해 어떠한 태도를 갖는지 성찰할 필요가 있다.

또한 학교폭력에 대한 교사 민감성을 수시로 확인할 필요가 있다. 학교폭력 연구에 의하면, 교사들은 학급 내에서 따돌림이나 괴롭힘이 일어나고 있는지를 알지 못할 뿐 아니라 더 나아가 가해학생과 피해학생을 잘못 파악하는 경우가 많다. 따라서 학생, 학부모와 교사가 함께 주기적으로 학교폭력이 발생하고 있는지, 누가 어떤 피해를 경험하고 있는지를 조사하여 학생이나 학부모로부터 교사가 놓치는 학교폭력과 관련된 학생의 정보를 보완할 필요가 있다.

제6장
학교폭력 사안처리 절차

이 장에서는 학교폭력이 발생했을 때 학교폭력 사안처리 절차에 대해 알아본다. 초기대응과 사안조사, 학교장 자체해결이나 전담기구의 심의, 심의위원회의 조치결정, 조치이행 및 조치 불복의 절차와 구성원의 역할에 대해 살펴본다.

학습목표

- 학교폭력 사안처리 절차에 대해 설명할 수 있다.
- 피해학생에 대한 보호조치에 대해 설명할 수 있다.
- 가해학생에 대한 선도조치에 대해 설명할 수 있다.

생각해 보기

고등학교 1학년 지원이는 선생님의 말씀에 잘 따르는 학생이었다. 어느 날 미정이는 지원이에게 숙제를 보여 달라고 강요를 했는데, 지원이는 숙제를 보여 주기 싫었고, 단호하게 거절을 하였다. 기분이 나빠진 미정이는 친구들과 함께 지원이를 밖으로 불러 내 어깨를 밀치며 소리를 지르고 화를 냈다. 이 사건 이후로, 미정이와 그 친구들은 지원이가 지나갈 때마다 웃으며 수군거렸고, 옷을 툭툭 치거나 지나갈 때 발을 걸거나 휴지를 던지며 괴롭혔다. 지원이는 학교에 있는 게 너무 힘들었고, 친구들의 행동과 자신의 고통에 대해 담임선생님께 말씀드렸다. 담임선생님은 미정이와 그 친구들, 지원이를 한자리에 불러 사실확인을 하였다. 지원이는 미정이와 친구들이 있어 자신이 경험한 일에 대해 솔직하게 이야기하지 못하였고, 담임선생님은 왜 분명하게 이야기하지 못하냐고 야단치셨다. 담임선생님은 미정이와 친구들에게 지원이에게 얼른 사과하라 하셨고, 미정이와 그 친구들은 지원이에게 비웃으며 "미안해~"라고 이야기했다. 상담이 끝나자 밖으로 나온 미정이와 그 친구들은 지원이를 "야! 고자질쟁이!"라고 소리치며 크게 웃었다. 지원이는 너무나 억울해 이 사실을 부모님께 말씀드렸고, 지원이 부모님은 학교로 찾아와 사안조사의 절차적 문제에 대해 크게 불만을 표현하였다.

이 장에서는 학교폭력이 발생했을 때 학교폭력 사안처리 절차에 대해 다룬다. 전체적인 사안처리 흐름도는 [그림 6-1]과 같다. 학교폭력 사안은 크게 초기대응과 사안조사, 학교장 자체해결이나 전담기구 심의, 심의위원회 조치결정, 조치이행 및 조치불복으로 구분된다. 학교폭력 사안의 처리과정은, 첫째, 사건 발생인지, 둘째, 신고접수 및 학교장·교육청 보고, 셋째, 즉시조치(필요시 긴급조치 포함), 넷째, 사안조사, 다섯째, 학교장 자체해결 부의 여부 심의 순이다. 만약 학교장 자체해결제로 해결이 불가능한 사안의 경우 교육청의 심의위원회가 개최되며, 심의위원회에서 결정된 조치를 교육장이 이행하게 되고, 해당 조치의 불복이 있는 경우 행정심판이나 행정소송으로 이어진다.

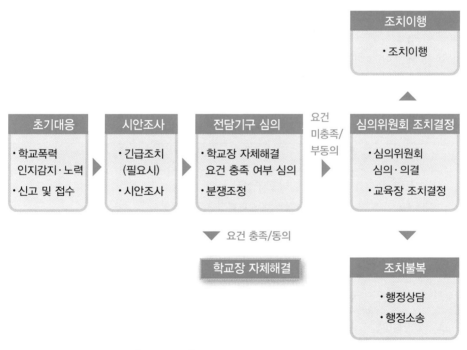

[그림 6-1] 학교폭력 사안처리 흐름도

1. 초기대응

1) 학교폭력 감지 및 인지 노력

교사는 학교에서 많은 시간을 학생들과 같이 보내므로, 주의를 기울이면 학교폭력 발생 전에 그 징후를 발견할 수 있는 가능성이 많다. 교사는 학교폭력 상황을 감지하거나 인지했을 때, 신속하고 적극적으로 개입해야 한다. 감지란 학생들의 행동이나 학급 분위기 등을 보고 학교폭력이라고 느끼어 알게 되는 것을 말하며, 인지란 학생 또는 학부모의 직접 신고, 목격자 신고, 제3자 신고, 기관통보, 언론 및 방송 보도, 상담 등으로 학교폭력 사안에 대해 분명하게 알게 되는 것을 말한다. 학교폭력이 감지·인지된 경우, 학교장에 보고하여야 하며, 학교장은 지체 없이 전담기구 또는 소속교원으로 하여금 사실 여부를 확인하도록 해야 한다. 학교폭력 감지·인지를 위한 학교의 역할 및 책임은 〈표 6-1〉과 같다.

교사는 학교폭력 사안을 인지하고 있다는 것에 대해 말하지 않고, 학교생활이나

〈표 6-1〉 학교폭력 감지·인지를 위한 학교의 역할 및 책임

유형	내용
학교폭력 실태조사	• 학교폭력 실태조사 실시 • 학교·학급단위에서 자체적으로 설문조사 등 수시 실시
교내 학교폭력 신고	• 학교폭력 신고함, 학교 홈페이지 비밀게시판, 담임교사의 문자·메일 등 다양한 신고체계 마련 • 피해학생, 목격학생들이 적극적으로 신고하도록 지도 • 학생, 학부모, 교사 대상 학교폭력 신고방법 안내(예방교육 시)
교사의 관찰 및 상담 실시	• 담임교사 등이 학교폭력 징후를 보이는 학생이 없는지 세심하게 관찰 • 담임교사, 전문상담(교)사 등의 상담
교내외 순회지도	• 점심시간, 쉬는 시간, 방과 후 시간 등 취약시간 순회지도 • 학부모, 자원봉사자, 학생보호인력, 학교전담경찰관 등과 유기적 협력

출처: 교육부(2022).

교우관계 등을 물어보고 다양한 방식으로 관찰을 할 필요가 있다. 가해학생 등에게 교사가 학교폭력 사실을 알고 있다는 것을 너무 성급히 이야기하면 다른 학생들을 더 괴롭힐 위험이 있으므로 주의가 필요하다. 반장, 회장 등 학급임원이나 학생회 임원에게 교실 분위기나 관련 학생들에 대해 자연스럽게 물어볼 수 있다.

2) 신고 및 접수

학교폭력 신고의무에 따라 학교폭력 현장을 보거나 그 사실을 알게 된 자는 학교 등 관계기관에 이를 즉시 신고해야 한다. 즉, 학교폭력을 알게 된 사람은 누구라도 지체 없이 신고해야 한다. 특히 교원은 학교폭력의 예비·음모 등을 알게 된 경우, 이를 학교의 장에게 보고하고 해당 학부모에게 알려야 할 의무가 있으며, 학교폭력 신고자 및 고발자와 관련된 정보를 누설해서는 안 된다. 신고 및 접수 절차는 [그림 6-2]와 같다.

교내 신고방법으로는 구두, 신고함, 설문조사, 이메일, 홈페이지, 휴대전화, 포스터 부착 등이 있으며, 교외 신고방법에는 117 학교폭력 신고센터, 학교전담경찰관 등이 있다. 2022년 3월부터는 학생 관찰, 상담 등을 통해 학교폭력 징후를 감지한 담임교사, 교과교사, 상담교사 등은 전담기구와 협의하여 학교폭력 신고 없이도 학교폭력 사안조사 실시가 가능하다.

학생들은 자신의 신고 사실을 가해학생과 그 친구들이 알게 되면 보복을 당할 수

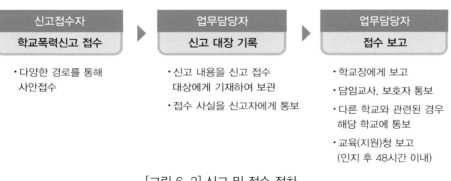

[그림 6-2] 신고 및 접수 절차

도 있다는 두려움이나 신고를 해도 교사나 부모들이 학교폭력 사실을 심각하게 받아들이지 않고 제대로 대처해 주지 못할 것이라 생각하기 때문에 신고를 하지 않을 수 있다. 그러므로 교사는 피해학생이나 사안을 인지·목격한 학생이 신고했을 때, 교사들이 비밀보장을 할 것이며, 최선을 다해서 적절하게 대처를 해 주겠다는 것을 인식시켜 주어야 한다.

신고자가 만약 피해학생의 보호자인 경우, 보호자는 심리적으로 상당히 혼란스러울 수 있으므로 교사는 보호자를 안심시켜야 하며 중간 중간에 진행상황에 대해서 충분히 설명을 해 줄 필요가 있고, 신고 및 접수 시부터 보호자와 협력관계를 잘 유지하는 게 중요하다. 학교폭력 사안처리의 궁극적 목적은 피해 및 가해학생 모두 안전하게 학교생활을 할 수 있도록 하는 것임을 말해 주어야 한다. 만약 신고자가 피해학생인 경우, 교사는 가장 먼저 피해학생의 상태와 신변보호를 생각해야 한다. 또한 교사는 사실을 객관적으로 파악하고 문제방향을 설정하는 해결자로서의 역할을 수행해야 한다. 자칫 피해학생의 주관적인 인식에만 근거해 문제를 지나치게 확대하거나 축소해서는 안 되며, 이야기를 듣고 성급하게 가해학생과 피해학생을 대면시켜서도 안 된다. 교사는 불안한 피해학생의 마음을 정서적으로 지지하는 따뜻한 상담자로서의 역할을 수행해야 한다. 교사는 설령 학생이 말한 학교폭력의 내용이 대수롭지 않게 여겨지더라도 피해학생을 지지해 주면서 공감대를 형성하고, 어떤 문제든지 해결을 위해 도와주겠다는 의지를 보여 줌으로써 학생이 교사에 대해 신뢰감을 가질 수 있도록 해야 한다. 마지막으로, 신고자가 학교폭력을 인지하거나 목격한 학생일 경우, 그 행동을 칭찬하고, 불안감을 갖지 않도록 지지하고 격려해 주어야 한다. 책임교사와 담임교사는 신고를 한 학생과 연락처를 공유하여 비상시에 대비할 필요가 있다.

3) 학교의 초기 대응 요령

학교폭력 사안이 발생했을 시, 먼저 관련학생을 안전 조치시키고, 보호자에게 연락을 해야 한다. 이후 학교폭력 전담기구 또는 소속교원의 사안조사와 피해·가해학생 상담이 이루어져야 하며, 학교폭력 발생 시 학교에서 대처한 내용을 문서로 만들어 두어야 추후 불필요한 분쟁을 예방할 수 있다.

학교폭력 발생 시 주요 대상별 초기 대응요령은 다음과 같다. 먼저, 피해학생에게는 피해를 당한 학생의 마음을 안정시키고(예: 심호흡, 안정을 유도하는 말 등) 신변 안전을 가장 먼저 고려해야 하며, 가벼운 상처는 학교 보건실에서 1차적으로 치료하고, 상처 정도가 심해 학교 보건실에서 치료할 수 없을 때는 2차적으로 병원으로 신속히 이송해야 한다. 만약 탈골, 기도 막힘, 기타 위급상황이라고 판단된 경우 자리에서 움직이지 않고 119에 도움을 청해야 한다.

가해학생의 경우, 피해학생의 상태가 위중하거나 외상이 심한 경우, 가해학생 역시 충격을 받아 예측하지 못하는 돌발행동을 할 수 있다. 그러므로 심리적으로 안정될 수 있도록 교사가 계속 주의를 기울이고 빨리 보호자에게 연락을 취해야 하며, 가해학생에게 지나친 질책 및 감정적 대처를 하지 않도록 유의한다.

보호자에게는 사실을 빠르게 알려야 하며, 보호자가 지나치게 흥분하거나 놀라지 않도록 연락하고, 학교에 오면 사전에 정해진 장소에 가서 자녀를 만날 수 있도록 안내한다. 또한 사안의 내용과 학교 측의 대처에 대해 보호자에게 정확히 알려야 하며, 피해 및 가해학생이 귀가했을 경우, 학생이 가정에서 심리적 안정을 취할 수 있도록 안내해야 한다. 특히 피해학생인 경우, 보호자가 자녀에게 정서적 지지와 지원을 아끼지 말 것을 당부해야 한다.

마지막으로, 목격학생 및 주변학생의 경우 폭력 현장에 있었기에 심리적·정서적 충격을 받을 수 있으며, 피해자와 유사한 문제 반응을 보일 수 있다. 주변학생들의 현장 접근을 통제하고, 특히 초등학교 저학년의 경우 동화책 읽어 주기, 종이접기 등 흥미 있는 활동으로 주의를 돌려 심리적 충격을 완화시켜야 한다. 사안에 관련된 학생 및 목격한 학생들에게 상황을 인식시키고, 차후 유사한 폭력상황이 벌어지지 않도록 예방교육을 해야 하며, 학교폭력 사안이나 관련 학생에 대해서 소문을 퍼뜨리지 않도록 주의시켜야 한다.

2. 사안조사 및 전담기구 심의

1) 전담기구 구성 및 역할

학교폭력 사안조사를 위해 단위 학교별 학교폭력 전담기구를 설치해야 한다(「학교폭력예방 및 대책에 관한 법률」 제14조). 학교폭력 전담기구의 구성, 심의방법, 업무분장, 학부모 구성원 임기 등 전담기구 운영에 필요한 사항은 학교의 장이 정하게 된다. 전담기구의 구성원은 교감, 전문상담교사, 보건교사 및 책임교사(학교폭력 문제를 담당하는 교사), 학부모 등이 포함되며, 학부모는 전체 구성원의 3분의 1 이상이어야 한다.

학교폭력 전담기구는 다음과 같은 역할을 하게 된다.

첫째, 사안접수 및 보호자에게 통보를 담당한다. 전담기구는 학교폭력신고 접수대장을 비치하고 117 신고센터, 학교장, 교사, 학생, 보호자 등 학교폭력 현장을 보거나 그 사실을 알게 된 자 및 기관으로부터 신고받은 사안에 대해 기록·관리한다. 학교폭력신고 접수대장은 학교장, 교원의 학교폭력 은폐 여부를 판단하는 중요한 기초자료로 활용되므로, 사소한 폭력이라도 신고된 것은 접수하여야 한다. 접수한 사안에 대해서는 즉시 관련학생 보호자에게 통보하고, 통보일자, 통보방법 등을 기록해야 한다.

둘째, 전담기구는 교육지원청에 보고한다. 전담기구는 학교폭력 사안에 대해 인지 후 48시간 이내에 교육(지원)청에 사안을 보고해야 하며, 긴급하거나 중대 사안(성폭력 사안 등)일 경우 유선으로 별도 보고해야 한다. 이때 성폭력 사안의 경우 반드시 수사기관에 신고해야 한다.

셋째, 전담기구는 학교폭력 사안조사를 실시한다. 전담기구는 학교폭력을 인지한 경우 피해 및 가해사실 여부에 대해 조사를 해야 하는데, 전담기구의 협조 요청 시 해당 교사는 적극 협조해야 한다.

넷째, 전담기구는 사안조사에 대한 결과를 보고해야 한다. 전담기구는 신고된 학교폭력 사안에 대해 조사를 실시하고 조사 결과를 보고서로 작성하여 학교장에게 보고해야 한다. 또한 심의위원회 개최를 요청하는 경우, 보고서를 보완·수정하여 학교장과 심의위원회에 보고하게 된다.

다섯째, 전담기구는 학교장 자체해결 여부에 대해 심의한다. 전담기구는 학교장 자체해결의 객관적 요건 충족 여부를 확인하고, 피해학생과 그 보호자에게 학교폭력대책심의위원회 개최 요구 의사를 확인한다.

여섯째, 전담기구는 졸업 전 가해학생 조치사항 삭제에 대해 심의를 담당한다. 전담기구는 가해학생 조치사항 제4호, 제5호, 제6호, 제8호의 삭제 심의를 하게 되며, 심의대상자 조건을 만족할 경우 심의를 통해 졸업과 동시에 삭제하도록 한다.

일곱째, 전담기구는 집중보호 또는 관찰대상 학생에 대한 생활지도를 담당한다. 전담기구는 학생에 대해 담임교사와 함께 지속적인 상담 및 기록을 진행해야 하며, 학교폭력 가해학생 조치의 기재유보 사항 기록 및 관리를 담당한다.

여덟째, 전담기구는 학교폭력 실태조사를 담당한다. 법률 제14조 제5항에 따라 학교폭력에 대한 실태조사를 실시하게 되는데, 학교장은 실태조사와 관련하여 행정적·재정적 지원을 해야 한다.

2) 긴급조치

학교장은 피해학생의 보호를 위하여 긴급하다고 인정하거나, 가해학생에 대한 선도가 긴급하다고 인정할 경우 긴급조치를 결정할 수 있다. 먼저, 피해학생이 긴급보호의 요청을 하는 경우에는 학교장 자체해결 혹은 심의위원회의 개최 요청 전에 제1호(학내외 전문가에 의한 심리상담 및 조언), 제2호(일시보호), 제6호(그 밖에 피해학생의 보호를 위하여 필요한 조치)의 조치를 할 수 있다. 피해학생에 대한 긴급조치는 심의위원회에 즉시 보고하여야 한다.

가해학생에 대한 선도가 긴급하다고 인정할 경우 학교장 자체해결 혹은 심의위원회 개최 요청 전에 우선 제1호(피해학생에 대한 서면 사과), 제2호(피해학생 및 신고·고발 학생에 대한 접촉, 협박 및 보복행위의 금지), 제3호(학교에서의 봉사), 제5호(학내외 전문가에 의한 특별교육이수 또는 심리치료) 및 제6호(출석정지)의 조치를 할 수 있으며, 제5호와 제6호는 병과 조치할 수 있다.

학교장이 우선 출석정지를 할 수 있는 사안은 2명 이상이 고의적·지속적으로 폭력을 행사한 경우, 전치 2주 이상의 상해를 입힌 경우, 신고, 진술, 자료제공 등에 대한 보복을 목적으로 폭력을 행사한 경우, 학교장이 피해학생을 가해학생으로부터 긴급하게 보호할 필요가 있다고 판단하는 경우이다. 단, 학교장이 우선 출석정지 조치를 하려는 경우에는 해당 학생 또는 보호자의 의견을 들어야 하며, 가해학생 긴급조치로 출석정지를 한 후에 학교장이 사안을 자체해결한 경우, 기타 부득이한 사유로 학교장의 허가를 받아 결석한 경우로 간주하여 결석기간을 출석기간으로 인정할 수 있다. 가해학생에 대한 긴급조치는 심의위원회에 즉시 보고하고 추인을 받아야 한다. 학교장이 긴급조치를 한(내부 결재 시행) 경우에는 가해학생과 그 보호자에게 이를 통지하여야 하며, 가해학생이 이를 거부하거나 회피할 때에는 「초·중등교육법」 제18조에 따라 징계하여야 한다.

3) 학교장 자체해결제

2020년 3월부터 학교폭력 예방 및 대책에 관한 법률이 개정되면서 학교장 자체해결제가 도입되었다. 학교장 자체해결은, 첫째, 2주 이상의 신체적·정신적 치료를 요하는 진단서를 발급받지 않은 경우, 둘째, 재산상 피해가 없거나 즉각 복구된 경우, 셋째, 학교폭력이 지속적이지 않은 경우, 넷째, 학교폭력에 대한 신고, 진술, 자료제공 등에 대한 보복행위가 아닌 경우의 네 가지 요건을 모두 충족시키고, 피해학생 및 그 보호자가 심의위원회 개최를 원하지 않았을 때 가능하다.

학교장 자체해결제 절차는 [그림 6-3]과 같다. 먼저, 전담기구의 학교폭력 사안

학교폭력 사안조사 → 피해학생 및 보호자 서면 확인 → 학교장 자체해결제 결재 및 교육청 보고 → 관련학생 보호자 통보

[그림 6-3] 학교장 자체해결 절차

조사 과정에서 피해학생 및 그 보호자를 상담할 때 학교장 자체해결을 강요하지 않도록 유의해야 한다. 전담기구 심의에서 학교장 자체해결 요건 해당 여부를 협의를 통해 결정하게 되며, 피해학생이 1명이고 가해학생이 여러 명인 경우, 학교장 자체해결 요건에 충족하더라도 피해학생이 가해학생 모두에 대해 자체해결에 동의하는 경우에 한하여 학교장 자체해결이 가능하다. 단, 피해학생이 여러 명인 경우에는 피해학생별로 학교장 자체해결제 여부를 판단한다.

전담기구의 심의결과 학교장 자체해결요건에 해당하는 사안의 경우, 전담기구에서 객관적으로 판단한 기준에 대해 피해학생 및 그 보호자에게 설명하고, 피해학생과 그 보호자가 심의위원회 개최 요구 의사 확인서를 통해 학교장 자체해결에 동의하면 학교장이 자체해결할 수 있다. 학교의 장이 자체해결한 학교폭력사안에 대해서는 재산상의 피해 복구를 이행하지 않거나 해당 학교폭력 사안의 조사과정에서 확인되지 않았던 사실이 추가적으로 확인된 경우를 제외하고는 피해학생 및 그 보호자가 심의위원회 개최를 요청할 수 없다는 사실을 반드시 사전에 충분히 설명해야 한다.

3. 심의위원회 조치 결정 및 이행

1) 심의위원회 구성 및 운영

심의위원회란 학교폭력의 예방 및 대책에 관련된 사항을 심의하는 교육지원청 내의 법정위원회이다(학교폭력예방 및 대책에 관한 법률 제12조). 심의위원회는 위원장 1인을 포함하여 10명 이상 50명 이내의 위원으로 구성하되, 법률에 따라 전체위원의 3분의 1 이상을 해당 교육지원청 관할 구역 내 학교(고등학교 포함)에 소속된 학부모로 위촉하여야 한다(「학교폭력예방 및 대책에 관한 법률」 제13조). 학교폭력 피해 및 가해학생이 각각 다른 교육지원청 관할 구역 내 학교에 재학 중인 경우에는 교육감의 보고를 거쳐 둘 이상의 교육지원청이 공동으로 심의위원회를 구성할 수 있다. 심의위원회는 해당 지역에서 발생한 학교폭력에 대한 조사와 자료 제출 및 의견 진술 요청의 권한을 가진다.

심의위원회에서는 학교폭력의 예방 및 대책, 피해학생의 보호, 가해학생에 대한 교육, 선도 및 징계, 피해 및 가해학생 간의 분쟁조정, 그 밖에 대통령이 정하는 사항에 대해 심의한다. 심의위원회는 학교의 요청이 있는 경우, 21일 이내에 개최하는 것을 원칙으로 하되 상황에 따라 7일 이내에서 연장 가능하다. 이때 학교의 요청이 있는 경우라 함은 공문으로 심의위원회 개최 요청서가 접수된 시점을 기준으로 하며, 시험 등 학사일정, 사안조사 과정에서 새로운 증거 발견, 관련학생 및 보호자 의견진술 기회 부여 등 뚜렷한 이유가 있는 경우에 한해 연기가 가능하다.

2) 피해학생 조치

심의위원회는 피해학생의 보호를 위하여 필요하다고 인정하는 때에는 피해학생에 대하여 다음 각 호의 어느 하나에 해당하는 조치를 할 것을 교육장에게 요청할 수 있다. 피해학생 보호조치의 요청이 있을 때, 교육장은 피해학생의 보호자의 동의를 받아 7일 이내에 해당 조치를 하여야 하며 구체적인 피해학생 보호조치는 다음과 같다.

- 제1호: 학내외 전문가에 의한 심리상담 및 조언
- 제2호: 일시보호
- 제3호: 치료 및 치료를 위한 요양
- 제4호: 학급교체
- 제5호: 전학권고(삭제됨)
- 제6호: 그 밖에 피해학생의 보호를 위하여 필요한 조치

피해학생 보호조치 등 보호가 필요한 학생에 대하여 학교의 장이 인정하는 경우 그 조치에 필요한 결석을 출석일수에 산입할 수 있으며, 심의위원회의 개최 및 동위

원회의 학교폭력 피해학생에 대한 보호조치 요청 이전에, 학교폭력 피해자가 학교폭력으로 인한 피해로 출석하지 못하였음을 학교 전담기구의 조사 및 확인을 거쳐 학교의 장이 인정한 경우에는 출석처리가 가능하다. 또한, 보호조치를 받았다는 사실 자체가 성적평가 등에서 불이익으로 작용하지 않도록 해야 하며, 피해학생이 결석하게 되어 부득이하게 성적평가를 위한 시험에 응하지 못하게된 경우에도 학교 학업성적 관리규정에 의거하여 불이익이 없도록 조치해야 한다. 피해학생에 대한 보호조치 등으로 인해 피해학생이 결석하게 되는 경우 학교의 장은 학생의 가정학습에 대한 지원 등 교육상 필요한 조치를 마련해 주는 것이 바람직하다.

3) 가해학생 조치

심의위원회는 가해학생의 선도·교육을 위하여 가해학생에 대하여 다음 각 호의 어느 하나에 해당하는 조치를 할 것을 교육장에게 요청하여야 하며, 퇴학처분은 의무교육과정에 있는 가해학생에 대하여는 적용하지 않는다. 구체적인 가해학생 교육·선도 조치는 다음과 같다.

- 제1호 : 피해학생에 대한 서면사과
- 제2호 : 피해학생 및 신고·고발 학생에 대한 접촉, 협박 및 보복행위의 금지
- 제3호 : 학교에서의 봉사
- 제4호 : 사회봉사
- 제5호 : 학내외 전문가에 의한 특별교육이수 또는 심리치료
- 제6호 : 출석정지
- 제7호 : 학급교체
- 제8호 : 전학
- 제9호 : 퇴학처분

가해학생 조치 이행 시 특별한 경우(방학기간, 자율학습, 졸업예정 등)를 제외하고

는 학기 중에 이행할 수 있도록 하는 것이 바람직하다. 학교폭력 가해학생은 학교폭력대책 심의위원회의 조치 확정 후 이행 완료될 때까지 학적변동이 제한되지만, 학교의 장이 성폭력 등 피·가해학생 분리조치가 불가피하다고 인정하는 경우 내부 결재를 거쳐 학적 변동을 수반하는 전학 등의 조치를 우선적으로 시행할 수 있다. 가해학생이 각 처분에 따른 조치를 거부하거나 기피하는 경우 심의위원회는 추가로 다른 조치 부과를 요청할 수 있다. 또한 제1~9호 조치 중 제2~4호, 제6~8호의 처분을 받은 가해학생은 교육감이 정한 기관에서 특별교육을 이수하거나 심리치료를 받는 '부가된 특별교육'을 받아야 한다.

학교폭력대책 심의위원회에서 가해학생에게 '조치로서의 특별교육'(제5호) 또는 '부가된 특별교육'을 내린 경우 가해학생 보호자는 특별교육을 이수해야 하는데, 교육장은 보호자가 특별교육을 이수하도록 서면으로 통보하여야 한다. 보호자가 특별교육에 불응한 경우, 교육감은 법률에 의하여 300만 원의 과태료가 부과됨을 안내하고, 특별교육을 이수할 것을 재통보하여야 하며, 이를 불응한 경우 법률에 의거하여 과태료를 부과·징수하여야 한다.

학교폭력 가해학생에 대한 조치사항의 경우, 학교에서 조치결정 통보 공문을 접수한 즉시 학교생활기록부에 기재하며, 구체적인 작성·관리에 관한 사항은 「학교생활기록 작성 및 관리지침」을 따른다. 가해학생 조치사항에 대한 행정심판 및 소송이 청구된 경우에도 기재된 조치사항을 삭제하지 아니하고, 향후 조치가 변경되거나 취소될 경우 이를 수정하며 조치결정 일자는 변경하지 않는다.

제1~3호, 제7호의 조치는 졸업과 동시에, 제4~6호, 제8호의 조치는 졸업하기 직전에 전담기구에서 심의를 거쳐 졸업과 동시에 삭제 가능하며, 이때 해당학생의 반성정도와 긍정적 행동변화 정도 등을 고려해야 한다.

4) 조치 불복 절차 및 분쟁조정

교육장이 내린 조치에 대하여 이의가 있는 피해학생과 그 보호자, 가해학생과 그 보호자는 학교의 설립형태(국공립 및 사립)에 관계없이 행정심판을 청구할 수 있다.

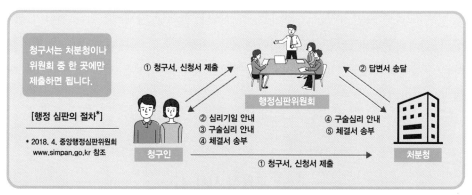

[그림 6-4] 행정심판의 절차

교육장의 조치에 대하여는 처분이 있음을 알게 된 날부터 90일 이내, 처분이 있었던 날부터 180일 이내에 행정심판을 청구할 수 있으며, 행정심판은 해당 교육청 행정심판위원회에 청구하게 되며, 행정심판의 절차는 [그림 6-4]와 같다.

　가해학생 또는 그 보호자는 교육장의 조치에 대하여 이의가 있는 경우, 행정심판을 거치지 않고 바로 행정소송을 제기할 수 있다. 처분의 취소 또는 무효를 요구하는 학생이 원고가 되고(미성년자인 경우에는 법정대리인이 대리하여야 함) 교육장이 피고가 된다. 취소소송은 처분이 있음을 안 날부터 90일 이내에 제기하여야 하며, 처분이 있은 날로부터 1년을 경과하면 제기할 수 없다.

　또한 피해학생과 가해학생 간 또는 보호자 간의 손해배상에 관련된 합의조정, 그 밖에 심의위원회가 필요하다고 인정하는 사항에 대해서 심의위원회가 분쟁을 조정할 수 있다. 분쟁조정 기간은 1개월을 넘지 못하며, 분쟁조정 전에 피해학생, 가해학생 및 보호자에게 통보해야 한다. 시도교육청 관할 구역 안의 소속 교육지원청이 다른 학생 간에 분쟁이 있는 경우 교육감이 직접 분쟁을 조정하며, 관할 구역이 다른 시도교육청 소속 학생 간 분쟁이 있는 경우 피해학생을 감독하는 교육감이 가해학생을 감독하는 교육감과 협의하여 분쟁을 조정한다.

　이 장에서는 학교폭력이 발생되었을 때, 학교폭력 사안처리 절차에 대해 살펴보았다. 학교폭력 사안처리는 초기대응, 사안조사, 학교장 자체해결이나 전담기구의 심의, 심의위원회의 조치결정, 조치이행 및 조치불복으로 구분되어지며, 각 절차에 따른 구성원의 역할과 피해학생을 위한 보호조치, 가해학생을 위한 선도조치에 대해 알아보았다.

⦿ 교육적 시사점

'생각해 보기'에서 지원이의 담임선생님은 가해학생과 피해학생을 분리하여 조사하지 않았고, 성급하게 화해를 종용을 했다. 이러한 교사의 태도는 학생들이 피해를 솔직하게 이야기하지 못하게 할 뿐 아니라, 오히려 담임선생님에게 일렀다는 이유로 가해학생이 피해학생에게 보복을 할 가능성이 있다. 또한 성급하게 화해를 유도하는 것은 학생들 간의 관계를 더 악화시킬 수 있다. 가해학생의 경우, 자신의 잘못을 반성해 사과를 하는 것이 아니라 선생님이 억지로 화해를 시키고자 사과를 하기 때문에 오히려 반발심이 생길 수 있다. 또한 피해학생에게도 그러한 사과는 진심으로 느껴지지 않기 때문에 피해의 상처가 치유되진 않는다.

학교폭력 사안이 발생하면, 해당 학생과 학부모는 교사와 학교의 태도에 매우 민감해지며, 교사의 부적절한 대처는 또 다른 분쟁을 유발할 수 있다. 학교폭력 사안에 대한 교사와 학교의 적절한 대처는 가해학생과 피해학생의 관계적 회복뿐 아니라 향후 발생하는 학교폭력을 예방하는 데에도 영향을 미칠 수 있기 때문에 교사는 공정하고 객관적인 자세를 가지고 학교폭력 사안처리를 위해 노력할 필요가 있다.

제7장
학교폭력 관련학생 및 보호자 상담

　이 장에서는 교사가 학교폭력을 예방하고 대처하기 위해 알아야 하는 상담 관련 지식·기법에 대해 사례 중심으로 살펴본다. 이 장의 '학교폭력 관련 상담'은 구체적 사안 관련 상담부터 학교폭력을 예방하기 위한 상담까지 포함한다. 학교폭력 관련 상담을 잘하기 위해서는 일반적인 상담 지식과 기법뿐 아니라, 학교폭력이라는 위기 상황에서 어떻게 개입해야 하는 것인지에 대해서도 잘 알고 있어야 한다. 따라서 이 장에서는 일반적인 상담에 대한 기법, 학교폭력 위기 개입을 할 때 염두에 두어야 할 사항, 의뢰·연계를 주요 내용으로 다룬다.

학습목표

• 상담 장면에서 상담 기본 기법을 적용해 볼 수 있다.
• 학교폭력 관련학생 상담을 효과적으로 진행할 수 있다.
• 학교폭력 관련학생의 보호자 상담을 효과적으로 진행할 수 있다.

생각해 보기

건숙 씨는 중학교 3학년 아들을 둔 엄마이다. 오늘 하교한 건숙 씨네 아들의 표정이 말이 아니다. 사실 요즘 건숙 씨의 마음도 말이 아니다. 얼마 전 담임선생님이 건숙 씨에게 아들이 3개월간 다른 반 학생에게 금품갈취와 협박을 받았고, 이 사실을 학교폭력 실태조사를 통해 알게 되었다고 알려 주었다.

건숙 씨에겐 청천벽력 같은 얘기였다. 평소 건숙 씨는 학교폭력이 자신과 큰 관련이 없다고 생각했었다. 건숙 씨는 3개월이라는 긴 시간 동안 꾹 참을 수밖에 없었을 아들의 고달픈 하루하루를 생각하니 가슴이 미어졌다. 건숙 씨 아들은 힘든 내색 한번 보이지 않았는데, 막상 학교폭력 사건이 공론화되자 부쩍 힘들어했다. 건숙씨는 아들에 대한 안쓰러운 마음과 함께 3개월이나 학교폭력 사실을 몰랐던 학교에 분노가 치밀어 올랐다. 건숙 씨는 마음을 다스리고 아들의 눈치를 살피며 지내고 있었는데, 아들이 저녁을 먹으며 폭탄선언을 했다. 건숙 씨 아들은 자신이 학교폭력 피해자라는 것이 만천하에 알려졌고, 가해학생은 큰 벌을 받지 않을 것이며, 다른 아이들은 자신을 바이러스 취급할 것이니 이제 학교는 가지 않겠다고 한다.

건숙 씨는 아들이 학교폭력을 당한 것도 숨이 차게 억울하기만 한데, 학교까지 가지 않겠다니 너무 화가 났다. 건숙 씨는 아들에게 "네가 무슨 죄를 지었다고 학교까지 안 가? 너 인생 망하고 싶어? 도대체 학교 안 가고 뭘 하겠다는 거야. 힘든 일이 있다고 이렇게 피하기만 하면 어떡하니? 그 정신으로 세상을 어떻게 살아가려 그러는 거야? 너 이러면 엄마 아빠는 이제 어떻게 살아!"라고 소리를 질러 버렸다.

다음 날 아침, 건숙 씨는 등교 시간이 지났는데도 아들이 방에서 나오지 않아 방문을 열어 보았다. 건숙씨는 침대에 누워 소리 없이 울고 있는 아들을 보았다. 건숙 씨는 억장이 다시 무너졌다. 조용히 방문을 닫고 나오는데, 건숙 씨의 눈에도 눈물이 쏟아졌다. 건숙 씨는 아무래도 오늘 아들을 학교에 보낼 수 없을 것 같아서 담임선생님에게 전화를 걸었다.

1. 상담 기본 지식

이 장에서는 학생 상담에 도움되는 상담 기본 지식에 대해 살펴보고자 한다. 상담은 도움이 필요한 학생과 전문적 역량을 가진 교사가 상담 관계를 맺고, 당면한 문제를 해결하는 과정이며, 이 과정에서 학생은 사고, 행동, 감정 측면에서 인간적 성장과 발달이 이루어진다(김환, 이장호, 2006; 이규미, 2019). 학생은 상담과정에서 자신의 고통이 무엇인지, 자신이 세상과 타인을 어떻게 인지하고 있는지, 충족되지 못한 바람은 어떤 부정적 감정을 발생시키고, 이 감정을 해소하기 위해 어떤 행동을 하게 되는지, 자신이 바라고 있는 긍정적인 상황은 어떤 상황인지 등에 대해 이야기하게 된다. 이 과정을 통해 내담자인 학생은 어렴풋이 알고 있는 '내 마음'을 더 생생하게 인식하게 된다.

상담과정은 순탄히 잘 진행될 때도 있지만 고착상황에 빠지기도 한다. 그러나 고착상황을 견디며 자신의 마음을 더 자세히 인식하게 될 때, 어렴풋이 알았던 과거의 영향이 분명해지며 해방감을 느끼기도 한다. 이 과정을 무사히 잘 거치면 학생들은 심리적 건강함을 얻을 수 있다. 학교폭력이라는 어려운 고난을 만난 학생을 돕기 위해 교사가 알아야 할 상담의 기본 지식에 대해 살펴보자.

1) 기본적인 면접 기술

해결중심 상담에서는 치료적 관계를 형성하기 위해 내담자에 대한 '알지 못함의 자세'를 강조한다(한국단기가족치료연구소, 2006). '알지 못함의 자세'란 교사가 학생에 대해 아는 바가 없기 때문에 학생에게 알려 달라는 자세를 취한다는 것이다. 예를 들어, 학교폭력 피해자라고 밝혀지는 것이 모든 사람의 동정을 받는 일이고 평판이 나빠지는 일이라서 학교를 그만 다니겠다는 학교폭력 피해학생이 있다고 가정해 보자. 이때 교사는 처음부터 학교폭력 피해학생을 상대로 자퇴했을 때 생길 수 있는 결과에 대해 논리적으로 예측하게 하기보다 '알지 못함의 자세'로 피해학생의 '내적 참조체제'를 먼저 탐색하는 것이 필요하다. 내적 참조체제란 개인이 세상에 의미를 부어하는 방식이자, 세상을 경험하고 느끼는 방식 또는 원리를 말한다. 학생의 내적 참조체제를 탐색하기 위한 기본적인 면접 기술은 다음과 같다(이규미, 2019; 정문자 외, 2008).

(1) 학생에게 주의를 기울이기

교사가 학생의 언어적, 비언어적 메시지에 온전히 주의를 기울여야 학생은 자신의 이야기를 편안하게 할 수 있다. 교사는 '학생과의 적절한 눈맞춤' '학생을 향한 개방적인 자세' '학생을 향해 기울인 몸의 기울기' '산만하지 않은 행동' 등을 통해 자신이 학생의 이야기에 주의를 기울이고 있다는 것을 전달할 수 있다.

(2) 말의 내용, 의미, 감정, 소망 듣기

학생이 표현하는 말의 내용뿐 아니라 의미를 이해하고, 그 안에 내포된 감정과 소망까지 읽으면서 사려 깊은 태도로 듣는 것은 대화를 촉진하는 기본 기법이다. 진정한 경청을 위해 교사는 학생의 말을 '알지 못함의 자세'로 들어야 한다. 이를 위해 교사는 최대한 자신의 욕구, 감정, 비판 등의 내적 소리를 제거하고 온전히 학생의 입장에서 학생의 이야기에 주의를 기울여야 한다. 때로 학생의 말을 경청을 하면서 "아, 그래" "그렇지" 등과 같은 음성반응을 하거나 고개를 끄덕이는 등 학생의 표현을 적절히 격려하면서 학생의 참여를 촉진하는 것이 바람직하다.

(3) 학생이 사용하는 핵심 용어를 반복하기

학생이 말한 내용 중 핵심 용어를 반복하는 것은 간단한 기법이면서, 학생으로 하여금 그 단어의 의미를 더욱 탐색하게 돕다. 예를 들면, 다음과 같다.

학생: 이제 다 망했어요. 학교폭력 피해자라고 소문이 났으니, 나는 이제 공식
    찌질이가 되어 버린 거예요. 아무도 나와 친구를 하려 하지 않을 거예요.
교사: 음, 공식 찌질이.
학생: 모두 다 나를 빌빌거리는 찌질이로 볼 거예요.

(4) 감정 읽어 주기

감정 읽어 주기란 학생의 감정을 알아차리고 이를 명확하고 간결하게 읽어 주는 것을 말한다. 학생이 감정을 드러내는 시점은 해결이 필요한 주제를 드러내는 시점이라 할 수 있는데, 교사는 학생이 자신의 감정에 더 잘 접촉하고, 자신의 마음에 대해 더 깊게 탐색할 수 있도록 학생의 감정을 읽어 줄 필요가 있다. 예를 들면, 다음과 같다.

> 학생: 모두 다 나를 빌빌거리는 찌질이로 볼 거예요
>
> 교사: 모두 다……. <u>고통스럽고 절망스럽구나.</u>
>
> 학생: 네, 제 인생은 이제 끝났어요. 더 이상 어떻게 학교에 와요.

(5) 열린 질문하기

열린 질문이란 누가, 어떻게, 무엇 등으로 질문하는 것을 말하며, 상태, 과정, 내용을 알고자 묻는 질문을 말한다. 열린 질문은 특정 주제 및 사실 확인에 초점을 두는 닫힌 질문보다 더 자유로운 답변을 들을 수 있어서 학생의 내적 참조체제를 탐색하는데 유용하다. 예를 들면, 다음과 같다.

> 학생: 네, 제 인생은 이제 끝났어요. 더 이상 어떻게 학교에 와요.
>
> 교사: 그래, 그런데 선생님은 학교폭력 피해자를 찌질이로 볼 것이라는 <u>근거가 무엇인지 궁금하구나.</u>
>
> 학생: 초등학교 때 그랬어요. 우리 반에 학교폭력 피해를 당했던 아이가 있었는데, 그 애가 부모님께 이야기했거든요. 그 뒤로 우리 반 애들은 그 아이에게 고자질이나 하는 찌질이라고 아무도 이야기를 걸어 주지 않았어요.

(6) 내용의 핵심 읽어 주기

내용의 핵심을 읽어 준다는 것은 학생이 말하는 언어적 표현을 듣고 학생이 말한 내용의 핵심을 참신한 표현으로 바꾸어 전달하는 것을 말한다. 이 기법은 학생의

감정을 읽어 주거나, 판단하거나, 교사의 생각을 추가하지 않고, 단지 말한 내용에서 핵심적 생각을 끄집어 되돌려 주는 짧은 형태의 요약과 같은 것이다. 앞의 사례로 예를 들면 다음과 같다.

> 학생: 초등학교 때 그랬어요. 우리 반에 학교폭력 피해를 당했던 아이가 있었는데, 그 애가 부모님께 이야기했거든요. 그 뒤로 우리 반 애들은 그 아이에게 고자질이나 하는 찌질이라고 아무도 이야기를 걸어 주지 않았어요.
>
> 교사: <u>초등학교 때 목격했던 학교폭력 상황이 나에게도 벌어질 것이라 생각하고 있었던 거구나.</u>

(7) 요약하기

요약하기란 학생이 이야기한 내용에 대한 요점을 정리하여, 그 속에 포함된 핵심적 요소들을 간결한 문장으로 정리하여 말해 주는 것을 말한다. 예를 들어, 한 사건에 대한 탐색이 끝난 후, 혹은 한 회기를 마칠 때 내용을 요약하는 것을 말한다. 요약을 통해 상담은 훨씬 더 밀도 있게 진행될 수 있다.

(8) 인정하기

인정하기란 학생이 현재까지 선택했던 행동, 감정, 상황을 '그럴 수 있었겠다'라고 받아들이고 승인해 주는 것을 말한다. 교사는 '인정하기'를 통해 비록 현재 비합리적 사고, 부정적 감정, 파괴적 행동을 하고 있더라도, 이는 자신의 경험과 가치 속에서 고군분투하며 삶을 살아 내려 노력하는 중이라는 것을 알아주고 읽어 줄 수 있다. 예를 들면, 다음과 같다.

> 교사: 초등학교 때 목격했던 학교폭력 상황이 나에게도 벌어질 것이라 생각하고 있었던 거구나. <u>이제야 네가 왜 학교에 나오지 않겠다고 하는지 알 것 같구나. 학교폭력 피해가 알려진 후 억울함이 풀리는 것이 아니라 더 괴롭힘받는 상황이 벌어지는 것을 목격했으니, 이번 문제가 잘 해결될 것이라 믿을 수</u>

<u>없었겠구나. 그래서 세 달 동안 힘들었음에도 꾹꾹 참았던 거였구나.</u>

이 절에서는 학생을 상담할 때 도움이 되는 상담 기본 지식에 대해 다루었고, 상담 기본 지식으로 학생에게 주의 기울이기, 말의 내용·의미·감정·소망 듣기, 학생이 사용하는 핵심 용어를 반복 사용, 감정 읽어 주기, 열린 질문하기, 내용의 핵심 읽어 주기, 요약하기, 인정하기에 대해 살펴보았다.

2. 학교폭력 관련학생 및 보호자 상담

이 절에서는 학교폭력과 관련한 가해학생, 피해학생, 가해학생 및 피해학생의 보호자를 상담할 때 주안점을 둘 점이 무엇인지에 대해 살펴보고자 한다.

학교폭력은 위기상황이라 할 수 있다. 위기상황에서 개인은 자신의 지식과 대처방식으로는 감당하기 어렵다고 느낀다. 위기에 처한 청소년은 갑작스럽게 닥친 상황에 당혹감을 느끼고 혼란스러워하며, 경우에 따라 자신에게 일어난 일을 잘 기억하지 못하기도 하고, 위기 대응을 위한 계획을 세울 수 없기도 하며, 때로는 끝없는 절망과 무기력에 빠져 하루하루를 보내기도 한다(김동민 외, 2016).

첫째, 피해학생을 위해 가장 먼저 해야 할 일은 학생의 안전을 확보해 주는 것이다(Heaton, 2009). 사안 조사 도중 가해학생들에 의해 피해학생에 대한 험담이 퍼질 가능성이 감지된다면, 가해학생들에게 분명하게 학교폭력 개념을 교육시키고, 사안에 관하여 신중한 태도를 유지해야 함을 알려 주어야 한다. 또, 학급의 풍토가 문제라고 한다면 학교폭력 정의에 대한 학급 전체 교육 등을 통하여, 학급 풍토를 전환해 주어야 한다. 만약 직접적인 폭력에 노출될 가능성이 있다면 등하굣길이 안전하게 유지될 수 있도록 환경도 조정해 주어야 한다.

둘째, 학생이 무리하지 않는 선에서 학교 생활 적응을 이전과 같이 유지할 수 있도록 도와야 한다. 물론 학교생활 적응에 대한 요구가 강요나 압박이 되어서는 안된다. 그러나 학교폭력이라는 외상 사건에 노출되면 학생들은 여러 심리적, 신체적 불편감을 보일 수 있고, 자칫 잘못된 결정이나 행동을 충동적으로 선택할 수도 있다. 따라서 재촉하면 안 되겠지만, 가능한 한 신속한 개입을 통해 해야 할 일들을 이전과 같이 점차적으로 수행해 나갈 수 있도록 도와야 한다.

셋째, 학생의 심리적 회복을 촉진해야 한다. 즉 학교폭력으로 인한 학생의 스트레스는 줄어들고, 상황대처역량은 향상되도록 돕는다. 넷째, 지속적으로 학생이 도움받을 수 있는 지원 체계와 연결시켜 준다. 예를 들어, 학교의 위클래스, 지역교육청의 위센터, 시군구의 청소년상담복지센터에 연계시켜 줄 수 있다.

〈표 7-1〉 피해학생 초기 상담 주안점

피해학생 초기 상담 주안점
• 안전 확보 • 단기적 기능 향상 • 심리적 회복을 촉진 • 지속적으로 도움을 줄 수 있는 지원 체계 구축

1) 학교폭력 관련학생에 대한 상담 주안점

학교폭력 관련학생을 상담할 때, 관련학생들을 한 장소에 모두 모이게 하는 것은 바람직하지 않다. 학교폭력이란 힘의 불균형을 기본 전제로 하고 있어서 가해학생과 피해학생을 모두 한자리에 모으는 것은 피해학생에게 위축감, 불안감 등을 줄 수 있다. 그러므로 피해학생과 가해학생을 각각 개별적으로 상담해야 한다. 가해행동에 가담한 학생이 다수라 하더라도 개별적으로 상담하는 것이 더 효과적일 수 있다. 왜냐하면 가해행동을 집단으로 했다 하더라도 집단 내 역동 속에서 각 구성원이 하는 역할은 다를 수 있기 때문이다. 따라서 집단의 압력을 받지 않고 자신의 마음을 솔직하게 털어놓을 수 있도록 가해학생도 개별적으로 면담할 필요가 있다.

또한 인신공격적 소문에 의해 2차 피해가 발생하지 않도록, 관련학생의 상담 및 조사 과정 등이 주위에 알려지지 않게 해야 한다. 이를 위해 관련학생들에게 소문에 의한 2차 피해가 무엇인지 알려 주고, 2차 피해가 또 다른 학교폭력 사안이 될 수 있음을 고지하여 자신의 행동에 책임을 지는 분위기를 조성하는 것이 필요하다.

가해학생에게 비난과 심문의 태도를 취하지 않는 것도 중요하다. 가해학생 역시 선도하고 교육해야 할 대상이다. 피해학생뿐 아니라 가해학생도 당황스러움, 불안감 등을 느끼고 있으며, 이런 부정적 감정을 피하기 위해 피해학생이 당할 만한 이유를 제공했다고 생각하는 등 자기 합리화에 몰두할 가능성이 있다. 따라서 가해학생 역시 '알지 못함의 자세'로 행동 이면의 동기와 욕구를 탐색하여, 추후 책임 있는 행동을 할 수 있도록 돕는 것이 필요하다.

만약 학교폭력 피해학생이 초등학교 저학년, 장애가 있는 학생, 외국인 학생, 새터민 학생, 기타 심리적으로 불안정한 학생 등과 같이 자신이 처한 상황을 전달하고 자신을 표현하는 것에 어려움이 있는 학생이라면 보다 안정적인 분위기를 조성하기 위해 더 배려해야 하고, 통역자를 구하는 등 표현과 관련된 실질적 어려움을 해결하기 위해 노력해야 한다.

피해학생뿐 아니라 가해학생에게도 학교폭력은 극심한 스트레스를 유발하며, 이후의 삶을 뒤흔들 수도 있는 중대한 사건이다. 테데스키와 캘훈은 재난, 폭력, 학대 등과 같이 삶을 뒤흔들 수 있는 정도의 사건을 외상 사건(seismic event)이라고 하였다(Tedeschi & Calhoun, 1998). 이와 같은 외상 사건은 외상 후 스트레스 장애를 유발할 수 있다. 그런데 외상을 경험한 사람 중에는 외상을 경험하기 이전의 기능수준을 넘어 더 높은 수준으로 긍정적 변화를 보인 사람들도 있다(송승훈 외, 2009). 이처럼 외상 사건을 경험한 후 부정적 사건을 경험하기 이전보다 더 높은 수준으로 기능할 뿐 아니라 긍정적인 내적 변화가 일어나는 것을 '외상 후 성장'이라 하는데, 외상 후 성장은 외상과 투쟁하면서 얻어진 긍정적인 심리변화이다(Tedeschi & Calhoun, 2004).

외상 후 성장의 대표적 지표는 지각에서의 변화, 관계에서의 변화, 삶의 우선순위에서의 변화로 알려져 있다(Baumgardner & Crothers, 2013). 지각에서의 변화란 개인적 강점을 더 잘 인식하고, 확신을 가지고 살며, 자기 의존이 증가하고, 자신의 삶

〈표 7-2〉 외상 후 성장 지표

외상 후 성장 지표	
지각에서의 변화	• 개인의 강점을 더 잘 인식 • 확신을 가지고 살기 • 자기 의존 증가 • 삶의 취약성에 대한 평가 증대 • 자신을 희생자가 아닌 생존자로 봄
관계에서의 변화	• 가족관계가 더 끈끈해짐 • 정서 노출을 더 잘함 • 타인에 대한 친근감, 연민, 배려 증대
삶의 우선순위에서의 변화	• 삶에서 무엇이 중요한지 명료하게 자각 • 삶의 의미를 보다 깊게 인식 • 돈, 사회적 지지 얻는 것에 대한 관심 저하

을 포함하여 삶의 취약성에 대한 평가가 증대되며, 자신을 희생자가 아니라 생존자로 보는 등 지각의 변화가 일어나는 것을 말한다. 관계에서의 변화란 가족관계가 더욱 끈끈해지고, 정서 노출을 더 잘하며, 타인에 대한 친근감, 연민, 배려가 증대되는 것을 말한다. 삶의 우선순위에서의 변화란 자신의 삶에서 무엇이 중요한지에 대해 보다 명료하게 자각하고, 삶의 의미에 대해 보다 깊게 인식하며, 돈이나 사회적 지지를 얻는 것에 대한 관심이 저하되는 것을 말한다. 교사는 학교폭력 관련학생들이 비록 외상적 사건을 겪었지만, 사건을 경험하기 전보다 더 높은 수준의 긍정적 변화가 일어날 수 있도록 최선을 다할 필요가 있다. 또 상담과정에서 학교폭력 관련학생들이 외상 후 성장 지표를 보인다면 교사는 학생의 변화에 대해 긍정적인 지지를 표현하는 것이 바람직하다.

2) 피해학생 상담

학교폭력 피해학생은 일반적으로 분노, 불안, 우울, 수치심, 무기력 등의 부정적 정서에 노출된다. 경우에 따라 등교거부, 학교활동 기피, 안전에 대한 불안 등을 호소하여 원활한 학교 참여까지 어려워지기도 한다. 학교폭력 피해학생이 자신이 받은 학교폭력 피해가 매우 부당한 일이며, 학교폭력 신고를 인간으로서 존중받고자 하는 정당한 권리 행사라 생각한다면 좋겠으나, 학교폭력 피해학생 모두가 그러하지는 않다. 어떤 학생은 학교폭력 신고를 통해 자신의 권리를 보장받고 싶은 마음이 있지만, 다른 한편으로 학교폭력 피해자라는 것이 알려져 평판이 떨어지는 것을 염려하기도 하기도 하고, 부모님이 고통스러워하시는 것을 염려하기도 한다. 또 어떤 학생은 자신의 모든 노력에도 불구하고 학교폭력이 완전히 종결되지 못할 것이라 여겨 불안해하기도 한다. 따라서 학교폭력이 인지되거나 감지될 때에는 학생들이 느낄 수 있는 다양한 부정적 감정을 염두에 두고, 학생이 편안하게 자신의 불편한 감정들을 토로할 수 있도록 도와주어야 한다.

이를 위해 우선적으로 학생과 신뢰 관계를 형성하는 것에 초점을 두는 것이 필요하며, 피해 경험에 대한 부정적이고 편향된 귀인이 있는지 살피고, 이를 현실적이고 성장 지향적으로 바꿀 수 있도록 도와주어야 한다. 예를 들어, '내가 만만했기 때문에 이런 일이 생긴 것이다' 혹은 '내가 잘못한 부분이 있으니까 피해자가 된 것이다' 등의 자신에 대한 부정적이고 편향적인 사고를 하고 있다면, 교사는 피해학생에게 누구도 다른 사람을 폭력적이게 대할 권리가 없으며, 다름을 틀림이라고 지칭하여 공격하는 것이 잘못된 것임을 알려 줄 필요가 있다. 만약 피해학생이 자신에 대해 매우 비판적이며 낮은 자존감을 보인다면, 지금의 상황을 피해자가 아닌 생존자로 재해석하여 자기 스스로에게 위로와 격려를 할 수 있도록 돕는 것이 필요하다. 그 외에도 외상 후 성장 등과 같이 고통을 통해 얻을 수 있는 새로운 의미를 함께 찾아보는 것이 바람직하다.

3) 가해학생 상담

가해학생은 자신이 학교폭력 가해학생으로 지목된 것에 대해 당황스러움, 미안함, 불안함, 분노 등의 부정적 정서에 노출될 수 있다. 이 과정에서 피해학생의 피해에 대해 평가 절하하기도 하고, 자신의 잘못이 아니라는 것을 주장하기 위해 비합리적인 논리를 사용하기도 한다. 이때 교사는 가해학생을 꾸짖기보다 가해학생의 부정적 감정을 잘 반영해 주면서 어떤 맥락에서 가해행동이 일어난 것인지 충분히 탐색한 후, 자신이 선택한 행동의 영향과 결과에 대해 구체적 정보를 제공해야 한다. 즉, 교사는 가해학생의 당황스러움과 불안, 억울함 등을 비난하지 않고 잘 들어주며, 가해학생이 저지른 구체적인 행동과 사실에 대한 정보를 확인하고, 무엇이 잘못된 행동인지 알려 주어, 폭력 행동을 긍정적으로 보지 않고 현실적으로 볼 수 있도록 도와야 한다. 또 추후 진행될 학교폭력 사안처리 절차를 안내하여 앞으로 진행될 상황을 예측할 수 있도록 도와야 한다.

어떤 가해학생들은 학교폭력 사안이 수면 위로 올라온 후 의기소침해지는 경향을 보이기도 한다. 예를 들어, 어떤 학생은 다시 사고를 치지 않기 위해 누구와도 말을 하지 않는 등 기존의 행동 양식과 다른 행동을 하고자 노력하며 점점 의기소침해진다. 그런데 갑작스럽게 행동을 바꾸려고 하다 보면, 이로 인한 스트레스가 쌓이게 되고 쌓인 스트레스는 다른 문제를 만들기도 한다. 따라서 적절한 속도로 꾸준하게 행동 변화가 일어날 수 있도록 격려하면서, 폭력행동의 발생에 영향을 미친 주요 요인을 교정할 수 있도록 돕는 것이 필요하다. 또 사람은 늘 새롭게 시작할 수 있음을 알려 주고, 삶의 위기에 직면할 수 있도록 용기를 북돋아 주어야 한다. 또한 가해학생이 사과할 의사가 있는지 확인하고, 사과를 희망하면 진심 어린 사과를 할 수 있도록 돕는 것이 필요하다. 만약 학교폭력 가해학생에게서 아동학대, 불안정 애착 등의 더 근본적인 원인이 파악된다면, 상담 전문가 및 전문기관의 도움을 받는 것이 효과적이다.

4) 학교폭력 관련학생 보호자 상담

학교폭력 관련학생의 보호자 중 피해학생의 보호자는 자신이 자녀의 힘듦을 늦게 알았다는 미안함과 후회, 자녀에 대한 안쓰러움과 걱정, 가해학생에 대한 분노, 학교에 대한 분노, 앞으로 이 일이 자녀의 삶에 오랫동안 영향을 줄지 모른다는 불안감 등으로 인해 불안정한 정서 상태를 보일 수 있다. 피해학생의 보호자뿐 아니라 가해학생의 보호자 역시 자신의 자녀가 저지른 행동에 대해 당황하고, 앞으로 이 일이 자녀의 삶에 오랫동안 영향을 미칠 것에 대한 두려움, 자신의 양육 방식에 대한 반성과 후회 등 부정적 감정에 노출된다. 이렇다 보니 학교폭력 관련학생의 보호자 상담을 진행하다 보면 보호자가 감정적으로 격양되어 분노나 불안을 표현하는 경우가 종종 있다.

학교폭력 관련학생의 보호자 상담을 할 때 교사는, 첫째, 보호자가 감정적으로 격양되더라도 동요하지 않고 침착하게 대응하는 것이 필요하다. 둘째, 학교에서 책임을 회피하는 태도, 학생과 가정의 책임으로 사안의 원인을 돌리는 태도, 사안을 축소하는 태도 등을 지양하고 공정하게 사안을 조사하여 학생을 지도할 것임을 보호자에게 알릴 필요가 있다. 셋째, 보호자의 심정을 충분히 공감하고 이해하며 경청한다. 넷째, 당사자의 개인정보(주소, 전화번호 등)를 당사자 동의 없이 상대방에게 알려 주지 않는다. 다섯째, 전담기구의 사안조사 내용을 알려 줄 수는 없으나 본인 자녀의 확인서는 열람 및 복사가 가능함을 알린다. 여섯째, 장애학생의 보호자가 장애로 인해 의사소통이 어려운 경우, 특수교육전문가 등의 참여를 통해 충분한 상담이 이루어질 수 있도록 한다. 일곱째, 다문화 학생(중도입국학생, 외국인학생 등)의 보호자가 한국어가 미숙하여 의사소통이 어려운 경우, 통역을 통해 충분한 상담이 이루어질 수 있도록 한다. 또 보호자가 가정에서 사안과 관련하여 자녀를 감정적으로 질책하거나 사안이 발생한 것에 대해 괴로워하는 모습을 자녀에게 보이지 않는 것이 필요하다고 알려 주는 것도 좋다.

전체적으로 상담 초반에는 부정적 감정을 충분히 토로할 수 있도록 돕고, 후반에는 문제해결을 위해 무엇을 해야 하는지에 초점 맞출 필요가 있다. 효율적으로 문제해결에 초점을 맞추려면 학교폭력 관련학생 및 보호자가 원하는 것이 무엇이고 어떠한 상태가 되기를 바라는지를 파악해야 한다. 만약 학교폭력 관련학생의 보호자가 자신이 원하는 것을 표현하지 못한다면, 질문을 통해 구체적으로 원하는 것이 무엇인지 탐색할 필요가 있다.

학교폭력에 관련된 가해학생, 피해학생, 목격학생 모두 학교에서 선도하고 보호해야 하는 학생이다. 학교폭력 사안이 발생하지 않았다면 좋았겠지만 이미 발생하였다면, 이 사안을 통해 관련학생들이 보다 책임감 있는 삶, 자신을 보호하는 당당한 삶이 무엇인지 생각해 보게 하고 이를 통해 성장할 수 있도록 교육하고 지도하는 것이 바람직하다 할 수 있다.

이 장에서는 학교폭력 관련학생을 상담할 때 주안점, 피해학생·가해학생·관련학생의 보호자 상담에서 다루어야 할 내용, 주의해야 할 점에 대해서 살펴보았다.

💡 교육적 시사점

학교폭력이 발생하면 관련학생 및 보호자 모두 극심한 스트레스를 느끼고 예민해진다. 이 장에서는 교사들이 학교폭력 관련학생 및 보호자와 상담할 때 주의할 점에 대해 살펴보았다. 그 외 교사들이 상담 상황에서 주의해야 할 점은 다음과 같다.

첫째, 학교폭력에 대한 개념을 명확히 알고 있어야 하며, 공감은 자신의 앞에 있는 대상에게만 진행해야 한다. 예를 들어, 피해학생 보호자와 상담을 하다가, "피해학생이 전혀 책임 없다 할 수는 없어요. 이 친구가 사회성이 너무 없는 것도 피해를 보게 된 원인이기도 하거든요."라고 한다면, 교사의 이 말은 피해학생 보호자 앞에서 피해학생 보호자의 마음을 공감하는 것이 아니라, 엉뚱하게 가해학생의 마음에 공감하고 있는 것이다. 또 학교폭력에 대한 개념도 명확히 인식하고 있지 않음을 여실히 드러내고 있다.

둘째, 중재는 적절한 때에 실시해야 한다. 교사가 가해학생과 피해학생을 모두 알고 있을 때 중재를 하고 싶은 마음이 드는 것은 당연한 일일 것이다. 중재 또한 중요한 조치이다. 그러나 중재 시기가 적절하지 않으면 엉뚱한 문제가 발생한다. 만약 학교폭력 관련학생 및 보호자가 중재를 아직 염두에 두지 않았는데, 교사가 먼저 서툰 중재를 시작하려 하면 양쪽 보호자에게 사안을 은폐하는 것 아니냐는 의심을 살 수 있다. 예를 들어, 교사가 피해학생 보호자에게 "아이들이 이제 고3이니, 서로 적당히 화해하는 것이 낫지 않겠습니까? 대학은 가야 하지 않겠습니까?"라고 할 때, 이 말은 자연스럽게 받아들여질 수도 있고 아닐 수도 있다. 만약 관련학생 및 보호자가 사안처리 과정에서 충분히 자신들의 마음을 표현하고 공감받았으며, 각자 원하는 것이 무엇인지 명확하게 이야기했고, 일이 잘 해결되리라 믿음이 있었다면, 이러한 말은 문제가 없을 것이다. 그러나 아직 어떤 상황인지도 명확하지 않고, 일이 공정하게 잘 해결되리라 믿음이 없는 상태라면 교사가 은폐를 주도한다는 오해를 살 수도 있다.

셋째, 가정의 책임으로 돌리면 안 된다. 비록 가정이 아동·청소년의 문제행동에 미치는 영향이 적지 않다 할지라도, 이 부분은 매우 민감하게 다루어져야 한다. 학생들은 다양한 환경에서 성장하다 일정 연령이 되면, 학교에서 공동생활을 한다. 비록 가정에서 기본적인 사람됨과 성격, 습관의 바탕이 형성된다고 하더라도 학교에서의 공동생활을 지도할 책임과 의무는 교사에게 있다. 예를 들어, "이렇게 된 것은 여러 이유가 있겠지요. 아이들의 행동에 가정의 영향이 절대적인데, 가족 간에 대화가 별로 없으신 것 같더라구요."와 같은 이런 말은 매우 불필요하고, 학교의 책임을 부인하는 말이라 할 수 있다.

제8장
학생의 정서·행동발달에 대한 이해와 교육

이 장에서는 학생의 정서·행동발달을 포함한 전반적인 발달에 대해 살펴보고, 학교폭력에 영향을 미칠 수 있는 학생의 정서·행동적 문제행동에 대한 이해와 이에 대한 대처 방법에 대해 알아본다. 이 장에서 학교폭력과 관련하여 단위학교에서 실시되고 있는 학생정서·행동특성검사에 대해 알아보고 학생의 정서·행동문제로 스트레스, 우울과 자해, 불안, 품행장애와 비행에 대해 살펴본다.

학습목표

• 학생의 정서·행동발달문제에 대해 설명할 수 있다.
• 스트레스 다루기와 아동·청소년의 우울에 대해 진술할 수 있다.
• 아동·청소년의 자해와 자살, 불안, 품행장애와 비행에 대해 설명할 수 있다.

생각해 보기

　경력 5년차 이 선생님은 중학교 2학년 담임선생님이다. 이 선생님은 남다른 열정으로 교단에서 아이들과 만나며 하루 하루 생기 넘치는 일상을 살고 있었다. 그런데 요즘 출근길을 생각하면 마음이 무겁다. 이 선생님이 출근을 하면, 어김없이 건국이가 교무실로 내려오기 때문이다. 이런 일상은 3월에 반이 배정된 이후 계속되고 있었다. 처음 건국이가 교무실로 왔을 때, 이 선생님은 건국이에게 무슨 일이 있는지 걱정이 되어 잘 들어주었다. 건국이는 학급에서 아이들이 자신을 흉보고 공격할 것 같아 교실이 불편하다 했다. 이 선생님이 건국이에게 구체적으로 무슨 일이 있었는지 물어보니 구체적으로 발생한 일은 없다고 하였다. 그러나 건국이는 같은 반 아이들이 자신을 보면서 뒷담화하는 것 같고, 그런 일들이 생기면 초등학교 때부터 괴롭힘을 받아 왔기 때문에 무섭다고 말했다. 그리고 건국이는 학급 아이들의 뒷담화에 대한 근거로 자신을 쳐다보는 아이들의 눈빛과 웃음을 들었다.

　건국이의 이야기를 듣고, 이 선생님은 학급 내 괴롭힘에 대한 무기명 설문조사를 긴급하게 실시하였고, 몇 명의 아이들과는 따로 면담하며 상황파악을 시작하였다. 이 선생님이 상황을 파악해 보니, 학급 내에서 괴롭힘은 없었고, 오히려 건국이가 학급 아이들과 대화하려 하지 않고 혼자 있으려 한다는 사실을 알게 되었다.

　우선 이 선생님은 건국이에게 걱정하는 일은 없을 것이니 안심하라고 이야기하고, 학급에서 학교폭력 예방교육도 수시로 진행하였다. 그리고 몇 명의 아이들에게 건국이를 조용히 좀 더 잘 챙겨 주라고 부탁하였다. 그 뒤로 건국이는 아이들과 가까워진 것 같았다. 그런데 시간이 지나자 상황은 예전으로 되돌아가 버렸다. 확인해 보니, 학급 아이들은 건국이에게 말을 걸어 봐야 대화가 되지 않아 재미가 없다고 한다. 이 선생님은 학급 아이들이 보여 준 그간의 노력을 알기 때문에 학급 아이들에게 더 애써 달라 적극적으로 부탁하기 어려웠다. 이후에도 건국이는 여전히 학급이 안전하다고 믿을 수 없다며 교무실을 피신처 삼아 쉬는 시간마다 나타났다.

　오늘은 건국이가 너무 우울해서 자해했다며, 손목의 자해 흔적을 보여 준다. 건국이는 자해를 하면 우울한 생각이 멈춘다고 한다. 이 선생님은 이제 무엇을 더 해야 하는지 알 수가 없어서 가슴이 답답하고 한숨만 나온다.

1. 학생의 정서 · 행동발달

이 장에서는 학교폭력과 관련된 학생의 정서 · 행동발달에 대해서 살펴본다. 인간은 태어나면서 사망할 때까지 자신과 세상의 변화에 적응하며 살아간다. 발달이란 신체, 정서, 지능 등이 성장하거나 성숙하게 되는 것을 말하는데, 각 발달 영역들이 서로 영향을 주고받으며, 일정한 방식을 가지고 일정한 순서로 일어난다. 인간의 발달은 신체적 발달, 인지적 발달, 심리사회적 발달의 세 영역으로 구분될 수도 있고(유형근 외, 2019), 신체발달, 인지발달, 사회적 발달, 성격발달, 정서 및 언어발달 등으로 구분할 수도 있다(이수원 외, 2002).

1) 학생의 정서 · 행동특성검사

학생의 정서 · 행동 행태를 파악하고자, 2006년 「학교보건법」이 개정되며 2013년부터 전국의 초등학교 1학년, 초등학교 4학년, 중학교 1학년, 고등학교 1학년 전체에게 학생정서 · 행동특성검사가 실시되고 있다(교육부, 2021). 초등학생들에게 실시되는 학생정서 · 행동특성검사는 CPSQ-II(Child Personality and Mental Health Screening Questionnaire, Second Version)로, 정서 · 행동문제요인을 집중력 부진, 불안/우울, 학습/사회성 부진, 과민/반항성으로 유형화하고 있으며, 그 외 학교폭력 피해, 부모자녀관계 문항 등이 추가되어 실시되고 있다. 중학생과 고등학생들에게 실시되는 학생정서 · 행동특성검사는 AMPQ-III(Adolescent Personality and Mental Health Problems Screening Questionnaire, Third Version)인데, AMPQ-III는 정서 · 행동문제를 심리적 부담, 기분문제, 불안문제, 자기통제부진으로 유형화하고 있으며, 이외에 학교폭력 피해와 자살 관련 문항 등이 포함되어 있다. 단위학교는 이 검사들의 결과를 토대로 관심군을 선별하고, 선별된 학생들을 외부 전문기관에 연계하고 있으며, 관심군 학생을 대상으로 월 또는 분기별로 1회 이상 학교 내 상담을 진행하고 있다(교육부, 2021).

이 장에서는 발달 전반에 대한 논의보다 학생들의 정서 · 행동문제에 초점을 맞추었고, 학생정서·행동문제를 스트레스, 우울, 자해·자살, 불안, 품행장애와 비행으로 한정하여 그 내용에 대해 살펴보았다.

〈표 8-1〉 CPSQ-Ⅱ, AMPQ-Ⅲ의 하위유형 및 내용

초등학생	
CPSQ-Ⅱ	
(Child Personality and Mental Health Screening Problems Screening Questionnaire, Second Version)	
유형	내용
개인 성격특성	내적: 성실성, 자존감, 개방성 외적: 타인이해, 공동체 의식, 사회적 주도성
위험문항	학교폭력 피해
외부요인	부모자녀관계
정서·행동 문제요인	집중력부진: 주의력결핍, 과잉행동장애(ADHD), 품행장애
	불안/우울: 불안장애, 우울증, 심리적 외상 반응, 신체화 성향, 강박 성향
	학습/사회성부진: 언어장애 및 사회적 의사소통장애, 학습장애, 지적장애, 자폐스펙트럼장애, 강박성향 등
	과민/반항성: 우울증, 기분조절장애, 반항장애, 품행장애
기타	전반적 삶의 질, 상담경험, 지원 선호도

출처: 황준원 외(2016), 교육부(2021).

중·고등학생	
AMPQ-Ⅲ	
(Adolescent Personality and Mental Health Problems Screening Questionnaire, Third Version)	
유형	내용
개인 성격특성	내적: 성실성, 자존감, 개방성 외적: 타인이해, 공동체 의식, 사회적주도성
위험문항	학교폭력 피해
	자살관련: 자살사고, 자살계획
정서·행동 문제요인	심리적부담: 자해, 자살, 학교폭력 피해, 피해의식, 관계사고, 반항성향, 폭식
	기분문제: 우울증, 기분조절장애, 조울증 등의 기분장애, 신체화 성향, 강박 성향

정서·행동 문제요인	불안문제: 시험 및 사회적 상황 등에 대한 공포증, 강박성향, 심리적 외상 반응, 환청, 관계에 대한 사고
	자기통제부진: 학습부진, 주의력결핍 과잉행동장애, 품행장애, 인터넷 또는 스 마트폰 중독
기타	전반적 삶의 질, 상담경험, 지원 선호도

출처: 황준원 외(2016), 교육부(2021).

2. 아동·청소년의 문제행동 이해

이 절에서는 아동·청소년의 문제행동을 이해하기 위해 스트레스, 우울, 자살과 자해, 불안, 품행장애와 비행에 대해 기술하였다.

1) 스트레스

스트레스는 신체 생리의 항상성에 과도한 부담을 주어 두려움이나 불안감을 유발하는 내외 자극을 총칭하는 용어로(오경기 외, 2020), 적응하기 어려운 상태에 처했을 때 느끼는 심리적 신체적 긴장 상태를 의미한다(이수원 외, 2002). 즉 스트레스는 자극을 일컫기도 하고, 그에 대한 반응을 일컫기도 하는 용어이다.

스트레스를 발생시키는 요인은 일상적 문제, 삶의 변화, 압력, 좌절, 재난적 사고 등이라 할 수 있다. 학생의 경우로 한정하여 예를 들어 보면 다음과 같다. 일상적 문제는 공부, 외모, 진로 선택, 친구 관계, 신체적 건강, 정신적 건강, 용돈 부족, 가정 문제, 이성 문제 등이다. 일상적 문제는 재앙적 사고에 비해 사소할지 몰라도 해소되지 못하고 누적되면 정신건강에 심각한 문제를 일으킬 수 있다.

삶의 변화란 가족의 사망, 부상이나 질병, 학교의 전학, 가족이나 친구들의 변화 등과 같은 큰 사건들을 말한다. 압력이란 행동 방식에 대한 기대와 요구로 인해 심리적 압박감을 느끼는 것을 말하는데, 다른 사람의 기대에 부응하려는 압력은 외부 압력이라 하고, 개인적인 포부나 욕심 혹은 자존심 유지 등 개인적 기대와 관련된 압력을 내부 압력이라 한다.

좌절은 우리가 하려는 것을 하지 못했을 때 느끼는 감정으로, 대부분의 사람은 거의 매일 크고 작은 좌절을 경험한다. 예를 들어, 교통 체증으로 약속 시간에 늦거나, 화장실에 줄을 서고 있는데 줄이 빨리 줄어들지 않을 때 좌절을 느낄 수 있다.

재난적 사건이란 외상적 사건을 말하는데, 지진과 같은 자연 재해, 대형 참사, 대규모 교통사고, 범죄의 피해자가 되는 것 등을 말한다(곽호완 외, 2019). 이런 외상적 사건을 경험하게 되면 외상 후 스트레스장애가 발현될 수도 있다.

그런데 동일한 사건을 겪었음에도 어떤 사람은 갈수록 적응력이 저하되고, 어떤 사람은 그럭저럭 회복되어 자기 삶을 살아 내기도 하며, 어떤 사람은 오히려 적응력이 더 좋아지기도 한다. 즉, 동일한 사건임에도 사람에 따라 반응의 정도가 달라질 수 있는데, 이처럼 자극에 대한 반응의 강도에 영향을 미치는 변인을 조절변인이라 한다.

스트레스 조절변인으로는 사회적 지원, 대처 등이 제안되고 있다(조정호, 권순일, 1998). 사회적 지원이란 자신의 스트레스를 믿을 수 있는 누군가와 대화할 수 있는가, 문제 상황을 이해하고 극복하는 데 도움을 받을 수 있는 타인이 존재하는가를 말한다. 사회적 지원이 많을수록 스트레스에서 빨리 벗어나 적절히 현실에 적응해 나갈 수 있다. 대처란 개인의 자원을 초과하는 내외의 요구를 관리하는 과정을 뜻하는데, 스트레스 상황을 해롭거나 위협으로 인식하기보다 도전으로 인식할 때 스트레스에 더 잘 대처할 수 있다.

스트레스 대처 방식은 크게 문제 중심 대처방식과 정서 중심 대처방식으로 구분할 수 있는데(서미, 이자영, 2012), 문제중심 대처방식은 스트레스를 유발하는 요인에 변화를 주어 문제를 해결하고자 하는 과제 지향적 행위라 할 수 있고, 정서 중심 대처란 스트레스 상황에서 발생하는 부정적 정서 상태를 조절하려는 시도라고 할 수 있다. 포사이스와 콤파스는 통제할 수 있는 스트레스 상황에서는 문제중심 대처가 우울 증상을 줄이는 데 효과적이고, 통제할 수 없는 스트레스 상황에서는 정서중심 대처가 우울 증상을 줄이는데 더 효과적이라고 보고하였다(Forsythe & Compas, 1987).

스트레스를 극복하기 위한 방안으로는 '생각 바꾸기' '이완 훈련' '생활 속의 지혜'를 들 수 있다(곽호원 외, 2019). 첫째, '생각 바꾸기'란, 예를 들어 스트레스 자극을 부정적으로 인식하기보다 생산적이고 의미 있는 경험이라고 생각을 바꿔 보는 것을 말한다. 또 부정적 생각이 지속적으로 떠오를 때 마음속으로 '그만'이라고 외치고, 지금 당장 해결할 수 없는 일에 대해서 생각을 접는 것, 긍정적인 자기암시를 해 보는 것도 생각 바꾸기의 일종이라 할 수 있다. 둘째, 스트레칭, 명상 등과 같이 '이완 훈련'을 하는 것이다. 명상이 낯설게 느껴지면, 몇 분간 복식호흡을 하면서 몸과 마음을 편안하게 이완시키면 긴장, 피로, 불안감, 짜증, 화 등을 다스리는 데에도 도움이 된다. 셋째, '생활 속의 지혜'란 적절한 수면, 무리하지 않는 운동, 신선한 과일 및 야채를 섭취하는 등 좋은 식단을 유지하는 것, 잘 웃고 힘들면 울기 등의 행동을 하는 것이다.

2) 우울

학교폭력 관련 학생은 우울, 자살 사고, 자해 등을 경험할 가능성이 높다고 알려져 있다(김혜원, 임광규, 임동훈, 2013, 홍세희, 정송, 노언경, 2016). 누구나 가까운 사람의 죽음을 경험할 때, 목표를 달성하기 위해 열심히 노력하였으나 실패할 때, 누군가에게 부당한 침해를 당했을 때 등과 같은 상황에서 자연스럽게 우울감을 느낀다. 그리고 일정 시간이 흐른 후 대부분 다시 평상시 정서 상태로 돌아오고, 또 새로운 일상을 살아간다. 이처럼 슬픈 상황, 좌절 상황 후에 일시적으로 경미한 우울을 느끼는 것은 정상적이며 자연스러운 일이다.

그러나 어떤 사람은 우울한 상태에서 회복되지 못하고, 전문적인 치료를 받아야 하는 병적인 우울 상태로 악화되기도 하는데, 이런 경우를 우울장애라 한다(권석만, 2011). 우울장애란 슬픔, 공허감, 과민한 기분, 짜증스러운 기분을 느낄 뿐 아니라 개인의 기능 수행 저하를 유발하는 신체적 · 인지적 변화가 동반되는 상태를 말한다.

우울장애는 몇 가지 유형으로 구분되는데, 이 중 학생 이해에 도움이 되는 내용을 살펴보면 다음과 같다.

첫째, 정신병적 우울과 신경증적 우울으로 나누어 볼 수 있다. 정신병적 우울은 정신병적 양상인 망상이나 환각 증세가 나타나고, 현실 검증력이 떨어지며, 일상에서 기능장애가 나타나는 경우를 말한다. 신경증적 우울은 심리적 고통을 호소하기는 하지만 일상에서 기능 수준이 크게 떨어지지 않는 상태를 말한다. 만약 초, 중, 고등학교에 걸쳐 매 학교급이 바뀔 때마다 반복적으로 학교폭력 피해를 장기적으로 당한 학생이 있다고 가정해 보자. 이 학생이 새로운 학년이 되어 우울감과 함께 자신을 비웃는 환청이 들린다고 한다면 약물치료를 고려해 보는 것이 바람직하다 할 수 있다.

둘째, 지체성 우울과 초조성 우울로 나누어 볼 수 있다. 지체성 우울이란 에너지 수준이 저하되고 가능한 행동을 하려 하지 않으며 의욕이 감소된 상태를 말한다. 반면, 초조성 우울이란 초조와 흥분이 두드러지게 나타나는 우울로, 쉽게 흥분하거나 싸움을 하려 하며, 지속적으로 과민하고, 화가 나 있는 상태를 말한다. 초조성 우울은 갱년기나 아동의 우울에서 많이 나타난다. DSM-5(Diagnostic and Statistical Manual of Mental Disorders Fifth Edtion)에서 12세 이상의 아동의 우울장애에 '파괴적 기분조절부전장애'가 추가되었는데, 파괴적 기분조절부전장애는 고도의 지속적 과민성을 특징으로 한다(안창일 외, 2019). 파괴적 기분조절부전장애의 두 가지 특징은 빈번한 분노 발작을 보이는 것, 분노발작 사이에 만성적이고 지속적으로 과민한 또는 화난 기분을 느끼는 것이다. 만약 과민하고 화가 난 학교폭력 가해학생이 있다면, 가해행동에 대한 선도조치 외에 우울한지에 대해 전문가의 확인이 필요하다(APA, 2015).

3) 자해와 자살

교사는 우울 외에 학생의 자해에 대해서도 관심을 가질 필요가 있다. 일반적으로 자해는 자살에 선행하는 주요한 요인으로 알려져 있다(김화정, 송현주, 2019). 자해란 스스로 자신의 신체에 의도적이고 반복적으로 위해를 가하는 것으로(이동귀, 함경애, 배병훈, 2016), 그 목적이 자살인지 아니면 정서조절인지에 따라 자살행동과 비자살적 자해(자살 의도가 없는 자해)로 구분할 수 있다.

자살행동은 자신을 죽음에 이르게 할 수 있는 자발적인 일련의 행동을 말하며, 핵심 징후는 자살을 시도하는 것이다. 반면, 자살 의도가 없는 자해는 부정적 정서나 부정적 인지 상태로부터 벗어날 목적으로 또는 대인관계의 어려움을 해소하기 위해 자해하는 것을 말한다. 그러면 자살 의도 여부는 어떤 기준으로 변별할 수 있을까? 자살 의도의 여부는 자살 의도가 없다는 것을 스스로 이야기하거나, 반복적인 자해행동을 하더라도 죽음에 이르지는 않을 것이라는 것을 스스로 알고 있거나, 도중에 알게 되었다고 추정할 수 있는가에 따라 변별될 수 있다(APA, 2015).

비자살적 자해를 할 때 이용되는 상해의 도구는 칼, 바늘, 면도날, 담배, 송곳, 가위, 날카로운 도구들인데, 빈번하게 자해행동을 하게 되면 중독과 같은 급박감과 갈망을 느낄 수 있어서 습관화될 가능성이 높다. 자해행동의 빈도와 정도가 심하게 되면 더 심한 정신병리를 경험할 수 있으며 자살 위험이 높아진다고 보고되고 있다(Whitlock, Muehlenkamp, & Eckenrode, 2010). 따라서 자살행동 못지않게 자해에 대해서 교사의 관심이 필요하다.

학습이론에서는 비자살적 자해행동을 하는 이유를 정적 또는 부적 강화로 설명한다. 즉, 자해한 후, 부정적이고 혐오적인 생각과 정서가 제거 또는 완화되거나 원하지 않는 사회적 상황이나 책임을 회피할 수 있는 이득을 취하게 되는 것은 부적 강화로 설명될 수 있고, 자해를 통해 원하는 강렬한 자극을 느끼거나 주변의 관심을 얻어 관계를 조종하는 이득을 취하게 되는 경우는 정적 강화로 설명될 수 있다.

자해하는 위기 학생을 지속적으로 돌보는 데 도움이 되는 이론 중 하나가 자해행동에 대한 단계별 관리 모델이다(Walsh, 2019). 이 이론에 의하면, 비자살적 자해를 발견할 때 교사는 자신의 행동이 우연하게 2차 강화를 하게 되지 않도록 주의해야 한다. 2차 강화란 1차 강화 이후에 나타나는 강화로, 예를 들어 자해를 했다고 고백했더니 교사와 다른 학생들에게서 이전과 달리 따뜻한 많은 관심을 받게 되었고, 그것이 즐거웠다면 '교사와 다른 학생들의 따뜻한 관심'은 2차 강화이다. 1차 강화란 자해행동으로 받게 되는 첫 강화를 말하는데, 예를 들어 자해행동을 하여 부정적 생각이 멈추어 편안함을 느꼈다면 1차 강화는 부정적 생각의 멈춤과 편안함이다. 그러므로 교사는 학생의 자해를 발견한 후 과도하게 지지하거나 공감을 하거나 적대적으로 비난을 하지 않는 것이 좋다. 이런 행동은 자해 학생에게 즉각적인 만족감과 희열, 혹은 수치심과 부끄러움을 주게 되어 문제해결을 방해할 수 있다. 따라서 교사는 차분하고 감정적이지 않은 태도로 학생을 만나야 한다.

또 자해와 자살은 차이가 있으므로, 자살이라는 단어의 사용을 자제하며, 학생이 사용한 단어를 사용하는 것이 바람직하다. 예를 들어, "손을 그었다"라고 표현하는 학생과 이야기할 때는 "자살행동"으로 표현하지 않고 "손을 그은 행동"이라고 표현하는 것이 좋다. 또 극도의 걱정이나 놀람, 비난을 표현하지 않고 차분하고 절제된 정중한 호기심 어린 태도로 학생의 자해 선택에 대해 더 알고 싶음을 표현하여 자해의 선택과 이유에 대해 탐색하는 것이 필요하다. 이때 중요한 것이 비판단적 연민의 태도이다. 비판단적 연민이란 상대의 행동이나 감정을 자신의 잣대로 평가하지 않으면서 상대를 공감하고 따뜻하게 수용하는 태도를 말한다. 자해행동은 심리적으로 힘들다는 표현이므로 학생과 학부모에게 전문가의 도움이 필요함을 알리고, 학교 내 위클래스, 교육청의 위센터, 시군구의 정신건강증진센터, 병의원 등에 연계·의뢰하는 것이 필요하다.

4) 불안

사람은 누구나 불안을 느낀다. 불안은 위험에 대비하라는 생리적 징표이기 때문에 현실에 기반한 적절한 불안은 적응에 도움이 된다고 할 수 있다. 그러나 불안이 과거의 상처로 인해 현실을 잘못 해석하여 촉발된 것이라면, 불안은 적응을 방해하게 된다. 이 병리적인 상태가 될 때 불안장애라 할 수 있는데, 주된 증상은 불안과 공포이다(APA, 2015). 불안장애의 원인은 이론에 따라 의식으로 떠오르려는 무의식적 충동의 억압, 학습, 비합리적인 사고, 생물학적 소인 등으로 본다.

불안장애가 있는 사람은 앞으로 닥칠 위험한 상황을 해결할 수 없고 피할 수도 없을 것이라고 끊임없이 생각하며, 신체적으로는 긴장하고, 인지적으로는 위협을 지속적으로 반추하며, 정서적으로는 근심하고 걱정한다. 사람은 불안하면 신체적·생리적으로 과잉각성되고, 근육의 긴장이 발생하며, 교감 신경이 활성화되어 심장이 빨리 뛰고, 호흡이 빨라지는 등 신체적 변화가 일어난다. 때로는 미래의 위험에 대해 준비하고 조심하게 하는 것을 넘어서 회피 행동을 하게 된다. 회피 행동을 하게 되면 불안 수준이 전반적으로 감소하게 되는데(APA, 2015), 이로 인해 불안한 사람은 자신의 잘못된 해석인 인지적 왜곡을 바로잡지 못하게 된다.

물론 모든 불안이 전혀 도움이 안 되는 것은 아니다. 만약 현실에 분명한 위험이 존재한다면, 적절한 불안은 미래에 발생할 위기에 미리 잘 대비할 수 있게 해 준다. 그러나 현실에 근거하지 않는 과도한 예측으로 인해 발생되는 불안은 적응에 방해된다. '생각해 보기'의 건국이로 예를 들면, 학급 아이들이 자신을 뒷담화하고 공격하는 위험 상황이 다가올 것이라 예측하여, 끊임없이 학교폭력을 당하는 상황을 반추하고, 이런 상황이 벌어지면 속절없이 당할 수밖에 없음에 대해 근심하고 걱정하고 있다. 그러다 보니 더 예민해져서 아이들의 웃음소리에도 불안해지게 된다. 하지만 학급 아이들이 웃는 것은 건국이와 상관이 없는 일이었고, 건국이는 잘못된 해석으로 인해 신체 긴장도가 높아지고 예민해져서 교실에 있는 것이 불편해져 버렸다. 이후 건국이가 교실을 벗어나 교무실로 오게 되면서, 동급생들과 관계를 회피할 수 있게 되어 불안은 낮아졌지만, 안타깝게도 건국이는 학급 친구들이 자신을 비웃고 공격하려 한다는 자신의 해석을 검증하지 못하게 된다.

불안이 적응을 해치는 정도에 이르면 정신건강 전문가의 도움을 받아야 한다. 교사로서 학생에게 도움을 줄 수 있는 방법을 찾아본다면, 학생의 이야기를 잘 공감하며 들어주고, 불안한 상태가 될 때에는 심호흡을 하도록 하는 것, 비교적 안전한 상태에서 스스로 예측한 위험상황이 정말 발생하는지 관찰해 보는 것, 나비포옹법 등을 활용하여 '괜찮다'라고 스스로 위로하는 법을 알려 주는 것이다.

5) 품행장애와 비행

학교폭력 가해학생 중 이미 보호관찰을 받고 있거나 경찰서에서 자주 수사나 조사를 받아도 별다른 죄책감을 보이지 않는 학생들이 있다. 이런 학생들은 품행장애일 가능성이 높은데, 품행장애란 반사회적, 공격적 행위를 반복적이고 지속적으로 하여, 사회적, 학업적, 직업적 기능에 중대한 지장을 초래한 경우를 말한다. 비슷한 개념으로 비행이 있다. 비행은 법적인 개념으로 정신의학 용어인 품행장애와 비슷한 개념이다. 비행의 유형으로는 지위비행과 범법행동이 있다. 지위비행이란 청소년이라는 지위에서 사회규범이나 도덕적 관습에 허용되지 않는 행동을 하는 것, 범법행동이란 실정법(소년법, 형법 등)을 위반하는 행동을 하는 것을 말한다. 비행행동이 품행장애로 진단되기 위해서는 최소한 6개월 이상 사회적으로 용납할 수 없는 행위를 습관적으로 범해야 한다(안창일 외, 2019).

비행행동의 원인을 설명하는 이론으로는 긴장이론, 학습이론, 통제이론, 개인특성이론이 있다(이종원 외, 2016). 좀 더 살펴보면, 긴장이론에서는 청소년의 비행이 부모 학대, 성적부진, 학교폭력, 학교부적응과 같은 스트레스나 압력요인에 의해 유발된다고 본다. 학습이론에서는 비행친구 교제, 폭력매체 노출, 조직폭력 우상화, 잘못된 사회화와 같이 왜곡된 가치와 행동을 학습하다 보니 비행 행동에 가담한다고 본다. 통제이론 연구자들은 부모의 애정결핍, 교사의 무관심, 참여 활동의 부족, 미흡한 사회감시와 같이 억제요인의 결핍이 청소년 비행의 원인이라고 본다. 개인특성이론 관점에서는 낮은 자아탄력성, 낮은 자존감, 왜곡된 인지행태, 사회적 위축과 같은 요인이 청소년 비행의 원인이라고 주장한다.

비행행동이 습관적으로 일어날 때 품행장애라 하는데, 품행장애의 원인은 생물학적, 심리사회적 요인 등이 복합적으로 영향을 주고 받으면서 발생한다. 품행장애의 위험요인으로는 까다롭고 통제하기 어려운 기질, 낮은 지능, 부모 형제의 품행장애 유병력, 부모의 심한 알코올 사용, 부모의 우울장애 및 양극성장애, 부모의 조현병, 낮은 사회경제적 지위, 아동학대 경험, 무질서한 가정환경, 비일관적인 부모의 양육, 부모 불화, 가족 내 도덕이나 양심 형성에 대한 교육 부재 등이다.

품행장애 학생은 여러 형태로 공격적 행동을 보이는데, 약자를 괴롭히거나, 친구에게 잔인한 행동을 하거나, 어른에게 욕하고 반항적이고 적대적인 행동을 하거나, 동물에게 잔인한 행동 등을 한다. 게다가 이런 행동을 숨기려 하지도 않는다. 품행장애 학생들은 이기적이고 타인의 느낌, 욕구, 안녕에 관심이 없으며, 죄책감, 후회도 없고, 문제가 생기면 남 탓을 한다. 이들은 다른 사람과 사회적 애착 관계를 형성하지 못하여 깊이 있는 사회적 관계를 형성하지 못하고 가까운 친한 사람이 있다고 하더라도 피상적인 관계를 맺는다. 심각하게 규칙을 위반하고 부모의 통제를 받지 않으며, 타인의 재산을 고의로 파괴하거나 손상을 입히고, 거짓말도 잘한다. 품행장애 학생들은 자신의 부정적 행동을 감추고 부인하며, 모호한 상황에서 타인의 의도를 적대적이고 위협적으로 잘못 해석하는 일이 빈번하기 때문에 자신의 공격 행동이 합리적이고 정당하다고 생각하는 경향이 있다. 또 품행장애 학생들은 좌절에 대해서 잘 견디지 못하고 과민하며, 무모한 면이 있어서 부정적 감정과 자기조절 실패가 흔히 동반된다. 그래서 품행장애를 앓고 있는 학생들은 폭발적으로 분노 행동을 보이고, 타인에게 공격적인 행동을 할 가능성이 높다.

DSM-5에서는 품행장애를 발병 나이에 따라 10세 이전에 발병하는 아동기 발병형과 10세 이후에 발병하는 청소년기 발병형으로 구분하고 있다. 예후는 아동기 발병형이면서 다양한 증상을 보일 때 더 나쁘다. 반면, 청소년기 발병형이면서 증상이 경미한 경우는 대부분 성인기가 되면 증상이 사라지고 사회적·직업적 적응에 큰 문제를 보이지 않을 수 있다. 학교폭력 가해학생이 품행장애로 의심된다면, 단순히 학교의 교육만으로는 학생을 선도하기 어렵다. 이때는 전문기관의 도움을 받아서 학생이 심리적으로 건강해질 수 있도록 도와야 한다.

이 장에서는 학생의 정서·행동발달을 선별하기 위해 교육부에서 초1, 초4, 중1, 고1에게 전수로 검사를 실시하는 정서·행동특성검사(CPSQ-II, AMPQ-III)와 선별된 학생들에 대한 학교의 역할과 책임에 대해 살펴보았다. 그리고 학교폭력과 관련이 있다고 여겨진 스트레스, 우울, 자해와 자살, 불안, 품행장애와 비행에 대해서도 살펴보았다.

| 🔆 **교육적 시사점** |

　현대는 역사상 과거 어느 때보다 물질적으로 풍요로운 시대이다. 반면, 정서를 조절하지 못함으로 인해 심각한 문제가 빈번히 발생되고 있다. 가히 '풍요 속의 빈곤한 정신'의 시대라 할 수 있겠다. 이런 시대의 흐름은 학생들의 심리적 건강과 정서·행동문제에 영향을 주어, 정서 조절과 이로 인한 행동 문제로 인하여 어려움에 처해 있는 학생이 늘어나고 있다. 우리는 과거 어느 때보다 학생들의 심리적 건강에 대한 학교의 책무성이 커지고 있는 시대에 살고 있다 할 수 있겠다. 이 장에서는 학교폭력과 관련 있는 학생 정서·행동 문제로 스트레스, 우울과 자해, 불안, 품행장애와 비행에 대해 살펴보았다.

　교사로서 정서·행동 측면에서 어려움을 겪는 학생을 돕는 방법으로 우선 학생이 자신의 정서를 잘 인식하도록 교육하는 것이 필요하다. 또 정서조절을 위해 부정적 정서가 발생할 때 의식적으로 부교감신경을 활성화하는 명상이나 호흡법 등을 이용하도록 돕고, 자기 생각에 인지적 왜곡이 있는지 살펴보는 방법을 알려 주어야 한다.

　하지만 학생들의 정서·행동문제는 복잡한 심리사회적 요인들에 의해 발생되므로, 일선 교사가 교육만으로 해결하기 어렵다. 학교와 가정 그리고 관련 전문기관이 유기적인 협력을 통해 학생에게 집중적인 도움을 주어야 변화를 이끌어낼 수 있다. 따라서 교사는 학교폭력 관련 학생들이 병리적인 어려움을 가지고 있는 것으로 판단된다면, 학교의 위클래스 및 지역교육청의 위센터 등과 연계하여 학생들의 문제가 잘 해결될 수 있도록 도와야 한다.

제9장
인성교육과 사회정서학습

　이 장에서는 학교폭력 예방을 위한 교육적 접근으로서 인성교육과 사회정서학습을 소개한다. 인성교육은 가치와 덕목, 역량의 정의와 특성을 중심으로 다루며, 사회정서학습은 사회정서역량을 향상하기 위한 교육과 학습에 초점을 맞춘다. 또한 인성교육과 사회정서학습의 예시로서 우리나라 고등학생을 대상으로 이루어진 교육 프로그램을 소개하고 그 효과 등에 대해 간략하게 다루고자 한다. 마지막으로, 학교폭력 예방을 위하여 인성교육과 사회정서학습의 교육적 활용방안과 시사점을 논의한다.

학습목표

- 인성교육의 정의와 주요 내용을 이해한다.
- 사회정서학습의 목표와 하위요인의 내용을 이해한다.
- 인성교육을 위한 구체적인 교육방법과 실천전략을 설명한다.
- 사회정서학습을 향상시키기 위한 교육 프로그램을 구성한다.

생각해 보기

상담선생님은 담임인 나에게 이번 기회에 피해학생인 영진이에게는 '용서 프로그램'을 했으면 하고, 영진이를 괴롭히는 데 동조한 성훈이와 희재는 사회정서역량을 키울 수 있는 프로그램을 받아 보는 게 어떠냐고 하신다. 담임으로서 이 학생들에게 제대로 도움을 준 것도 없어 마음이 계속 불편했었는데 바쁘신데도 상담선생님이 프로그램을 해 주신다니 너무나 감사했다. 프로그램이 시작 한지 벌써 한 달이 훌쩍 지나갔다. 오늘은 영진이와 성훈이를 상담하는 날이다. 프로그램을 하고 어떤 것이 달라졌는지 궁금하다.

영진이는 처음에 용서 프로그램 얘기를 들었을 때 너무 화가 났었다고 한다. 그 친구들에게 아직 제대로 된 사과를 받은 적도 없는데, 갑자기 용서를 하라니 너무 황당했다고 한다. 이후 직접적인 괴롭힘은 없었지만 매일 그 친구들과 마주치면 두려움, 억울함, 분노와 자괴감이 들었고, 시간만 나면 복수를 하는 상상을 했었다고 한다. 그럼에도 프로그래에 참여하던 영진이는 프로그램이 중반 정도 넘어갔을 때 상담선생님이 하신 말씀에 뭔가 마음에 큰 울림이 있었다고 하였다. "용서란 누구나 용서할 수 있는 사람에게 하는 것이 아니라, 누구도 용서할 수 없을 것 같은 사람에게 한다는 것이고, 용서할 줄 모르는 사람이 행복해지는 것은 불가능하단다." 곰곰이 생각해 보니 그런 것도 같았다. 괴롭힘은 사라져도 마음은 계속 불편했었으니 말이다. 갑자기 눈물이 핑 돌면서 '그 친구들도 날 괴롭혔지만 내가 나를 괴롭혔구나!' 라는 생각이 들었다고 한다. 그날 이후 이전과는 달리 열심히 용서 프로그램에 참석하고 있다고 한다.

성훈이도 처음에 프로그램을 받으라고 했을 때 귀찮았다고 했다. 담임선생님과 상담선생님의 권유로 인해 받기는 하지만 나름 처벌도 받았는데, 왜 이걸 또 해야 하는지 잘 몰랐다고 한다. 그런데 프로그램 진행하면서 자신의 감정에 이름 붙이기를 했었는데 처음에는 이름 붙이는 것이 너무 어려웠다고 한다. 현재 내 감정이 뭔지를 모르니까 스트레스의 원인도 모르고, 그러다 보니 회장과 친구들에게 휩쓸려 어느 순간 영진이를 괴롭히고 있었다고 한다. 처음부터 영진이를 괴롭히려고 했던 것은 아닌데 그냥 그렇게 되어 버렸던 것이다. 이런 사실을 이번 프로그램을 통해 알게 돼서 처음으로 영진이에게 미안한 감정을 느꼈다고 한다. 근데 이 마음을 어떻게 전해야 할지 잘 모르겠다고 밝혀 왔다.

1. 인성교육의 이해

인성교육은 '사람됨 교육'으로서 사람으로서 살아가는 데 필요한 기본적인 가치와 덕목, 역량과 기술을 습득하고 실천하도록 돕는 것을 목적으로 한다. 사람됨이 강조되는 배경에는 사람답게 살아가는 데 어려움을 겪거나 문제가 있는 어린이나 청소년, 어른이 많이 있기 때문이다. 사람이라면 으레 기대되는 행동과 생각, 판단을 갖추지 못한 상태가 바로 인성교육의 부재와 결여가 초래한 결과이다.

예전부터 사람됨 교육 또는 인성교육은 주로 학교보다는 가정에서, 명시적 교육보다는 암묵적 교육으로 이루어져야 한다고 믿어져 왔다. 하지만 최근 들어 가정의 기능과 부모의 역할이 약화되면서 인성교육도 학교교육이 담당해야 할 중요한 부분이 되었고 학교에서도 교과교육이나 비교과교육 내용으로 다룰 것을 기대하고 있다.

우리나라 교육기본법에서도 교육은 모든 국민의 인격을 도야하고 민주시민으로서 필요한 자질을 갖추게 하여 인간다운 삶을 영위하고 민주국가의 발전과 인류공영의 이상을 실현하는 데 이바지해야 함을 목적으로 한다고 밝히고 있다. 또한 학교교육은 학생의 창의력 계발 및 인성함양을 포함한 전인적 교육을 중시하여 이루어져야 함을 명시하고 있다. 특히 혐오범죄, 기후변화 등 새로운 사회문제를 해결하기 위해 타인·공동체·자연과 더불어 살아갈 수 있는 인성가치와 덕목의 내면화가 더욱 필요해졌다. 이러한 시대적, 사회적 요구와 필요가 반영되어 2015년 「인성교육진흥법」이 공포되었다.

인성이 중요하고 인성교육이 필요하다고 주장하는 사람은 많지만, 사실 인성교육은 상당히 오랜 시간 동안 구호처럼 존재해 왔고 구색 맞추기식의 교육목적으로 취급되었다. 인성교육이 본질적이고 중심적인 교육목적으로 자리매김하기 위해서는 우리의 인식부터 바뀌어야 한다. 지력이나 성적의 우열보다는 인성이 바른 사람이 더 인정받고 존중되는 사회가 되어야 한다. 인성교육은 '나'와 '우리' 그리고 공동체가 함께 나아지고 발전할 수 있도록 고민하고 노력하는 사람을 키우는 것이며 이러한 교육은 실천과 깨달음을 통해 이루어져야 한다.

1) 인성교육의 정의와 핵심요소

'인성교육'이란 자신의 내면을 바르고 건전하게 가꾸고 타인·공동체·자연과 더불어 살아가는 데 필요한 인간다운 성품과 역량을 기르는 것을 목적으로 하는 교육을 말한다(「인성교육진흥법」 제2조 제1호)라고 정의되었다. 또한 「인성교육진흥법」에는 전통적 윤리 가치인 예와 효를 포함하여 정직, 책임, 존중, 배려, 소통, 협동 등의 마음가짐이나 사람됨과 관련된 핵심적인 가치 또는 덕목(「인성교육진흥법」 제2조 제2호)과 더불어 핵심가치와 덕목을 적극적이고 능동적으로 실천 또는 실행하는 데 필요한 지식과 공감·소통하는 의사소통능력이나 갈등해결능력 등이 통합된 능력으로서 핵심 인성 역량을 명시하고 있다(「인성교육진흥법」 제2조 제3호).

인성은 학교나 가정, 지역사회라는 삶의 맥락 속에서 실천과 경험, 깨달음과 느낌을 통해 발달되며 인성교육은 이러한 실천과 경험을 가능하도록 교육기회를 제공하며 깨달음과 느낌을 내면화하고 의미화해 주는 것이라고 정의할 수 있다. 실천과 깨달음이 이끄는 인성교육은 나 자신에 대한 이해, 다른 사람과 더불어 살기, 더 나은 삶의 터전을 만드는 것으로 이루어진다.

인성교육의 첫 번째 요소인 '나 자신에 대한 이해'와 관련해서, 우리는 자신이 중요하게 여기는 가치와 신념, 삶의 목적을 분명하게 할 필요가 있다. 또한 자신의 강점과 약점을 이해하고 자기조절과 관리 능력을 충분히 갖추어야 할 것이다. 이를 '자기이해' 역량이라 명명할 수 있는데 이 역량은 다양한 영역과 과제에 대한 도전, 성공과 실패의 경험을 통해 획득될 수 있다.

인성교육의 두 번째 요소인 '다른 사람과 더불어 살기'와 관련해서, 우리는 기본적으로 소통과 공감능력을 갖추어야 하며 갈등해결과 타협이라는 문제해결능력을 발달시켜야 한다. 더불어 대인관계로부터의 상처와 피해를 용서와 화해로 치유하는 방법도 학습해야 할 것이다. 이는 '대인관계' 역량이라고 명명할 수 있는 데, 이 역량은 다양한 사람들과의 잦은 만남과 깊이 있는 상호작용을 통해 발달되며 이 과정을 통해 더불어 사는 지혜를 얻게 될 것이다.

인성교육의 세 번째 요소인 '더 나은 삶의 터전 만들기'와 관련해서, 우리는 자신이 속한 공동체에 대해 소속감과 애정을 가질 뿐 아니라 삶의 터전을 더 나은 곳으로 발전시킬 수 있도록 고민하고 실천해야 한다. 이는 '시민성' 역량이라 명명할 수 있는데, 자신의 성장과 번영을 가능하게 하는 가정과 학교, 사회와 국가, 지구촌을 더 살기 좋은 곳으로 만들겠다는 책임감을 갖는 것이다. 시민으로서의 책임감은 구체적인 실천으로 구현되고 이러한 실천이 더 나은 터전으로 변화되는 선순환 경험이 필요하다.

2) 인성교육의 핵심 가치와 인성 역량

「인성교육진흥법」에서는 인성교육의 '핵심 가치·덕목'이란 인성교육의 목표가

〈표 9-1〉 인성교육의 핵심 가치와 덕목의 의미

핵심 가치와 덕목	의미
예(禮)	• 예의에 관한 모든 절차 및 질서를 지키려는 마음가짐과 태도, 친절, 겸손
효(孝)	• 부모님과 웃어른을 공경하고, 형제간에 사랑으로 지내려는 마음가짐과 태도, 우애, 경애
정직	• 마음이나 행동에 거짓이나 꾸밈이 없이 바르고 곧음, 성실
책임	• 맡아서 해야 할 임무나 의무. 사회적 규약에 따라 행동해야 하며, 이러한 사회적 약속을 이행하지 않은 데 대한 불이익을 기꺼이 받아들여야 한다는 것에 대한 지각, 역할 책임, 행위 책임
존중	• 높이어 귀중하게 대함. 자신에 대한 자긍심을 가지고, 타인의 개성과 다양성을 인정하며 그 가치에 대하여 소중히 여기는 것(자기존중, 타인존중, 인권의식, 생명존중)
배려	• 타인의 입장을 고려하여 도와주거나 보살펴 주려고 마음을 씀, 도덕적 민감성, 온정성. 타인에 대한 배려, 역지사지(易地思之)
소통	• 막히지 아니하고 잘 통함. 뜻이 서로 통하여 오해가 없음. 개방성, 공유성, 피드백, 경청, 대화를 통한 문제해결
협동	• 힘을 합하여 서로 도움. 협업, 조정, 협력, 참여, 공동체 의식

되는 것이라고 밝히고, 예(禮), 효(孝), 정직, 책임, 존중, 배려, 소통, 협동 등의 마음
가짐이나 사람됨과 관련되는 핵심적인 가치 또는 덕목을 제시하고 있다. 인성교육
에서 추구해야 할 덕목이나 가치가 이 여덟 가지에 그치는 것은 아니며, 이외에도
학습자의 발달 단계나 교육적 맥락에서 다양한 덕목이나 가치가 교육 목표로서 제
시될 수 있을 것이다.

「인성교육진흥법」은 인성교육 핵심 가치 덕목과 함께 핵심역량을 제시하고 있다
(제2조). 「인성교육진흥법」에서 말하는 인성교육 '핵심역량'이란 핵심 가치 · 덕목을
적극적이고 능동적으로 실천 또는 실행하는 데 필요한 지식과 공감 · 소통하는 의사
소통능력이나 갈등해결능력 등이 통합된 능력을 말한다. 2015 개정 교육과정의 총

〈표 9-2〉 인성교육 핵심역량의 의미

핵심역량	의미
자기관리역량	• 자신의 생활과 삶에 대하여 자기 스스로 계획을 세우고, 그 계획이 이루어질 수 있도록 올바른 방향으로 나아가기 위해 바람직한 방법을 찾아내며, 그 방법을 꾸준히 실천하는 역량
심미적 · 감성역량	• 자연 속의 질서 및 인간의 삶과 문화 속에 존재하는 내면적 아름다움을 살펴서 찾아내고, 그것이 인성에 바람직한 방향으로 기여하는 방향을 찾아내어 풍부하게 누리는 역량 • 자신과 타인의 감정을 이해하고 공감하며, 자신의 삶을 아름답게 가꾸어 가려는 역량
의사소통역량	• 각자가 가지고 있는 생각이나 뜻이 막히지 않고 원만하게 통하도록 서로에 대한 존중을 바탕으로 다른 사람의 의견을 귀 기울여 들으며 자신의 상황과 입장을 적극적이고 논리적으로 설명하는 역량
갈등관리역량	• 개인 혹은 집단 간의 의견이나 목표의 차이로 인한 대립 상황을 올바로 이해하고, 대화와 타협을 통해 조화를 이루도록 하여 능동적이고 평화적인 방법으로 갈등상황을 완화시키는 역량
공동체 역량	• 자신이 속한 공동체(가정, 학교, 지역사회, 국가 등) 속에서 자신이 지니고 있는 삶의 의미와 변하지 않는 존재로서의 도덕적 본질을 깨닫고 사람들과 협력하며 더불어 살아가는 데 필요한 역량

론에서 제시하고 있는 인성역량은 자기관리역량, 심미적·감성역량, 의사소통역량, 갈등관리역량, 공동체 역량이다.

첫째, 자기관리역량은 자아정체성과 자신감을 가지고 자신의 삶과 진로에 필요한 기초능력과 자질을 갖추어 자기주도적으로 살아갈 수 있는 역량이다. 자아정체성, 자신감, 책임감, 진로계획, 삶의 계획, 자기주도성이 포함된다. 둘째, 심미적·감성 역량은 인간에 대한 공감적 이해와 문화적 감수성을 바탕으로 삶의 의미와 가치를 발견하고 향유하는 역량이다. 인간에 대한 공감적 이해, 문화적 감수성, 삶의 의미와 가치를 발견·향유한다. 셋째, 의사소통역량은 다양한 상황에서 자신의 생각과 감정을 효과적으로 표현하고 다른 사람의 의견을 경청하며 존중하는 역량이다. 생각·감정의 효과적 표현, 경청, 존중이 포함된다. 넷째, 갈등관리역량은 갈등의 원인을 찾고 자신과 상대방의 요구를 이해하며 적절한 수준에서 타협하고 양보하여 갈등상황을 완화시키는 역량이다. 갈등의 원인, 자신·상대방의 요구 파악, 타협, 양보 등이 포함된다. 다섯째, 공동체 역량은 지역·국가·세계 공동체의 구성원에게 요구되는 가치와 태도를 가지고 공동체 발전에 적극적으로 참여하는 역량이다. 공동체의 문제, 역할, 규칙 인식 및 수용, 세계 사회에 대한 인식 등이 포함된다.

2. 인성교육의 실천

1) 인성교육종합계획과 주요 프로그램

「인성교육진흥법」에 의거하여 교육부는 5년마다 인성교육종합계획을 수립하고, 각급 학교에서 인성교육을 실천할 수 있도록 지원하고 있다. 최근 교육부는 제2차 인성교육 종합계획(2021~2025)을 발표하였다. 제2차 인성교육 종합계획의 비전은 '미래사회를 주도할 인성역량을 갖춘 민주시민 육성'이며, 목표는 책임 있는 사회참여를 위한 시민적 인성 함양과 타인, 공동체, 자연을 존중, 배려하는 도덕적 인성의 함양이다.

제2차 인성교육 종합계획은 정규 교육과정 내 인성교육을 강조하고 있으며 민주시민교육, 인권교육, 양성평등 등 관련 교육과의 관계성을 명시하였다는 점에서 차별화된다. 특히 이번 종합계획에는 원격수업 환경을 반영하여 정보윤리교육이 강화되었다. 학교는 인성교육 계획을 수립하여 시행할 책임이 있으며 교원도 1시간 이상 인성교육 관련 연수를 의무적으로 이수해야 한다.

제2차 종합계획에서는 인성교육을 학교교육 및 학교 밖 교육에서 인성 가치·덕목을 내면화하고, 의사소통능력·갈등해결능력을 익히게 함으로써 핵심 가치와 덕목을 갖춘 민주시민을 양성하는 교육으로 재정의하고 이에 관한 추진방법과 중간 및 최종목표를 다음과 같이 제시하고 있다.

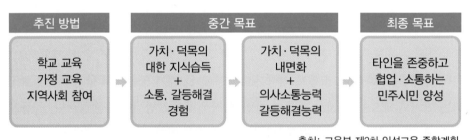

출처: 교육부 제2차 인성교육 종합계획

[그림 9-1] 인성교육 추진방법과 교육목표

이러한 목표를 달성하기 위해 학교 교육과정 내 인성교육 안착, 인성교육 친화적 학교환경 조성, 가정·지역사회와 함께하는 인성교육, 제도 및 평가·환류의 개선 등을 과제로 도출하였다. 각 학교에서는 학교 교육과정과 연계하여 학교수준의 인성교육 계획을 수립하고, 국가·지자체·지역사회 자원을 적극적으로 활용하여 교과, 창의적 체험활동을 통해 정규 교육과정 중심으로 인성교육을 실시하도록 권고하고 있다.

2) 국내 인성교육 프로그램

국내에서도 인성교육에 대한 교육 프로그램 개발 및 실행에 대한 관심과 필요성

이 증가하고 있다. 최근 들어, 일선 학교의 학생들을 대상으로 다양한 인성 덕목이
나 가치, 역량을 계발하기 위한 연구들이 진행되었고, 그 효과성도 체계적으로 검증
되고 있다(김광수, 2019; 정창우, 2019). 이러한 맥락에서 인성교육의 중요한 가치 중
하나인 용서를 중심으로 교육 프로그램을 개발, 실시하고 그 효과를 검증한 연구를
소개하고자 한다. 김서연과 박종효(2019a, 2019b)는 한국사의 중요한 인물을 중심
으로 용서교육 프로그램을 개발하고, 인성교육의 관점에서 그 효과를 검증하였다.
이 절에서는 한국사 수업과 연계한 인성교육의 예시로서 김서연의 인성교육 프로
그램을 살펴보고자 한다.

〈표 9-3〉 인성교육 프로그램 구성

단계	차시	제목	목표	활동내용	비고
용서 준비	1	프로그램 소개	프로그램 목적을 이해하고 '최선을 다하는 나'의 중요성을 공유한다.	• 프로그램 소개 • 실천 활동지 '최선을 다하는 나' 안내	• 강의수업
	2	삶의 목적으로서 이타적 삶	'이타성'의 의미와 삶의 목적에 대해 이해한다.	• 인간의 이타성 탐구 • 이타성과 삶의 목적 탐색 – 윤봉길 이야기 • 나의 삶의 목적에 이타성 적용하기	• 토론활동 • 영상자료 • PPT 활용
	3	사고-감정-행동 연결고리	용서교육을 위한 기초과정으로서 인간의 사고-정서-행동의 연결고리를 이해한다.	• 사고-감정-행동의 연결성, 공감, 연민, 용기, 인내 탐색 – 이순신 이야기 • 내 안의 사고-감정-행동의 연결 고리 이해하기	• 강의수업 • PPT 활용 • 학생참여 활동
용서 이해	4	덕목으로서 용서	덕목을 삶 속에서 실천한 인물을 통해 덕목의 중요성을 깨닫는다.	• 덕목을 실천하는 삶 배우기 – 마리안느와 마가렛 이야기 • 나의 삶에 덕목 실천하기	• 강의수업 • 영상자료 • PPT 활용

용서 이해	5	진정한 용서	진정한 용서와 거짓 용서를 구분하고 진정한 용서의 의미를 학습한다.	• 용서개념 배우기(용서의 의미, 거짓 용서, 진정한 용서, 용서효과) 　– 조조 이야기 • 나의 삶에 용서개념 적용 실천하기	• 강의수업 • 학생참여 　활동
	6	용서과정	용서를 실천하는 데 거쳐야 할 4단계를 학습한다.	• 용서과정모델 배우기(개방-작업-결심-발견) 　– 사도세자 이야기 • 나의 삶에 용서과정 적용 실천하기	• 강의수업 • 영상자료 • PPT 활용
용서 실천	7	용서실천가	용서를 삶 속에서 실천한 인물을 통해 용서실천의 중요성을 깨닫는다.	• 남아공의 아파르트헤이트 정책 　– 넬슨만델라 이야기(개인 · 사회용서) • 나의 삶에 용서 실천하기	• 강의수업 • PPT 활용 • 영상자료
	8	용서하는 삶과 공동체	용서를 자신의 삶과 공동체에 실천할 수 있는 방법을 공유한다.	• 우리의 삶과 공동체에 실천한 용서 경험과 효과 공유 　– 모둠활동: 친구, 가족, 우리 이웃	• 모둠활동 • 발표활동
	9	프로그램 마무리	지금까지 배운 내용을 통합하여 용서를 내 삶과 공동체에 실천하는 용서의 기반을 다진다.	• 스티브잡스 이야기(마지막 말) • 어느 노교수의 이야기 • 이타적인 나의 삶의 목적 다지기 • 프로그램 평가하기	• 강의수업 • 영상자료 • PPT 활용

　용서 프로그램에 참여한 학생들은 희망과 삶의 의미 등 긍정심리가 유의하게 높아졌으며 대인관계 역량도 향상되었다(김서연, 박종효, 2019a). 또한 용서 프로그램은 용서 강점과 미덕을 강화함으로써 인성과 도덕성 발달에도 긍정적으로 영향을 미친 것으로 나타났다(김서연, 박종효, 2019b). 이 연구를 통해 용서 교육이 학생들

의 인성과 도덕성뿐 아니라 더 나아가 긍정심리와 대인관계 역량을 발달시키는 데 기여할 수 있음을 확인하였다는 점에서 의의가 있다. 이 연구는 용서 프로그램을 한국사 교과수업으로 진행되었다는 점에서 학교 현장에서의 교육적 실천을 위한 중요한 시사점을 제공하였다. 이외에도 다양한 인성교육프로그램은 교육부와 한국교육개발원 홈페이지에서 확인할 수 있다.

3) 미국 인성교육 프로그램 : 긍정행동

긍정행동(positive action)은 우리가 긍정적 행동을 할 때 우리 스스로에 대해 자랑

출처 : https://www.positiveaction.net/research-theory

[그림 9-2] 긍정행동의 기대되는 효과에 관한 이론적 모형

스럽게 느낀다는 철학에 기반한 프로그램이다. 이 프로그램은 사고-행동-감정 순
환고리가 우리의 삶에 어떻게 영향을 미치는지를 이해하도록 한다. 이 프로그램은
자아개념, 자신의 몸과 마음에 도움이 되는 긍정적 행동, 책임감있게 자신을 관리하
기, 자신이 대우 받고 싶은 대로 다른 사람 대하기, 자신에게 진실을 말하기(자신에
게 정직하기), 지속적으로 자신을 향상시키기 등으로 구성되어 있다. 선행연구(Flay,
Allred, & Ordway, 2001)에 의하면 긍정행동 프로그램은 학업성취도의 향상뿐 아니
라 학교 규칙 위반 등 문제행동을 줄이는 데도 효과가 있었다. 긍정행동 프로그램
의 효과와 영향은 다양한 연구와 이론을 통해 검증되고 있다.

3. 사회정서학습의 이해

1) 사회정서학습의 정의와 역량

사회정서학습은 사회적, 정서적 역량을 계발하는 학습을 의미한다(Elias et al.,
2008). 사회적 역량은 가족, 또래, 교사 등 타인과의 긍정적 관계를 형성, 유지하는
데 초점을 두고 있으며 개인 간의 관계에서 필요한 사회적 기술의 발달을 반영하
다. 정서적 역량은 자아, 정서와 인지에 관련된 인식 및 지식의 증진에 초점을 두고
있어 개인 내 역량의 발달을 반영하다. 사회정서역량의 학습은 개인의 사회적, 정
서적 측면의 성장과 적응을 돕기 위해 수업과 연습, 피드백 등을 활용한다(신현숙,
2011, 2013; Merrell & Gueldner, 2010).

사회정서학습의 이론적 구축 및 정교화, 실천적 지침 개발 및 프로그램 확산 등은
1994년에 설립된 미국의 학업 및 사회정서학습협회 CASEL(Collaborative for Aca-
demic, Social and Emotional Learning)에 의해 주도되고 있다. 사회정서학습은 정서
지능에 대한 새로운 이해와 뇌 과학 영역에서의 연구 성과를 바탕으로 등장한 것이
며 다섯 가지 핵심역량에서의 지식, 태도, 기술을 학생들이 획득하고 효과적으로 적
용해 나가는 과정을 중시한다.

〈표 9-4〉 사회정서학습의 핵심역량과 하위 기술

핵심역량	하위 기술
자기인식	• 자신의 정서를 인식하고 이름 붙이기 • 자신이 느끼고 있는 정서의 이유 및 상황에 대해 이해하기 • 내면의 힘(강점)을 인식하고, 자신, 학교, 가족, 지원 네트워크에 대한 긍정적 정서 결집시키기
자기관리	• 불안, 분노, 우울을 말로 표현하고 이런 감정에 대처하기 • 충동, 공격성, 자기 파괴적이고 반사회적인 행동 통제하기 • 개인적 또는 대인관계의 스트레스를 조절하기 • 주어진 과제에 집중하기
사회적 인식	• 다양성 존중하기 • 타인에 대한 존중 보여 주기 • 주의 깊게 그리고 정확하게 듣기
관계관리	• 관계에 있어 정서를 조절하고 다양한 정서와 견해를 조화시키기 • 사회정서적 단서들에 대해 민감성 보이기 • 정서를 효과적으로 표현하기 • 분명하게 의사소통하기
책임 있는 의사결정	• 상황을 민감하게 분석하고 문제를 명확하게 확인하기 • 사회적 의사결정과 문제해결 기술을 실행하기 • 대인관계의 장애물에 대해 생산적인 문제해결 방식으로 반응하기

출처: Elias et al. (2008), pp. 251-252; 이선숙(2018).

CASEL의 사회정서역량은 다섯 가지로 구성되어 있다. 첫째, '자기인식'은 자신의 정서, 생각, 장단점을 파악하고 자신감과 자기효능감을 유지하는 것이다. 둘째, '자기관리'는 자신의 정서, 충동, 행동을 조절하고 스트레스를 관리하며 목표를 설정하고 목표달성의 계획을 수립하며 목표달성의 과정을 점검하는 능력을 의미한다. 셋째, '사회적 인식'은 타인의 정서와 입장을 이해하고 존중하며 개인 간 및 집단 간 차이점과 유사점을 이해하는 것이다. 넷째, '관계관리'는 다른 사람과 소통, 협력, 타협하고 부적절한 압력에 저항하며, 갈등을 해결하고, 필요한 도움을 주고받는 것을 의미한다. 다섯째, '책임 있는 의사결정'은 건강과 안전에 도움이 되는 현명한 결정을 내리는 것을 뜻한다.

2) 사회정서학습의 교수법과 효과

사회정서학습은 학생들의 사회정서적 기술, 자신과 타인에 대한 태도, 사회적 상호작용 등을 향상시킬 수 있는 기회를 제공한다. 사회정서학습은 음주와 약물복용, 괴롭힘과 학교폭력, 무단결석이나 등교거부와 같은 다양한 문제를 예방해 줄 뿐 아니라 학생들의 학업적 성공과 건강, 행복 등을 촉진할 수 있다.

사회정서학습의 핵심역량을 가르칠 때 다음과 같은 학교급의 계열성을 고려할 필요가 있다(Durlak et al., 2011).

첫째, 자기인식에서 초등학생들은 슬픔, 화, 행복 등과 같은 단순 감정을 인식하고 정확하게 이름을 붙일 수 있어야 한다. 중학생들은 스트레스 반응을 촉발시키는 요인을 분석할 수 있어야 한다. 고등학생들은 정서의 다양한 표현이 다른 사람들에게 어떤 영향을 미치는가를 분석할 수 있어야 한다.

둘째, 자기관리에서 초등학생들은 목표실행을 위해서 계획을 수립할 수 있어야 한다. 중학생들은 단기적인 개인적 목표나 학업 목표를 성취하기 위한 계획을 수립할 수 있어야 한다. 고등학생들은 장기적인 목표를 성취하기 위해 학교와 공동체의 유용한 자원을 활용하고 장애나 어려움을 극복할 수 있는 전략을 설정할 수 있어야 한다.

셋째, 사회적 인식에서 초등학생들은 다른 사람들이 어떻게 느끼는가를 추론할 수 있도록 언어적, 신체적, 상황적 단서들을 확인할 수 있어야 한다. 중학생들은 다양한 상황에서 다른 사람들의 정서와 관점을 예측할 수 있어야 한다. 고등학생들은 다른 사람을 공감할 수 있는지 스스로 자신의 능력을 평가할 수 있어야 한다.

넷째, 관계관리에서 초등학생들은 친구 관계를 맺고 유지할 수 있는 방법을 알아야 한다. 중학생들은 공동의 목표를 달성하기 위해 필요한 협력을 실천하거나 모범을 보여 줄 수 있어야 한다. 고등학생들은 동료, 선생님, 가족구성원들이 사용하는 의사소통 기술들을 습득하고 스스로 자신의 기술을 평가할 수 있어야 한다.

다섯째, 책임 있는 의사결정에서 초등학생들은 학교에서 이루어지는 의사결정의 방식과 영향 범위를 이해할 수 있어야 한다. 중학생들은 안전하지 않거나 비윤리적 행위에 가담하라는 친구의 요구에 맞서기 위한 전략을 갖추고 이러한 전략에 대해 스스로 평가할 수 있어야 한다. 고등학생들은 최근 이루어진 자신의 의사결정이 향후 대학 입학과 취업 전망에 어떤 영향을 미칠 것인가를 분석할 수 있어야 한다.

〈표 9-5〉는 미국 일리노이주 고등학생들을 위한 사회정서학습 표준 예시로서 각 영역별로 교육내용이 제시되어 있다.

〈표 9-5〉 미국 일리노이주 고등학교 9/10학년 학생의 사회정서학습 표준

영역	주제	내용
자기인식과 자기관리 기술	감정과 행동을 인식, 관리	• 생각과 감정이 의사결정과 책임 있는 행동에 어떻게 영향을 주는지 분석 • 더 긍정적인 태도를 발달시키는 방법을 찾기
	개인적 성품과 외부 지원 인식	• 강점을 살리고 개선할 영역을 파악하는 데 있어서 우선순위 정하기 • 긍정적인 성인 역할모델과 지원체계가 어떻게 학교와 삶의 성공에 기여하는지 분석하기
	목표성취와 관련된 기술 적용	• 자원을 활용하고 목표를 성취하는 데 걸림돌을 극복하기 위한 전략을 인식하는 것 • 목표를 성취하기 위해 걸림돌을 극복하는 전략을 적용하는 것
사회적 인식, 대인관계 기술	타인의 감정과 관점을 인식하기	• 자신과 타인의 입장 간의 유사점과 차이점 분석 • 타인의 감정과 입장을 이해하기 위해 의사소통 기술 사용하기
	개인과 집단 간의 유사점과 차이점 인식	• 편견과 선입견의 부정적 영향과 근원 분석 • 사회적이고 문화적으로 다른 집단에 대해 존중을 나타내기

사회적 인식, 대인관계 기술	타인과 관계에서 사회적 기술과 의사소통 기술 이용	• 타인에게 도움을 요청하는 것에 대한 효과를 평가 • 집단 활동을 할 때, 집단원과 리더로서의 자신의 기여도를 평가
	갈등을 건설적으로 예방, 관리, 해결할 수 있는 능력 적용	• 정확하게 듣고 말을 하는 것이 갈등해결에 어떻게 도움이 되는지 분석 • 갈등해결 기술이 집단에서 어떻게 도움이 되는지 분석
책임 있는 행동과 의사결정	의사결정을 할 때 윤리적, 안전, 사회적 요인을 고려	• 윤리적 결정을 해야 할 때 책임감 갖기 • 사회적 규준과 권위자의 기대가 어떻게 개인적 결정과 행동에 영향을 주는지 면밀히 살펴보기
	책임 있는 의사결정 기술의 적용	• 정보수집 능력, 대안을 찾는 능력, 결정의 결과를 예상하는 능력에 대해 평가 • 사회적이고 직업적인 대인관계를 형성하기 위해 의사결정 기술을 적용
	학교와 지역사회의 안녕에 기여하기	• 학교 풍토를 개선하는 활동과 단체에 대한 참여를 계획, 실행, 평가 • 지역사회에 기여하는 단체의 일원으로 참여하는 것을 계획, 실행, 평가

출처: 이선숙(2018).

　　학교에서 사회정서학습을 적용하는 방법은 학생에게 사회정서적 기술을 직접 교육하는 방법과 지지적이고 배려하는 안전한 학교풍토를 조성하는 방법으로 구분된다(신현숙, 2011). 학생들에게 사회정서학습을 직접 교육하는 방법은 교과수업이 이루어지지 않는 시간에 사회정서학습 프로그램을 적용하는 방법과 사회정서학습을 교과수업과 연계하여 적용하는 방법으로 구분된다. 대부분의 구조화된 사회정서학습 프로그램은 사회정서적 역량을 높이기 위하여 창의적 체험활동 등 비교과 시간에 학급 기반 집단상담의 방식으로 실시된다.

　　사회정서학습을 교과수업과 연계하여 실시하면, 학생과 교사가 사회정서학습을 학교교육의 필수요소로 인식할 수 있고, 교과학습과 사회정서학습에서 모두 긍정적 결과를 얻을 수 있다. 학생들은 사회정서학습에서 배운 문제해결 기술, 비판적 사고, 자기관리 분석 및 예측을 교과학습에 적용해 볼 수 있고 교과수업 시간에 배운 학업 기술과 지식을 정서와 행동을 연결시켜 일상생활의 문제 해결에 적용해 볼 수도 있다.

사회정서학습은 학생의 사회적 역량이나 정서적 역량을 향상시킬 뿐 아니라 학업에도 긍정적 영향을 미친다는 연구가 축적되고 있다. 사회정서학습을 교과시간에 학습한 학생들은 자기통제, 협동적 상호작용, 대인간 문제해결 등 사회정서적 역량이 높아졌고 더 나아가 학업에 대한 긍정적 태도를 유지할 뿐 아니라 학업에 도움이 되는 행동을 더 많이 함으로써 학업성적을 향상하는 데 기여하였다(이선숙, 박종효, 2019; Durlak, Weissberg, Dymnicki, Taylor, & Schellinger, 2011). 교과수업과 학교일과를 통해 자연스럽게 사회정서적 기술을 배우고 연습하며 기술의 사용에 대해 인정과 강화를 받는다. 이렇게 조성된 안전한 환경 안에서 학생들은 긍정적인 행동을 많이 하고 문제행동을 적게 하며 성공적으로 학업 수행을 하게 된다.

4. 사회정서학습의 실천

1) 국내 사회정서학습 프로그램

국내 연구에서도 다양한 사회정서학습 프로그램이 개발, 활용되고 있다. 이 절에서는 이러한 프로그램 중에서 이선숙의 사회정서학습 프로그램을 예시로 제시하고자 한다(이선숙, 박종효, 2019). 이 프로그램은 일반계 고등학교 학생들에게 사회정서역량을 향상시켜서, 학교적응과 정신건강에 긍정적으로 영향을 미치는 데 그 목적이 있다. 프로그램의 실시 목표는 다음과 같다. 첫째, 생각-행동-감정의 순환을 이해할 수 있다. 둘째, 갈등해결 순서를 알고 적용할 수 있다. 셋째, 목표와 계획의 중요성을 알고, 체계적으로 적용할 수 있다. 넷째, 자신의 자원, 강점, 능력, 신체 등을 돌볼 수 있다. 다섯째, 감정을 인식하고 조절할 수 있다. 여섯째, 건강하고 합리적인 사고를 할 수 있다. 일곱째, 타인과 의사소통하는 방식을 알고 적용할 수 있다. 사회정서학습 프로그램의 회기별 주요 내용은 〈표 9-6〉과 같다.

이 프로그램에 참여한 학생들은 대안 프로그램에 참여한 통제집단에 비해 사회정서역량이 유의하게 향상되었고, 심리적 안녕감은 높아졌다. 특히 최근 우리나라 청소년들에게서 두드러지게 나타나는 우울, 불안 등 내재화 문제행동은 감소하였으나 공격성이나 규칙 위반과 같은 외현화 문제행동에서는 변화가 없었다. 이러한 결과는 연구대상이 고등학교 여학생 집단이었기 때문에 외현화 문제행동 수준이 현저히 낮은 효과라고 해석된다. 이 연구는 학교현장에서 사회정서역량을 함양하기 위하여 구조화된 사회정서학습 프로그램을 실시하였다는 점에서 중요한 교육적 시사점을 제공한다. 향후 사회정서학습이 교과중심의 학교 교육과정의 대안으로 널리 활용될 필요가 있다.

〈표 9-6〉 고등학생을 위한 사회정서학습 프로그램 주요 내용

	제목	도입	전개	종결
1	새로운 시작	교사 및 위클래스 소개, 수업 문제 확인	• 4차혁명 세상에서 중요한 역량 • 2015교육과정의 핵심역량 • 교사로서 선생님의 고민 • 프로그램 안내 • 사전 검사 〈선택〉 긍정 게임 – "모두 함께 칭찬 빙고"	호흡명상
2	긍정의 마음으로 보기	전시 수업 회상, 학습주제 확인	• 자기개념 • 생각-행동-감정 cycle • 긍정행동 vs 부정행동	학습 내용 정리, 새롭게 알아차린 마음
3	갈등 해결	전시 수업 회상, 학습주제 확인	• 갈등해결 순서 • 갈등해결 전제 조건 • 갈등해결 연습하기	본 학습 요약, 새롭게 알아차린 마음

4	자기 돌보기	전시 수업 회상, 학습주제 확인	• 신체 돌보기 (영양, 휴식, 운동, 위생, 수면) • 지적 능력 돌보기 (호기심,창의성,비판력,문제해결) • 자원 돌보기(시간, 돈, 물건, 에너지) • 강점 찾기 • 강점을 삶에 더 적용할 계획 세우기	본 학습 요약, 새롭게 알아차 린 마음
5	발전 하는 나	전시 수업 회상, 학습주제 확인	• 계획의 중요성 • 좋은 계획의 조건 • 이번 학기 계획 세우기	본 학습 요약, 새롭게 알아차 린 마음
6	감정아, 놀자	전시 수업 회상, 학습주제 확인	• 감정 빙고 • 감정 분류 • 감정 관리(stop, think, go)	본 학습 요약, 새롭게 알아차 린 마음
7	건강한 생각	전시 수업 회상, 학습주제 확인	• 사고 관리(인지 오류) • 오류 바꾸기	본 학습 요약, 새롭게 알아차 린 마음
8	의사 소통	전시 수업 회상, 학습주제 확인	• 동영상 속 의사소통의 차이 찾기 • 나를 이야기해요 vs 너를 이야기해요 • 나를 이야기할 때 주의점 • 나를 이야기하기 연습	본 학습 요약, 새롭게 알아차 린 마음
9	생각해 봅시다	전시 수업 회상, 학습 주제 확인	• 배운 내용 정리 • 사후검사	본 학습 요약, 새롭게 알아차 린 마음

2) 미국의 사회정서학습 프로그램

이 절에서는 대표적인 사회정서학습 프로그램으로 '좋은 행동 게임(Good Behavior Game)'을 소개하고자 한다. 좋은 행동 게임은 사회학습원리에 기반한 학급 행동 관리에 초점을 두고 공격적인 행동, 파괴적인 행동, 과제에서 이탈하는 행동을 줄임으로써 학생들의 학습을 돕기 위하여 고안되었다. 이 프로그램은 1960년대 초등학교 교사인 무리엘 샌더스(Muriel Sanders)가 그녀의 학급을 관리하기 위한 전략으로서 처음 개발하였고 여러 연구팀을 통해 효과를 검증하였다(Kellam et al., 2011). 좋은 행동 게임은 집단 기반 토큰 경제를 활용하는 데 학생들은 팀을 구성하여 팀 전체가 부적절한 행동을 억제하는 데 성공하면 강화를 받는다.

이 프로그램은 개인수준이나 학급수준에서 학생들의 행동을 관리하도록 긍정적인 또래 압력을 이용하고 있다. '게임'을 시작할 때, 교사와 학생은 함께 이상적인 학급에 대해 정의한다. 교사는 학생들이 수업에 집중할 수 있고 평화로운 학급을 만드는데 필요한 행동을 확인한다. 학급에서 기대되는 행동이 정해지면, 교사는 학생들이 게임에서 이길 수 있는 확률이 동일해지도록 학생들을 팀으로 나눈다. 각 팀은 함께 과제를 수행하면서 학급에서 적절한 행동을 유지하도록 노력하며 팀원이 부적절한 행동을 하게 되면 해당 팀이 벌점을 받게 된다. 좋은 행동 게임 프로그램은 학생들이 학습에 더 잘 참여하고 더 많은 시간을 사용하며 긍정적인 학급 환경을 만드는데 기여하는 수많은 수업과 대인관계 관련 전략을 포함하고 있다.

이 프로그램의 효과성을 분석한 연구(Kellam et al., 2011)를 살펴보면, 참여 학생들의 난폭하고 공격적이며 부주의한 행동이 줄었다. 또한 학생들이 과제에서 벗어나는 행동이 줄었으며, 2년 추적조사 결과, 품행장애라고 진단받는 학생의 비율도 줄었다. 이러한 효과는 중학교 시기에도 이어져서 공격적이고 난폭한 행동이 감소되었을 뿐 아니라 19세에서 21세까지 프로그램 효과가 유지되었는데, 반사회적 성격장애, 약물과 알코올 남용 및 의존, 흡연 비율이 유의하게 적었고 학교 기반 건강 서비스 사용이나 폭력적인 행동 등이 감소하였다.

이 장에서는 학교폭력 예방 차원에서 인성교육과 사회정서학습을 다루었다. 인성교육과 사회정서학습은 기존의 교과교육이나 인지능력 중심의 학교교육에 대한 비판적 성찰에서 비롯되었다. 인성교육과 사회정서학습은 전인적인 교육이 추구해야 할 핵심 교육 내용일뿐 아니라 빠른 속도로 변화하는 미래사회에 심리적으로 건강하고 왕성하게 살아가기 위한 필수적인 삶의 기술이라고 할 수 있다.

교사는 인성교육과 사회정서학습이 교과수업 속에서 반영될 수 있도록 재구성할 필요가 있다. 교과 내용 중에는 인성교육의 중요 덕목이나 가치, 역량과 관련하여 학생들에게 다양한 교육 프로그램이나 활동을 제안해 볼 수 있을 것이며 사회정서학습의 핵심역량과도 연계하여 수업 내용이나 수행평가, 과제 등을 제시할 수 있을 것이다. 교과수업 외에도 창의적 체험활동이나 동아리 활동 등 비교과 교육과정에도 인성교육과 사회정서학습 요소가 반영될 수 있도록 학생 지도를 하며 학교생활 속에서 학생들이 학습한 내용을 자발적으로 실천할 수 있도록 다양한 기회를 제공할 필요가 있다.

💡 교육적 시사점

'생각해 보기'의 사례처럼 학교폭력 가해학생이나 피해학생은 사건이 처리된 후에도 같은 학교, 같은 반에서 지내는 경우가 많다. 사건이 처리되었다 하더라도 여전히 심리적으로 불편할 뿐 아니라 해결되지 않은 상처와 갈등이 남아 있을 수 있다.

피해학생과 가해학생에게 필요한 다양한 인성교육과 사회정서학습 프로그램을 안내해 주고 이 프로그램을 통해 자신과 타인, 그리고 관계에 대해서 생각해 보도록 하는 추후교육이 중요하다. 외상 후 성장이라는 말이 의미하듯이, 학교폭력은 일종의 외상경험이기 때문에 이러한 부정적 경험을 어떻게 교육적으로 변화시켜 줄 것인가가 교사의 역할과 책임이다. 가해학생이나 피해학생 모두 아직 성장 과정에 있는 학생이므로, 폭력행위 그 자체에 매몰되기보다는 앞으로 '더 좋은 사람'이 되기 위해서 어떻게 해야 하는지를 이해하고 실천할 수 있도록 지도하는 것이 바람직하다.

제10장
학생생활지도와 학교문화

이 장에서는 학교폭력 예방의 관점에서 학생 생활지도와 학교문화를 살펴본다. 긍정심리학적 관점을 반영하여 학생생활지도의 요체를 자기절제로 정의하고, 자기절제를 위한 긍정적 훈육과 교사주도적(주장적) 훈육 방법을 소개한다. 또한 사회연결망 분석방법을 활용한 학생의 생활지도 및 학급관리 방법을 이해하고, 이를 기반으로 협력학습을 위한 모둠구성 방법, 교사-학생 관계 개선 방법, 긍정적 학급관리 기법에 대한 교육적 시사점을 제공한다. 또한 학교문화를 정의하고 학교문화와 학교폭력 간의 관계에 대해 살펴본다. 학교문화의 다양성 차원에서 다문화 학생에 대한 이해와 교육에 대해서 살펴본다.

학습목표

- 학생 생활지도 원리와 주요 접근에 대해 설명할 수 있다.
- 학생 및 학급의 정보를 활용하여 학생의 또래관계와 학급 문화를 긍정적으로 변화시키는 방법을 이해하고 활용할 수 있다.
- 학교문화와 학교폭력 간의 관련성을 이해하고 학교폭력을 예방하고 피해를 최소화할 수 있는 학교문화 조성 방법에 대해 설명할 수 있다.
- 다문화 학생에 대한 이해와 교육방법에 대해 설명할 수 있다.

생각해 보기

매일 출근만 하면 가슴이 답답해진다. 아침 조회 때마다 회장 무리와 기싸움을 해야 되기 때문이다. 최근에 동료 교사들에게도 한탄을 자주 했었다. "아니…… 학생들이 해 달라는 대로 다 해 줬는데 올해는 학급 분위기가 왜 이 모양이지?" 하다 못해 좌석 배치도 무작위로 해야 공평하다고 해서 학생들이 하도록 다 해 줬는데 말이다.

그런데 신기하다. 조회 때 항상 자신이 뭔 얘기만 하면 낄낄대고 웃은 녀석들이 어떻게 매번 저렇게 모여 있을 수 있단 말인가! 회장의 단짝들인 성훈이와 희재는 약간의 자리 변동만 있을 뿐 항상 회장 근처에 모여 있다. 회장은 성적도 좋고, 유머 감각도 출중해서 학급에서 인기가 많아서 학급의 분위기를 장악해 버린다. 그래서 처음에는 괜찮은 학생이라 여겼는데 문제는 학기 초에 바로 나타났다. 학생들을 괴롭히고 못살게 구는 것이 회장의 무리임을 알게 되었던 것이다.

이후 학교폭력 전담기구 회의를 열어 이 문제를 다루고자 했지만 회장의 어머니가 학부모 대표이고, 또 막상 피해학생인 영진이가 드러나게 상해를 입은 것도 아니었기 때문에 회의를 열지 못했다. 교장선생님이나 학생부장 선생님도 조용히 훈화 차원에서 끝내시기를 바라셔서 이도 저도 아니게 넘어가게 되었는데, 처음에는 반성을 하는 척하더니만 그 이후 나에게 대립각을 세우기 시작했다. 특히 조례, 종례 시간마다 회장을 중심으로 교묘하게 기싸움을 걸어 오는데, 어떤 날은 감정 조절이 안 돼서 야단이라도 치면 오히려 회장은 학급에서 영웅이 되어 버린다. 가만히 놓아 두면 자신의 자존감은 한없이 떨어지고, 상담도 안 되고, 질책을 하면 회장과 그의 무리들은 급우들에게 인기가 더 높아지는 형국이 되어 버렸다. 그렇다고 지금 다시 자리 배치를 교사가 하겠다고 하면 학기 초에 한 약속을 깨는 것이 되어 버려 명분도 없고 …….

아직도 한 학기 이상이 남았는데 어떻게 문제를 해결해야 할까? 이런 상황에서 막상 학급 관리를 어떻게 해야 하는지 물어볼 데도 없다. 용기를 내어 개인적으로 친한 선배 교사에게 물어봤을 때도 김 선생이 아직 교사가 된 지 얼마 되지 않아서 그런 거라고, 시간이 해결해 준다는 막연한 조언만 들을 뿐이었다. 가슴에 바윗덩이 하나 걸린 듯한 체기가 느껴진다. 매일매일이 우울하다.

1. 학생생활지도의 이해

최근에는 긍정심리학을 반영하여 성격 강점이나 미덕에 기반을 두고 학생 생활지도가 이루어지고 있다(Bear & Maureen, 2011). 긍정심리학을 기반으로 한 학생생활지도는 자기절제(self-discipline)를 함양하는 것으로, 민주시민을 양성하는 기초이다. 자기절제는 자신의 감정과 정서를 조절할 뿐 아니라 타인과의 관계를 긍정적으로 형성, 유지하고 더 나아가 학급이나 학교, 사회라는 공동체의 규범을 자율적으로 순응하고 자신에게 맡겨진 역할을 책임감 있게 수행할 수 있도록 돕는다.

학생의 생활지도는 유능성, 소속감, 자율성과 같은 기본 욕구에 기반하여 이루어지는 것이 바람직하다. 이는 학생의 자기결정성을 높일 뿐 아니라 내적 동기를 높임으로써 궁극적으로 개인과 사회의 웰빙을 향상시키는 데 기여할 수 있다. 학생이 스스로 자신이 잘하는 강점과 미덕을 발휘할 수 있도록 기회를 제공하며 행동에 초점을 두기보다는 행동을 해야 하는 이유나 방법을 구체적으로 제시한다. 또한 바람직한 행동을 한 후에 긍정적 정서(예: 자부심)를 느끼게 함으로써 도덕적 자아에 통합될 수 있도록 한다.

1) 긍정훈육

긍정심리 기반 학생생활지도의 한 접근이 긍정훈육이다(Nelson, Lott, & Glenn, 2000). 긍정훈육은 학생 개인의 욕구와 목적에 부합하도록 생활지도가 이루어져야 함을 강조한다. 교실 내 긍정적인 분위기를 만들고 학생의 행동을 격려하며 교실 내 동아리 모임을 통해 민주적이고 배려하는 학급 문화를 만들어 간다. 긍정훈육에서는 처벌이나 보상, 칭찬 등은 자발적 참여와 내재적 동기를 낮추기 때문에 사용하지 않는 것이 바람직하다고 여긴다. 문제행동이 발생했을 때에는 긍정적 학급관리 차원에서 자연적 결과, 논리적 결과를 사용한다.

자연적 결과는 어떠한 개입이 없다면 자연스럽게 발생하는 결과를 경험함으로써 학생 스스로 자신의 행동을 통제하고 바람직한 방향으로 개선할 수 있도록 돕는다.

예를 들어, 밤새 게임을 하면 다음 날 일찍 일어나지 못하고 학교에 지각하거나 학교 수업 시간에 졸거나 자게 된다. 이러한 사건을 경험하면서 학생 스스로 밤늦게까지 게임을 하지 않도록 시간을 정해 놓고 이를 지키게 하는 것이 자연적 결과에 기반한 훈육 방법이다.

논리적 결과는 잘못된 판단으로 인해 문제가 생겼을 때, 논리적으로 관련 있는 부정적 결과를 스스로 바로잡도록 함으로써 잘못된 판단이나 문제를 해결하도록 돕는 훈육 방법이다. 예를 들어, 친구에게 욕한 경우, 친구가 기분이 나쁘고 상처받을 수 있으므로 욕하는 행위가 유발한 부정적 결과인 친구의 기분을 좋게 하기 위해 사과하거나 친구를 기분 좋게 만들어 주는 구체적인 실천을 하게 하는 하는 것이다.

학교에서의 학생 지도는 교사만의 역할이 아니라 학부모와의 소통과 연계가 필요하다. 학부모도 학생의 생활지도를 책임지는 중요한 협력자이기 때문에 학교에서 강조하는 훈육 방법과 내용을 공유하여 가정에서도 일관되게 학생이 경험하도록 안내할 필요가 있다.

2) 교사주도적 훈육

교사주도적(주장적) 훈육은 학생의 생활지도에 중요한 접근으로 소개되고 있다. 교사주도적 훈육은 학생들에게 학급에서 지켜야 할 중요한 구조와 지지를 동시에 제공하는 생활지도 접근으로 학생들에게 순응, 강화, 예방의 효과가 있다(Canter, 2010). 순응은 교사가 중요하게 생각하는 구조(예: 규칙, 행동)에 따르도록 하며, 강화는 바람직한 행동에 대해 긍정적 피드백과 보상을 제공함으로써 부정적, 바람직하지 않은 행동을 예방하는 데 주안점이 있다.

교사주도적 훈육은 교사가 학생에게 학교의 규칙이나 규정을 직접적이고 분명하게 가르침으로써, 학생이 학교에서 책임감 있는 행동, 자기관리 행동을 학습하게 하는 데 목적이 있다. 이를 위해서 학급에서는 학생들이 지켜야 할 구체적인 행동지침을 수립한다. 교사는 수립된 행동지침을 학생들에게 분명하게 안내하고, 행동을 구체적으로 제시하거나 보여 줌으로써 행동을 분명하게 이해하도록 돕는다. 또한 학생들이 행동을 따르지 않거나 못할 경우, 학생 개인에게 문제가 되는 부분이 무엇인지 직접적으로 가르쳐 주고, 학생의 행동을 바로잡아 준다. 제대로 학습이 되었다면 이에 대해 적절한 강화를 제공함으로써 예방효과를 극대화한다.

2. 학급문화와 학급관리

사회생태학적 모형은 인간의 행동을 환경 속에서 이해하는 이론적 틀로서 개인은 선천적으로 타고난 특성과 자신이 속해 있는 여러 겹의 환경체계로부터 영향을 받을 수 있음을 가정한다. 학급은 생태학적 관점에서 보면, 교사와 학생들 사이의 긍정적 또는 부정적 상호작용을 통해 문화와 풍토를 이루고 있으며 이러한 상호작용을 관찰한 다른 학생들도 지속적으로 영향을 받을 수 있다. 학급문화로서 학급 내 사회적, 정서적 상호작용의 질은 학생의 학습과 학교적응에 영향을 준다(Pianta, Hamre, & Allen, 2012).

최근에는 학급의 사회연결망이론에 기반하여 학생 및 학급의 특성을 진단하고자 하는 연구가 시작되고 있다(박종효 외, 2017). 사회연결망 분석을 통해 교사는 우정에 기반한 교우관계, 학급 내에서 중심적인 학생이나 매개 역할을 하는 학생이 누구인지, 또래관계 내에서 명성이나 영향력 등 사회적 지위가 높은 학생이 누구인지를 알 수 있다.

또한 사회연결망 분석은 학급문화나 구조적 특성에 관해서 밀집도와 위계성 정보를 제공한다. 밀집도(density)는 학급 구성원 간의 상호작용이 어느 정도 많은지를 보여 주는 것으로, 밀집도가 높은 학급에서는 정보 공유나 파급 속도가 빠른 특징이 있다. 긍정적이고 친사회적 상호작용이 많은 경우에는 서로 배려적이고 존중하는 따뜻한 문화를 가진 학급이 될 수 있지만 부정적, 적대적 상호작용이 많은 경우에는 대인관계 공격성이나 따돌림 등 간접적인 유형의 괴롭힘이 많을 수 있다(심재량, 박종효, 2018).

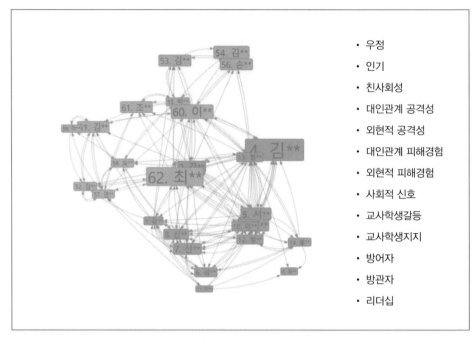

- 우정
- 인기
- 친사회성
- 대인관계 공격성
- 외현적 공격성
- 대인관계 피해경험
- 외현적 피해경험
- 사회적 신호
- 교사학생갈등
- 교사학생지지
- 방어자
- 방관자
- 리더십

[그림 10-1] 학급의 사회연결망 분석 예시: 클래스넷

위계성(hierarchy)은 학급 내에서 인기나 선호와 같은 사회적 지위가 높은 학생과 그렇지 않은 학생이 어떻게 분포되어 있는지를 보여 준다. 소수 학생이 인기나 선호를 독점할 수 있는데 이러한 학급은 위계적이라고 볼 수 있다. 반면에, 다수의 학생이 인기나 선호를 골고루 나누어 가지고 있는 학급은 위계적이지 않고 민주적이고 평등적인 문화를 가지고 있다고 여겨진다. 인기나 선호가 소수의 학생에게 집중될수록 위계성이 높아질 수 있다.

1) 사회연결망을 활용한 협동학습

학급 사회연결망 정보를 활용하여 협동학습을 위한 모둠을 구성한다면 다음과 같은 방식을 추천한다.

첫째, 학급 내에서 인기와 사회적 선호가 높거나 리더십과 친사회성을 골고루 갖

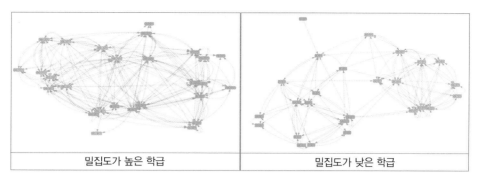

| 밀집도가 높은 학급 | 밀집도가 낮은 학급 |

[그림 10-2] 밀집도가 높은 학급과 밀집도가 낮은 학급

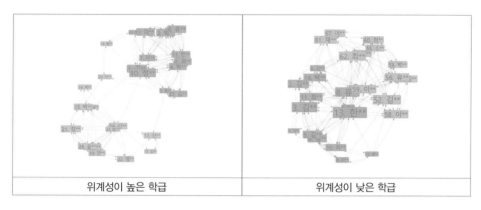

| 위계성이 높은 학급 | 위계성이 낮은 학급 |

[그림 10-3] 위계성이 높은 학급과 위계성이 낮은 학급

춘 학생과 해당 특성이 낮은 학생을 한 모둠으로 구성해서 전자의 학생이 리더로서 후자의 학생을 도와주고 모둠을 이끌어 가게 한다.

둘째, 또래 지명에 의한 가해행동이나 자기보고 공격성 점수가 높으면서 인기가 많은 학생 또는 교사와의 갈등수준이 높은 학생들이 한 모둠에 속하지 않도록 분리시키는 것이 중요하다. 이러한 특성을 가진 학생이 많을 경우, 유사한 특성의 학생이 한 모둠에 집중되지 않도록 분산시킨다.

셋째, 모둠 구성원 중에서 문제행동 수준이 높고 부정정서가 높은 학생들은 긍정심리가 높고 친사회적이고 리더십이 높은 학생들과 한 모둠을 구성한다. 전자의 학생들은 기본적으로 자기통제나 정서조절에 어려움을 겪을 수 있으므로 가능한 한 과제를 작은 단위로 나누어서 제시하고 과제를 수행하는 동안 모둠 내에서 역할이나 활동이 골고루 나누어 진행되는지 세심하게 모니터링해야 한다.

넷째, 학업효능감이나 주관적 학업성취도, 자존감 등이 낮은 학생들은 친사회성과 인성 점수가 높으면서 학업이나 학교적응 수준이 전반적으로 높은 학생들과 한모둠을 구성한다. 학업에 자신감이 없는 학생들이 협동학습을 통해 성공경험을 많이 가질 수 있도록 과제의 수준이나 난이도를 적절하게 조정해 주는 것이 중요하다. 과제를 성공했을 때에는 모둠 전체와 함께 모둠에서 학습에 대한 자신감이 낮았던 학생이 어떠한 역할을 했고 어떻게 모둠의 성공에 기여했는지를 강조해서 칭찬해 준다.

2) 사회연결망을 활용한 긍정적 학급관리 전략

자리 배치, 역할 나눔, 처벌과 보상 규칙 등 긍정적 학급관리를 위해 다음과 같이 클래스넷의 학생 및 학급 정보를 활용할 수 있다.

첫째, 학생들에게 자리를 배정할 때, 문제행동이나 공격성이 높은 학생, 부정적인 정서가 높은 학생은 칠판이나 교탁 가까운 곳이나 선생님 근처에 앉을 수 있도록 한다. 이러한 학생은 선생님이 가까이 있다는 것만으로도 부정적인 행동을 하려는 동기나 충동이 억제되는 효과가 있을 수 있다.

둘째, 학생들에게 자리를 배정할 때, 평소에 친하지 않은 학생들끼리 짝이 되거나 앞뒤에 앉을 수 있게 한다. 특히 학급에서 소외되거나 인기 없는 학생들이 학급 중앙에 앉고 그 옆에 인기 있고 또래로부터 선호가 높은 친사회적 학생이 함께 앉아서 자연스럽게 다른 학생들이 근처로 와서 소외되거나 인기 없는 학생과 어울릴 수 있게 하는 것이 중요하다.

셋째, 학급 내에서 역할을 나눌 때, 또래들에게 관심을 받아야 할 학생과 또래로부터 관심을 지나치게 많이 받지 않도록 주의해야 할 학생을 구분하는 것이 중요하다. 또래로부터 관심을 받아야 할 학생은 긍정적 특성을 갖추고 있지만, 학급에서 인기가 적거나 별로 선호되지 않는 학생들이다. 이 학생들이 학급에 봉사할 수 있는 중요한 역할을 배정하고 이 역할을 성공적으로 마쳤을 때 많이 칭찬해 준다면, 학급 내에서 스타로 부상할 수 있다. 이들이 학급을 긍정적이고 따뜻하게 만드는 주역이 될 수 있다. 반면에, 학급에서 지나친 관심을 주지 않아야 하는 학생은 공격적이 폭력적인 성향이 있으면서 또래로부터 인기 있는 경우다. 이런 학생들은 자신의 명성이나 지위를 유지하기 위해 사회적으로 바람직하지 않은 방식으로 학급 분위기를 만들어 갈 수 있다.

넷째, 교사가 학생들에게 칭찬이나 처벌을 할 때, 사람을 대상으로 하기보다는 행동을 대상으로 하는 것이 바람직하다. 학년 초에 우리 학급에서 칭찬받을 행동과 처벌받을 행동을 학생들과 함께 정하고 각 행동에 대해 어떤 보상이나 처벌을 할지도 구체적으로 정한다. 각각의 행동을 게시판에 잘 보이도록 게시하고 주기적으로 학급회의를 통해 해당 행동에 대해 학생들 스스로 확인해서 칭찬받거나 책임지게 한다. 바람직한 행동을 하지 않은 학생에게도 그렇게 했던 이유를 설명할 기회를 주고 어떤 행동을 하면 칭찬이나 보상을 받을지 대안 행동을 구체적으로 알려 주어 연습해 볼 수 있는 기회를 제공한다. 만일 이 학생이 실제로 부정적인 행동 대신 바람직한 대안 행동을 잘 수행했다면 학급 구성원들이 다 인지할 수 있도록 크게 칭찬하고 보상해 준다.

3) 사회연결망을 활용한 교사-학생 관계 개선

담임교사를 어려워하거나 친하다고 느끼지는 못하는 학급, 교사와 학생간에 갈등이 있는 학급에서는 다음과 같이 교사-학생 관계를 개선하기 위해 노력해 볼 수 있다.

첫째, 교사는 학생들과 자주 상담을 하거나 개별 면담 시간을 갖는다. 특히 학급 내에서 인기가 없거나 소외된 학생, 학급 친구들로부터 부정적 평가를 받는 학생에게 더 관심을 가지고 학교생활, 교우관계, 가정 내 어려움 등에 관해 물어보고 평소에 학생을 관찰하면서 느꼈던 교사의 솔직한 생각을 알려 주면서 관심을 표현하는 것이 바람직하다.

둘째, 모둠이나 친한 친구 집단별로 담임 교사와 함께하는 활동 시간을 만든다. 학생들과 모여서 함께 급식을 먹는다든지, 교사가 점심 시간이나 방과 후 시간에 모둠이나 친구 집단별로 특별한 시간을 보낼 수 있도록 미리 계획을 만든다. 교사와의 특별한 시간을 통해 학생들은 교사에 대해 긍정적인 감정을 갖고 더 친밀감을 많이 느끼게 된다.

셋째, 수업 시간이나 학교생활 속에서 학생들의 활동이나 참여에 대해 구체적으로 칭찬해 준다. 평소에 주목받지 못했던 학생, 좋은 성품과 특성을 가지고 있지만 내성적이거나 수줍음이 많아서 친구들이 주목하지 못하는 학생들을 더 많이 발굴해서 어떤 강점이나 선행을 했는지, 어떤 점이 훌륭하고 칭찬받을 만한지 학급 내에서 이야기한다. 학급 학생 중에서 적어도 30%의 학생이 교사가 발굴한 스타가 되도록 노력할 필요가 있다.

넷째, 담임교사는 학급 내 학생 모두에게 골고루 부탁이나 도움을 요청한다. 사소한 심부름이나 일이라도 학생들은 교사에게 부탁을 받고, 교사를 도왔다는 것만으로도 교사에 대해 우호적인 정서를 가질 수 있고 많이 친하다고 생각한다.

다섯째, 담임교사가 학생들을 많이 사랑하고 좋아하고 있음을 자주 표현해 주는 것이 필요하다. 학급에서 수시로 우리 반은 좋은 반이고 우리 반 학생들을 자랑스럽게 생각한다고, 우리 반을 맡은 담임교사로서 너무 행복하다는 이야기를 자주 해 주면 실제로 학생들도 학급에 대해 더 많은 소속감과 공동체 의식을 갖게 된다. 특히 학생들이나 학급에 좋은 일이 있을 때 교사는 크게 강조해서 칭찬한다. 사소한 칭찬과 행복이 학생들에게는 학교에서의 즐거움, 기쁨의 원천이 될 수 있다.

학생들 입장에서 교사는 부모 이상으로 의미 있는 타자이다. 학생들이 어렵고 힘든 학교생활 속에서도 교사를 통해 관심과 사랑을 느낄 수 있도록 학생들을 잘 보듬어 주는 것이 교사의 중요한 책무이다. 한번 혼내기 전에 세 번 칭찬해야 관계가 좋아진다.

3. 학교문화와 학교폭력

이 절에서는 학교문화의 정의와 구성요소를 이해하고, 학교폭력과의 관련성을 살펴본다. 학교폭력 예방을 위해서는 긍정적인 학교문화를 조성하고 유지하는 것이 중요하다.

1) 학교문화의 이해

학교문화[1]는 다른 학교와 구분되는 독특한 공유된 신념, 의식, 분위기, 전통 등으로 정의할 수 있다. 학교문화는 네 가지 요소와 관련이 있는데 안전, 교수·학습, 대인관계, 환경이다(Cohen et al., 2009).

첫째, 안전은 명확하고 일관된 규칙, 학생이 학교를 물리적, 심리적으로 안전하다고 느끼는 정도, 폭력이나 괴롭힘에 대한 학교 태도 등이다. 둘째, 교수·학습은 수업의 질이 높은지, 사회적·정서적 학습, 학업을 가치 있게 여기는지, 학교 교사가 전문성 계발을 위해 체계적이고 지속적으로 노력하는지에 관한 것이다. 셋째, 대인관계는 다양성을 존중하고 학교 공동체 구성원이 유대감을 공유하며, 학생, 교직원과 가족 간에 긍정적 관계를 형성, 유지하는 것이 포함된다. 넷째, 환경은 깨끗하고 정돈되어 있으며 시설이나 자원이 적절하게 준비되어 있는지에 관한 것이다.

학교문화는 학생들의 학습뿐 아니라 학교적응이나 행동에 영향을 미친다(Osher, Kendziora, Spier, & Caribaldi, 2014). 긍정적인 학교문화는 따뜻하고 지지적이며 신뢰할 수 있는 관계, 정서적으로 물리적으로 안전한 환경, 다양한 학습자의 특성과 필요에 부합하고 참여적인 교수·학습, 다양한 맥락 속에서 일관된 기대와 규준, 강점 기반 접근, 도움을 필요로 하는 학생이나 교직원에 대한 추가적인 지원, 공정하고 공평한 학교정책, 가족-지역사회 기관과의 개방적 소통과 파트너십 등이 포함될 수 있다.

---

1) 학교풍토(School Climate)와 학교문화(School Culture)를 구분하여 논의하는 학자들(예 Gruenert. 2008)도 있으나, 이 장에서는 학교폭력 예방에 초점을 두어 학교풍토를 포함한 광의의 개념으로 학교문화에 대해 기술하였다.

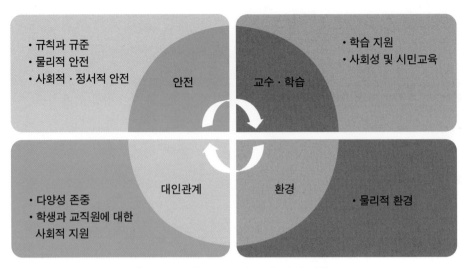

[그림 10-4] 학교문화의 네 가지 차원

    학생들은 긍정적이고 지지적인 학교 분위기를 갖고 있고 비교과 활동에 많이 참여하며, 학생들에게 적절하게 관용적인 학교훈육 정책을 갖추고 있는 경우에 학교환경을 긍정적으로 지각할 뿐 아니라 학교에 대한 소속감과 유대감이 높았다(McNeely, Nonnemaker, & Blum, 2002). 학교 구성원이 공유하고 있는 공동체 의식과 민주적 풍토는 학교문화에 중요한 영향을 미친다(Vieno, Perkins, Smith, & Santinello, 2005). 공동체 의식은 학생이 규칙을 결정하거나 행사를 조직하는 데 학생이 어느 정도 참여하는지, 표현의 자유가 있는지, 학교규칙이나 교사들이 공정하게 대한다고 학생들이 지각하는지가 중요하다. 특히 학교 구성원들은 상호 돌봄과 지지를 통해 더 좋은 공동체로 만들 수 있다. 또한 민주적인 풍토는 학교 활동에 대한 학생의 책임감과 참여를 통해 가능하다(Torney-Purta, 2002). 학생들에게 자신의 목소리를 내고 생각을 표현하는 기회를 제공함으로써, 학생들은 다른 사람을 더 잘 이해하고 학교를 긍정적이고 지지적인 곳으로 이해할 수 있다. 학생이 자신의 의견을 표현하는 경험은 신뢰감, 상호존중, 연대감을 발달시키는 데 도움이 되며, 공동체 의식의 핵심 요소가 된다. 반대로, 교사의 편애나 규칙이 공정하지 않다거나 규칙이 모든 학생에게 똑같이 적용되지 않는다고 학생들이 지각할 경우, 학생의 공동체 의식은 잘 형성되지 못한다. 인종이나 성별, 능력, 외모 등에 의해서 교사로부터 차별적인 대우를 받는다고 생각한 학생들은 학교활동에 소극적으로 참여하며 공동체 의식도 더 낮았다.

2) 학교문화와 학교폭력 간의 관련성

학교문화는 학업성취도뿐 아니라 학교폭력과 밀접하게 관련 있다. 학교생활의 질과 특성을 의미하는 학교문화(Cohen, McCabe, Michelli, & Pickeral, 2009)는 학생의 사회적, 정서적, 학업적 경험과 관련 있다. 고등학생을 대상으로 한 연구(Gregory et al., 2010)에 의하면, 학생들이 교사나 교직원으로부터 도움을 받을 수 있다고 지각할수록, 학교의 규칙이 분명하게 제시될수록 학교폭력 가해경험이나 피해경험은 더 적게 나타났다. 또한 교사와 교직원이 학생들을 잘 돕고 학교환경이나 분위기가 긍정적이고 지지적이라고 생각하는 학생들은 학교폭력이나 괴롭힘이 있을 때 도움을 더 많이 구했다. 지지적인 학교문화는 학생들의 도움 청하기 태도와 관련 있다.

학교문화에 관한 개관연구(Thapa et al., 2013)를 살펴보면, 학생들이 따라야 할 행동에 대한 규칙(구조)이 분명하지 않거나 학생들에게 긍정적이고 지지적인 문화를 갖지 못한 학교에서는 학생들이 학교폭력이나 괴롭힘 피해, 처벌적인 훈육 경험을 더 많이 가졌으며 결석률이 높았고, 학업성취도 수준도 낮았다. 또한 학생들이 학교가 안전하다고 생각하고 학교에 대해 소속감을 느낄 수 있는 긍정적인 문화를 가진 학교에서는 학생들이 학교폭력 피해경험이 있더라도 학업성취에 미치는 부정적 영향이 적었다(Wang et al., 2014). 학교폭력 피해를 경험한 학생이더라도 자신을 돌봐 주고 지지해 주는 학교 내 어른이 있다면, 교사와 강한 신뢰감을 갖고 있다면, 여전히 피해학생의 학습에 대한 동기는 높고 학업효능감이나 사회적, 학업적 기술은 유지되었다. 또한 학교폭력을 당했을 때 도움을 청하고자 하는 동기가 높았다.

학교문화는 학교폭력 가해행동과도 밀접하게 관련이 있다. 학교폭력에 대해 반대하고 단호하게 대하는 학교의 규칙과 정책은 가해행동을 억제하는 효과가 있다. 학교폭력을 암묵적으로 허용하거나 관용적인 문화를 가진 학교에서는 학교폭력이 더 빈번하게 일어난다(Saarento, Garandeau, & Salmivalli, 2015). 또한 학교폭력에 관한 방어행동이 바람직하다고 여겨지고 학교 전체적으로 학교폭력에 대해 교사와 학생들이 잘 대처할 수 있다고 믿는 학교폭력 대처효능감이 높은 학교에서는 학교폭력 가해행동이 줄어들었다(Williams & Guerra, 2011).

학교문화는 학교폭력 예방이나 개입 프로그램의 개발에 있어서 중요하게 고려되어야 한다. 학교폭력 예방을 위하여 학교문화의 핵심적인 요소인 안전과 소속감을 높이는데 주안점을 두어야 할 것이다. 학생들이 학교 내 물리적, 심리적 환경을 안전하게 느낄 수 있도록 하며, 교사-학생 관계나 또래관계를 긍정적으로 조성하고 학교 공동체 의식을 강화하는 교육 실천이 필요하다. 동시에 학교폭력이 발생했을 때 피해학생이 도움을 요청할 수 있는 신뢰할 만한 또래나 교사와의 애착을 강화할 필요가 있다. 이외에도 학교폭력에 대해 학생들의 신념과 가치관을 점검하고, 가해학생에 대한 교육과 재발 방지를 위한 조치가 이루어질 때, 학교폭력을 예방하는 학교문화가 조성될 수 있다.

4. 다문화 학생의 이해와 학교폭력

이 절에서는 다문화 학생을 이해하고, 학교폭력과 관련하여 어떠한 교육적 접근을 취하는 것이 적절한지를 다룬다.

1) 다문화 학생의 학교적응과 학교폭력

우리나라도 전체 인구 중에서 외국인 인구가 차지하는 비율이 5% 이상인 다문화 사회가 되었고 다문화 가정 배경의 학령기 아동 및 청소년도 전체 학생의 3%에 이를 정도로 빠른 속도로 증가하고 있다. 인종, 민족, 종교 등 문화적 배경이 다른 구성원들이 한 사회를 이루고 있는 다문화 사회에서는 학교뿐 아니라 사회 곳곳에서 이들 간의 상호 갈등과 오해, 차별과 편견이 많아질 수 있다. 이에 우리 교육도 본격적으로 다문화에 대해 관심을 가질 필요가 커지고 있다(구정화 외, 2018).

다문화 가족은 우리와 다른 민족 또는 다른 문화적 배경을 가진 사람들이 포함된 가족을 통칭하는 용어로 인종과 문화의 차이, 가치, 종교, 생활양식 등 문화적 다양성을 갖고 있다. 다문화 가족에는 국제결혼가정 외에도 이주민가족(이주노동자, 유학생, 북한이탈주민 자녀) 등이 포함되어 다양한 이주 및 가족 형성 경로를 갖고 있다.

우리나라 교육기본통계에 따르면, 다문화 가정의 학생 수는 2012년 46,954명에서 2021년 160,056명으로 매년 빠르게 증가하는 추세이며 우리나라 초·중등학생 수가 빠르게 줄어드는 것과 대비된다. 또한 전체 학생 중에서 다문화 학생이 차지하는 비율은 2012년 0.7%에서 2021년 3.0%로 지속적으로 증가하고 있다(이나영, 2021).

다문화 학생의 부모가 외국출신인지 여부를 중심으로 살펴보면 외국계 어머니와 한국계 아버지로 구성된 가족이 89.8%로 절대 다수를 차지하고 있으며, 외국계 아버지와 한국계 어머니는 5.6%였고, 부모가 모두 외국 출신인 경우는 4.7%였다. 외국계 부모의 출신 국적을 보면 한국계 중국이 28.1%로 가장 많았고, 그다음은 베트남 20.0%, 중국 18.4%, 필리핀 11.1%, 일본 9.6% 순이었다.

2018년 전국다문화가족실태조사 결과에 의하면, 초·중등학교 및 대학교에 재학 중인 다문화 학생의 86.6%는 학교생활에 잘 적응하고 있다고 응답하였다. 반면에, 학교에 잘 적응하지 못한다는 학생들은 학교 공부가 어렵거나(63.3%), 친구들과 어울리지 못해서(53.5%)를 이유로 들었다. 다문화 학생은 학업이나 성적, 또래관계에 대해 어려움을 호소하였다. 정신건강과 관련하여 지난 1년 동안 지속적으로 2주 이상 일상생활이 어려울 정도로 슬프거나 절망감을 느낀 적이 있는지를 조사한 결과, 느낀 적이 있다고 응답한 비율은 18.8%였다. 구체적으로 우울감은 여자 청소년, 15~17세, 비재학, 외국에서 주로 성장한 자녀에게서 더 많이 나타났다.

다문화 학생을 대상으로 자신에 대한 긍정적 인식을 살펴본 결과, 5점 만점에 3.83점으로 대체로 그런 편이라고 응답하였다. 가족구성원으로서의 자긍심을 살펴보기 위하여, '부모님 중 한 사람이 외국에서 태어났다는 것을 친구나 선생님 등 주위 사람들이 아는 것에 대해 어떻게 생각하는지'라는 문항을 5점 척도로 측정하였

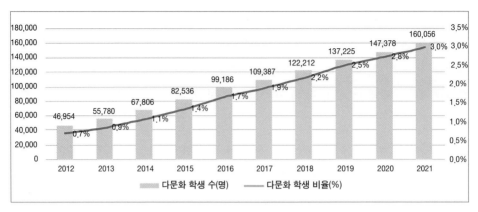

[그림 10-5] 다문화 학생 현황

다. 이에 대해 47.5% 학생이 보통이라고 응답하였고 긍정 응답은 43.2%, 부정 응답은 9.3%였다. 3년 주기로 동일한 문항에 대해 측정한 결과 2012년 5점 만점에 3.33점, 2015년 3.38점, 2018년 3.48점으로 점차 높아지고 있다.

다문화 학생의 학업중단 비율은 2014년 1.01%에서 2017년 1.17%에 가장 높았다가 2018년 1.03%로 다소 줄어들었다. 학교급별로 살펴보면 2017년과 2018년 초등학생은 0.99%에서 0.87%로, 중학생 1.47%에서 1.37%, 고등학생은 2.11%에서 1.91%로 다소 낮아지고는 있으나 전반적으로 일반 학생에 비해 높은 편이다. 질병이나 유학, 해외출국 등을 제외한 부적응 관련 학업중단 비율만 살펴보아도 2014년 0.38%에서 2017년 0.32%, 2018년 0.27%를 차지하였다. 2018년 초등학생은 0.11%, 중학생은 0.44%, 고등학생은 1.35%로 학교급이 올라갈수록 부적응으로 인한 학업중단 비율도 높아지는 경향을 확인할 수 있다.

2018년 전국다문화가족실태조사 연구에 의하면, 학교를 중도에 포기한 응답자를 대상으로 한국에서 학교를 다니다 그만둔 이유를 복수 응답으로 조사한 결과, '그냥 다니기 싫어서'가 46.2%로 가장 높고 그다음으로는 '친구나 선생님과의 관계 때문에'(23.4%), '편입학, 유학 준비'(14.1%), '학비 문제 등 학교 다닐 형편이 안 돼서'(12.95%) 순으로 나타났다. 이러한 경향은 2015년 조사에서는 친구, 선생님과의 관계 때문이라는 응답이 1.3%에 불과했으나 2018년 조사에서는 크게 높아졌다.

동일 조사에서 초중등학교에 다니고 있는 다문화 가족 자녀 중에서 지난 1년간 학교폭력을 당한 경험을 가지고 있는 자녀가 어느 정도 있는지 조사한 결과, 8.2%로 나타났다. 이는 2015년 5.0%에 비해 3.2% 증가한 결과이다. 성별로 살펴보면 여학생이 8.0%, 남학생이 8.4%로 남학생이 다소 피해경험이 더 많은 것으로 나타났다. 연령별로 살펴보면 초등학교 고학년인 만 9세부터 11세까지 9.9%, 중학생 연령인 12세부터 14세까지는 7.2%, 고등학교 연령인 15세부터 17세까지는 5.5%로 나타났고 18세 이상에서는 4.6%로 낮게 나타났다. 부모 모두 외국계(8.3%)이거나 어머니가 외국계인 학생(8.1%)이 아버지가 외국계인 학생(6.9%)보다 피해경험이 많았다. 가구 소득별로도 100만 원 미만은 10.1% 학생이 피해를 경험한 반면에, 500만 원 이상에서는 6.6%만이 피해를 경험하였다.

다문화 가정의 학생들이 가장 많이 겪는 학교폭력은 말로 하는 협박이나 욕설이 61.9%였고, 집단따돌림(왕따) 33.4%, 휴대폰이나 인터넷을 활용한 사이버폭력이 11.4% 순으로 나타났다. 이전 조사 결과와 비교해 볼 때, 인터넷이나 휴대전화를 사용한 욕설이나 비방 등 사이버폭력은 늘어나는 반면에, 대면으로 이루어지는 협박이나 욕설, 집단따돌림은 감소하는 경향을 보였다. 학교폭력 대응과 관련해서 부모 등 가족에게 알리거나(46%) 학교에 알리는 경우(33.5%)가 많지만, 참거나(30.4%) 그냥 넘어가는(18.2%) 경우도 적지 않았다. 이전 조사에 비해 소극적으로 대응하는 경향이 강해졌다.

2) 다문화 학생을 위한 교육

다문화 교육은 다양한 가치와 문화를 가진 소수 집단을 학교와 사회에서 통합함으로써 소수 집단의 학생들이 안전하게 교육받으며 자신의 역량을 발휘하도록 교사, 학교, 사회 환경의 변화를 촉진하는 것을 목적으로 한다. 또한 다문화 교육은 학교 교육을 통해 학생들이 민족, 인종, 계층, 성별, 지역 등 문화적 차이로 인한 편견이나 갈등의 문제를 적극적으로 대처할 수 있는 능력을 함양하는 교육이다(이신동 외, 2017).

다문화 교육에서 교사는 중요한 역할을 하며 학생의 변화를 주도하는 역할 모델이 될 수 있다. 다문화 학생이 가진 고유한 문화, 언어, 가치를 존중하고 주류 문화와 공존할 수 있도록 교육할 때, 다문화 학생은 정체성이나 자존감을 유지, 발달할 수 있다. 또한 교사는 다문화 학생의 배경과 관련된 교육 내용이나 활동을 사용함으로써 다문화 학생이 수업이나 학교생활에서 소외되지 않도록 배려할 필요가 있다. 최근 우리의 생활이나 세계 자체가 다문화 상황임을 인식하고 이에 맞게 교육과정을 재구성할 필요가 있다. 다양한 문화권의 사람들과 교류하고 다양한 문화를 풍부하게 접촉하고, 그 문화를 보다 많이 이해할 때, 비로소 우리 인류는 더 나은 삶, 더 나은 세계를 만들어 갈 수 있다.

다문화 학생들이 겪는 문제를 살펴보고 각각에 대한 교육 방안을 살펴보면 다음과 같다.

첫째, 다문화 가정의 학생들은 특수한 가정 환경으로 인하여 언어발달 수준이 일반 또래 학생에 비해 낮다. 한국어가 미숙한 외국인 어머니와 함께 생활하는 경우, 한국어 발달이 지체될 수 있으며 이로 인해 의사소통에 어려움을 겪을 수 있다. 또한 나이가 들어 일반적인 의사소통이나 언어능력, 인지능력에는 문제가 없다고 하더라도 독해능력, 어휘력, 작문능력이 떨어질 수 있으므로 학교교육에 어려움을 겪을 수 있다. 따라서 다문화 학생들을 위해서는 이중언어 환경에서 한국어 능력을 향상시킴으로써 학교교육에 잘 적응할 수 있도록 돕는 노력이 필요하다. 이를 위하여 기초학력 향상을 위한 교육청 또는 학교 차원의 교육 프로그램을 제공해 주거나 대학생 멘토 등을 활용하여 학생별 맞춤형 학습지도가 필요하다(박용한, 이신동, 2017; 연보라, 2017; 하여진, 2021).

둘째, 다문화 학생은 부모의 출신 국적이 다르기에 자신의 정체성에 관해 혼란감을 가질 수 있다. 자신이 한국에 사는 외국인처럼 느껴질 수도 있고 실제로 어렸을 때부터 주변인들로부터 그렇게 인식될 가능성이 크다. 또한 거부나 차별을 많이 경험하게 되면서 자신에 대해 부정적 인식이나 태도를 가질 수 있다. 따라서 학교 차원에서 다양한 인종이나 국가, 가정의 배경을 존중하고 이해할 뿐 아니라 이들에 대한 다문화 수용의식을 높일 수 있는 교육이 필요하다(구정화 외, 2018; 이신동 외,

2017).

셋째, 외모나 언어적 문제로 인해 주류 또래문화에 속하지 못하고 또래로부터 거부되거나 배제될 가능성이 높다. 또한 이러한 사회적 차별경험은 정서적, 심리적 부적응 문제를 야기할 수 있는데 많은 다문화 학생이 일반 학생에 비해 불안과 우울 수준이 높은 것과도 밀접하게 관련 있다. 특히 다문화 학생이 겪는 또래문제는 학교에 흥미를 잃거나 참여에 소극적이게 되면서 학교를 중도에 포기하는 경우로 이어진다. 다문화 학생들의 학생생활지도에 있어서 가족, 친구, 교사와 같은 사회적 지지가 중요하다. 그중에서도 교사가 다문화 학생들을 어떻게 인식하고 있으며 어떻게 상호작용하고 있는지에 따라 다문화 학생들의 학교적응이 달라질 수 있다. 교사가 학급이나 학교에서 또래로부터 긍정적 평가를 받는 학생들과 교우관계를 맺을 수 있도록 도와줌으로써 다문화 학생의 학교생활 및 적응에 기여할 수 있다(양계민 외, 2014, 2017, 2019; 하여진, 2021).

💡 교육적 시사점

담임교사는 수업만큼 학생의 생활지도와 학급관리에 중요한 책임을 맡고 있다. 학급 내 학생들의 특성을 잘 이해하고 학생들 간의 관계나 역동을 충분히 파악하여 학생들 간의 갈등이나 폭력이 일어나지 않도록 사전에 적절하게 개입할 필요가 있다. 예를 들어, '생각해 보기'의 사례에서처럼 학급회장이 학급에서 어떠한 행동을 하며, 이 행동에 대해 학급 학생들이 어떻게 반응하는가에 따라서 담임교사와 갈등관계를 형성할 수 있다. 교사와의 갈등이 마치 학급 내에서 또래들에게 힘을 과시하는 방식으로 활용될 수 있으므로 인기와 영향력 있는 학생이 학급 내에서 모범적이고 바람직한 행동을 할 수 있도록 분위기를 형성할 필요가 있다. 만일 이러한 학생이 바람직하지 않은 방식으로, 특히 교사와 갈등을 유발하는 방식으로 행동한다면 개별적으로 학생을 불러 정확하게 잘못을 지적하고 이러한 행동이 다른 학생들에게까지 영향을 미치지 않도록 사전에 경고를 주고 교육하는 것이 바람직하다. '선생님 길들이기'처럼 담임교사가 학생들의 희생양이 되지 않도록 주의할 필요가 있다.

부록

※ 학교문화 점검표는 학생이나 학부모, 학교 교사나 직원, 외부인이 우리 학교를 어떻게 느끼고 생각할지를 알아보기 위한 것이다. 이 도구는 로저스의 긍정적 학교문화를 만들기 위한 전략 중 일부이다(Rogers, 2019).

학교문화 점검표

1. 학교 밖에서 봤을 때, _____

2. 사무실에 들어섰을 때, _____

3. 학교에 처음 방문한 부모님과 이야기했을 때, _____

4. 응급상황이 발생했을 때, 교직원은 _____

5. 이 지역에 새로 이사 온 가족들은 _____

6. 교사는 _____와 협업을 할 것이다.

7. 학생은 _____를 통해 어려움을 해결할 것이다.

8. 축제나 특별 행사 동안, 우리는 _____

9. 교직원은 _____ 할 때 감사 인사를 받는다.

10. _____할 때 학업적으로 성공해야 한다는 압박감을 느낀다.

11. 교무실은 _____

12. 우리 학교의 한 가지 특별한 전통은 _____

13. 우리 학교는 _____ 으로 잘 알려져 있다.

14. 방과 후 프로그램은 _____

15. 교사는 전문성 향상을 위해_____

16. 관리직은 교사들이 _____ 하도록 돕는다.

17. 급식실에서의 느낌은 _____

18. 우리 학교에서 가장 좋은 것은 _____

19. 우리 학교가 해결해야 할 가장 큰 도전은 _____

20. 지역사회 구성원은 우리 학교에 대해 _____ 라고 생각한다.

출처: Rogers (2019), pp. 28-29.

제11장
고위험 학생 이해와 교육

이 장에서는 학교폭력과 관련이 있을 수 있는 고위험 학생을 이해하고 교육하기 위해 3수준 공중보건 모형을 토대로 어떻게 예방하고 교육해야 하는지에 대해 알아본다. 또한 고위험 학생 유형을 아동학대 피해, 아동성폭력 피해, 가정폭력 피해, 학업중단위기 학생으로 한정하여 각각의 개념, 유형, 교육 및 개입 방안, 신고 의무 등에 대해 살펴본다. 고위험 학생 유형은 단일한 유형으로 나타나기도 하지만 한 학생이 여러 고위험 유형에 해당되는 경우도 적지 않다. 따라서 교사는 이에 대한 적절한 이해가 필요하다.

학습목표

• 3수준 공중보건모형을 토대로 고위험 학생의 예방 및 교육 방안에 대해 설명할 수 있다.
• 아동학대, 아동성폭력, 가정폭력의 정의와 신고 의무에 대해 설명할 수 있다.
• 학업중단위기와 학업중단숙려제에 대해 설명할 수 있다.

생각해 보기

〈철수의 이야기〉

　나는 오늘 학교에 갈 수 없다. 같은 반 영수의 얼굴을 볼 수 없기 때문이다. 얼마 전 영수에게서 밤에 나오라는 연락을 받았다. 영수는 동네 외진 곳에 술을 사 놓고 나를 기다리고 있었다. 우리는 기분 좋게 술을 마셨다. 그런데 갑자기 영수가 나에게 서운하다고 한다. 왜 동네 형들이 부르면 바로 바로 오면서 자기가 부르면 핑계가 많냐고 한다. 그러더니 갑자기 동네 형들을 소개한 것도 자기인데, 자기가 만만하냐고 화를 냈다. 내가 당황해서 말을 하지 못하니까, 왜 말을 하지 않냐며 내 뺨을 때리고, 주먹으로 배를 때렸다. 순간 눈물이 핑 돌았다. 아무 말도 못하고 눈물 흘리고 있는 나에게 영수는 앞으로 자기가 부르면 30분 내로 달려오라 했다. 앞으로 나는 영수가 하라는 대로 살아야 하는 걸까. 이제 나는 학교에 갈 수 없다. 집에서는 영수의 전화를 무시할 수 있지만, 학교에 가면 영수를 만날 수밖에 없기 때문이다. 생각해 보면 이해도 안 되는 수업 시간, 하루 종일 우두커니 칠판만 보고 앉아 있는 것도 고역이었다. 이제 학교라면 정 떨어진다.

〈영수의 이야기〉

　나는 철수가 좋다. 아버지와 어머니는 늘 싸웠고, 따로 사신 지 이제 6년째이다. 나는 아버지와 단 둘이 같이 살고 있다. 어려서부터 아버지는 나를 때리셨다. 아버지에게 맞고 나면 너무 서럽다. 그런데 더 서러운 것은 누구도 나를 도와주지 않는다는 것이다. 다행히 지금은 아버지가 나를 때리지 않고 욕만 하신다. 하지만 욕 정도는 무시할 수 있다. 이런 나에게 철수는 큰 위로이다. 철수는 내 말을 다 들어주고, 내가 힘들 때 위로해 준다. 철수는 내가 살아가는 이유이다. 그런데 요즘 들어 철수에게 연락을 해도 반응이 없다. 그 시간에 철수는 내가 소개해 준 형들이나 다른 아이들과 노느라 바쁘기 때문이다. 어떻게 나한테 이럴 수 있나 싶어 화가 난다. 그래서 지난밤에 만나 많은 이야기를 했다. 그런데 이야기를 하다 보니 갑자기 화가 올라와서 몇 번 쳤다. 그렇다고 아버지가 나를 때리듯 때리지는 않았다. 우리는 화해도 했다. 그런데 선생님이 갑자기 나를 부르셔서 내가 학교폭력 가해자라 하신다. 내가 왜 학교폭력 가해자가 된단 말인가. 우린 그저 대화를 한 것뿐이었다. 억울하다.

1. 3수준 공중보건모형: 고위험 학생의 예방 및 교육

　이 장에서는 학교폭력과 관련된 고위험 학생에 대한 예방과 교육에 대해 살펴본다. 먼저 3수준 공중보건모형에 대해 소개한다. 3수준 공중보건모형은 중대한 어려움의 정도에 따라, 모든 학생을 3개의 수준으로 나눈 후, 각 수준의 학생들에게 어떻게 예방과 교육을 해야 하는지를 제안하는 이론이다. 이 장에서는 고위험 학생 유형을 아동학대, 아동성폭력, 가정폭력, 학업중단위기로 한정하여 살펴본다.

　아동학대, 가정폭력은 학교폭력과 관련성이 높은 변인으로 여러 연구에서 언급되고 있다(이승주, 정병수, 2015; 조민경, 조한익, 2019; Evans, Eavies, & DiLillo, 2008). 또 2020 범죄백서에 따르면 2019년 발생한 성범죄 중 14~18세에 해당하는 소년범이 10% 내외로 적지 않으며, 성인 성폭력 가해자의 절반 정도는 청소년기에 성폭력 범행을 시작한다고 보고되고 있다(이영준, 2021). 보편적으로 아동학대, 성폭력, 가정폭력은 위기학생으로 분류되고(김동민 외, 2016), 학교에서도 이러한 위기에 노출된 학생을 돕기 위해 위기지원협의체를 구성하여 긴급하게 개입하고 있다.

　법령에 의하면 아동학대[1]와 아동에 대한 성폭력[2] 사안 발생 사실을 알게 된 학교의 장과 그 종사자는 즉시 수사기관에 신고해야 한다. 즉, 학교장과 교사는 신고의무자이다. 신고 이후에도 학교에서는 피해학생을 지속적으로 교육하고 보호해야 한다. 고위험 학생뿐 아니라 일반 학생들을 돕는 데 있어 3수준 공중보건 모형은 교사에게 실질적인 아이디어를 제공한다. 3수준 공중보건모형에서는 중대한 어려움에 노출된 정도에 따라 학생을 3개의 수준으로 나누어, 각각 수준에 따라 다르게 예

---

1) 아동학대의 경우 「아동학대범죄의 처벌 등에 관한 특례법」 제10조에 의거하여, 「초중등교육법」과 「유아교육법」 등에 의거한 학교의 장과 그 종사자는 직무를 수행하면서 아동학대범죄를 알게 된 경우나 그 의심이 있을 경우에 수사기관 등에 즉시 신고하여야 한다.

2) 아동성폭력의 경우, 13세 미만이 대상인 경우 「형법」 제305조, 「성폭력범죄의 처벌 등에 관한 특례법」 제7조에 의해, 만 19세 미만의 아동·청소년이 대상일 경우 「아동·청소년의 성보호에 관한 법률」에 의거하여 처벌을 받게 된다. 학교종사자는 신고의무자에 해당이 되며(「아동·청소년의 성보호에 관한 법률」 제34조). 신고의무자가 아동·청소년 대상 성범죄 발생 사실을 알고 수사기관에 신고하지 않거나 거짓으로 신고한 경우 300만 원 이하의 과태료를 부과받을 수 있다(「아동·청소년의 성보호에 관한 법률」 제67조).

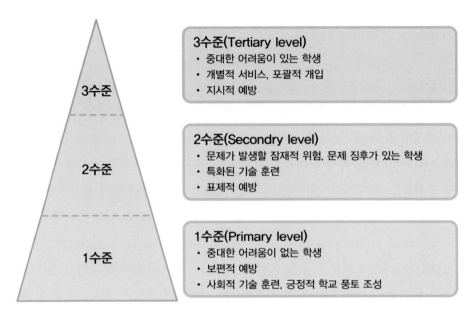

[그림 11-1] 3수준 공중보건 모형

방하고 교육해야 함을 제안한다(Smolkowski et al., 2017; Walker et al., 1996).

3수준 공중보건모형은 예방과 치료에 대한 공중보건 접근으로 [그림 11-1]과 같이 전체 집단을 3개의 층으로 구분하여 집단 전체에게 적절한 예방과 교육을 연속적으로 실시하자고 제안한다. 삼각형의 아랫부분인 1수준에서는 모든 학생을 대상으로 보편적 예방을 실시한다. 삼각형의 중간 부분인 2수준에는 문제가 발생할 잠재적 위험이 있거나 문제의 징후를 나타나는 학생이 해당되며, 2수준 학생에게는 표제적 예방과 특화된 기술 훈련 등을 실시한다. 삼각형의 맨 윗부분인 3수준에는 중대한 어려움을 표출하고 있는 학생이 해당되며, 이들에게는 학교 교직원, 심리전문가, 사회복지 전문가, 정신과 의사 등 여러 분야의 전문가가 함께 지시적 예방과 포괄적인 개입을 실시해야 한다.

이 장에서 살펴볼 고위험 학생의 유형인 아동학대, 아동성폭력, 가정폭력에 노출된 학생들은 2수준 또는 3수준에 해당될 가능성이 높다. 예를 들어, 아동학대, 아동성폭력, 가정폭력에 노출된 학생 중에는 경미한 부적응의 징후 정도만 보이는 2수준의 학생이 있을 수 있고, 지속적인 비행을 비롯한 심각한 정서·행동문제를 보이는 3수준 학생도 있을 수 있다.

2수준의 학생에게는 사회적 기술과 문제해결 및 정서조절 기술 등의 교육을 실시하여, 대상 학생의 사회적, 인지적, 학업적 기술을 증진시켜 주어야 한다. 이를 통해 2수준 학생들이 3수준으로 악화되지 않도록 돕고, 더 건강하게 자신의 삶을 살아갈 수 있도록 도울 수 있다. 그러나 3수준의 학생은 단지 학교의 노력만으로 상황이 좋아지기 어렵다. 따라서 학교 내외의 전문가들이 함께 지속적으로 관심을 갖고 집중적으로 개입해야 한다. 이 학생들에게는 현재 보이는 장애나 문제의 부정적 효과를 최소화하고, 악화를 차단하며, 적절한 기능 수준을 달성할 수 있도록 돕는 것이 목표이다(Merell & Gueldner, 2010).

예를 들면, '생각해 보기'의 영수는 가정폭력과 아동학대에 장기간 노출되어, 폭력에 무감각하고, 정서적으로 애정에 대한 갈구가 심하여 친구에게 집착한다. 그런데 친구와 친밀감을 유지할 수 있는 문제해결능력과 의사소통능력은 부족한 상태이다. 그러다 보니 좋아하는 친구를 폭력으로 제압하여 자신의 욕구를 충족시키려 하고 있다. 이는 욕구를 어떻게 건강하게 충족시켜야 하는지에 대한 무지함, 타인에 대한 공감 및 존중과 배려의 부족 때문이다. 따라서 교사는 영수와 같은 학생을 만나게 될 때, 소소한 갈등 상황에서 어떻게 행동해야 하는지 심리교육을 실시하고, 영수에게 우울이나 충동성과 같은 정신건강 문제가 있는 것으로 의심된다면 학교 내 위클래스, 교육지원청의 위센터 등과 협력하여 병원 치료 및 다양한 상담 프로그램을 지원해야 한다. 가정과 협력이 지속적으로 유지될 수 있도록 조치를 취할 필요가 있다.

2. 고위험 학생의 이해: 아동학대, 아동성폭력, 가정폭력

1) 아동학대

아동학대는 학생의 우울, 불안, 공격성에 부정적인 영향을 미치고(김수정, 정익중,

2013; 이선숙, 박종효, 2017), 학대 경험은 학교폭력 가해 및 피해 행동과 밀접한 관련이 있다(임구원, 2015). 아동학대에 대한 정의와 유형은 「아동복지법」과 「아동학대범죄의 처벌 등에 관한 특례법」에 근거한다. 아동학대와 아동학대범죄는 비슷해 보이지만, 조금 다른 개념이다. 아동학대란 아동의 건강 또는 복지에 대한 보다 광의의 개념이고, 아동학대 범죄란 아동학대의 주체를 보호자로 한정하고 형사처벌 또는 보안처분의 대상이 되는 행위로 한정한다. 따라서 아동학대범죄는 아동학대보다는 좁은 개념이라 할 수 있다(송지훈 외, 2020). 아동학대범죄에서 보호자란 친권자, 후견인, 아동을 보호·양육·교육하거나 그러한 의무가 있는 자 또는 업무·고용 등의 관계로 사실상 아동을 보호·감독하는 자를 말한다.

「아동복지법」에 의하면, 아동이란 18세 미만의 자를 의미하며, 아동학대[3]란 보호자를 포함한 성인에 의해 아동의 건강과 복지가 해쳐지거나 정상적 발달을 저해할 수 있는 신체적·정신적·성적 폭력이나 가혹행위를 하는 것과 아동의 보호자가 아동을 유기하거나 방임하는 것을 말한다.

아동학대의 유형으로는 신체학대, 정서학대, 성학대, 방임 및 유기가 있다. 신체학대란 성인이 우발적인 사고가 아닌 상황에서 아동의 신체에 손상을 입히거나 또는 신체적 손상을 입도록 허용한 모든 행위로, 직접적으로 신체에 가해지는 행위, 도구를 사용하여 신체에 가해지는 행위, 완력을 사용하여 신체를 위협하는 행위, 신체에 유해한 물질로 신체에 가해지는 행위 등을 들 수 있다. 판례에 의하면 자기방어능력이 없는 2세 자녀의 뺨을 한 대 때린 일회성 폭력도 신체학대로 판결이 되었고, 아동인 자녀들에게 전자부품 조립을 강제한 경우, 13세 자녀에게 기마자세로 벌을 준 사건 등도 신체학대로 판결되었다. 또 아동에게 향정신성 의약품을 음료수라 속이고 투약한 행위, 밤늦게 귀가한 아동의 뺨을 때리고 발로 걸어찬 행위도 신

---

3) 아동학대란 보호자를 포함한 성인에 의해 아동의 건강과 복지가 해쳐지거나 정상적 발달을 저해할 수 있는 신체적·정신적·성적 폭력 또는 가혹행위 및 아동의 보호자에 의한 유기와 방임을 말하며, 아동학대의 유형으로는 신체학대, 정서학대, 성학대, 방임 및 유기가 있다(「아동복지법」, 제3조 제7호). 아동학대범죄란 아동의 보호자에 의한 아동학대로서 형법에 의한 죄(상해, 폭행, 유기, 체포, 감금, 협박, 약취, 유인, 인신매매, 강간, 추행, 명예훼손, 모욕, 강요, 공갈, 재물손괴 등), 「아동복지법」에 의한 죄(신체적·정서적·성적 학대, 유기, 방임 등), 아동학대처벌법에 규정된 범죄(아동학대살해·치사, 아동학대중상해, 상습범 등)를 저질렀을 때 적용받게 된다.

체학대로 판결되었다.

정서학대란 아동에게 정신적 폭력이나 가혹행위를 하는 것으로 언어적 모욕, 정서적 위협, 감금이나 억제, 기타 가학적 행위를 행하는 것을 말하며 언어적, 정서적, 심리적 학대라고도 한다. 예를 들어, 가정에서 초등학생 자녀 앞에서 친부가 친모를 피가 나도록 때리는 행위는 정서학대로 판결되었다. 또 음악을 틀어 놓고 춤을 추는 아동에게 욕을 하며 집에서 내쫓은 행위, 가족구성원에게 모욕적인 행위를 하도록 강요하는 것, 아동 소유의 휴대폰을 깨뜨리는 행위도 정서학대로 판결되었다.

성학대란 성적 폭력이나 가혹행위를 말한다. 성학대 사례 중 「성폭력범죄의 처벌 등에 관한 특례법」 및 「아동·청소년의 성보호에 관한 법률」에서 가중처벌되는 경우에는 그 법에서 정한 바에 따른다.

방임이란 아동이 성장하기 위해 필요한 의식주, 의무교육, 의료적 조치 등을 제공하지 않는 것을 말하고, 유기란 아동을 버리는 행위를 말한다. 예를 들어, 아동을 출산하고 친모가 종이박스에 태어난 아이를 넣어두고 간 행위, 출생신고를 하지 않는 행위, 아동을 학교에 보내지 않는 행위, 학대가 드러날까 두려워 화상을 입었는데도 병원에 데리고 가지 않는 행위, 자녀에게 친족 내 성폭력이 발생했는데도 신고하지 않는 행위, 아동을 병원에 입원시켜놓고 사라지는 행위 등을 예로 들 수 있다.

아동학대는 누구든지 이 사실을 알게 된 경우나 그 의심이 있는 경우에 시·군·구 또는 수사기관(112)에 신고할 수 있다. 단 신고의무자는 아동학대범죄를 알게 된 경우나 그 의심이 있는 경우에 즉시 시·도나 시·군·구 또는 수사기관(112)에 신고하여야 한다(「아동학대범죄의 처벌 등에 관한 특례법」). 신고의무자란 직무상 아동학대범죄에 대한 인지 가능성이 높은 직군을 말하는데, 초·중·고등학교 및 어린이집·유치원의 장과 그 종사자가 이에 포함된다. 따라서 유아 및 학생을 교육하면서 아동학대의 징후를 발견하게 된다면, 상황을 확인한 후 즉시 신고하여 법령에 따라 유아 및 학생이 보호될 수 있도록 조치해야 한다. 신고를 할 때, 신고자의 이름과 요구사항, 아동의 인적사항, 아동의 안전을 비롯한 현재 상황, 학대행위 의심자의 인적사항, 학대 의심 상황 등 알고 있는 정보를 신고기관에 알려 주는 것이 바람직하다. 만약 신고자가 자신의 연락처나 이름을 알리고 싶지 않다면 익명으로 신고할 수 있다. 또 문자 112, 아이지킴콜(모바일 앱)으로도 신고가 가능하다. 아동학대로 의심될 때 교사는 아동의 안전을 가장 중요하게 생각해야 한다. 또, 아동에게 일련의 상황이 결코 아동의 잘못이 아님을 말해 주고 일상적으로 대해 주는 것도 필요하다. 만약 몸에 상흔이 있다면 증거 사진을 찍어 두어야 한다. 아동학대 신고자는 공익신고자로 보호를 받을 수 있는데, 신고자는 자신의 정보를 보호받을 수 있고, 자신의 인적사항 기재를 생략하도록 요청할 수 있으며, 신변 보호에 위협을 느끼면 경찰에 신변보호 조치를 요청할 수 있다.

아동학대는 믿고 의지해야 할 보호자에게 학대를 받고 있는 상황이기 때문에 아동이 불안정 애착을 형성하기 쉽다(Trickett et al., 2011). 이로 인해 교사에게 쉽게 마음을 열지 않고, 마음을 연다고 하더라도 그 신뢰는 깨지기 쉽다. 따라서 학생의 심리적 상태를 민감하게 살피면서 학생과의 적절한 심리적 거리를 유지하며 지치지 않고 꾸준히 돌보는 것이 필요하다. 시·군·구의 아동학대 담당자, 학교의 위클래스, 교육지원청의 위센터, 아동보호기관과도 연계하여 학생을 함께 돌보는 것이 바람직하다.

2) 아동성폭력

성폭력이란 개인의 의사에 반하여 권력이나 힘의 차이를 이용하여 성을 매개로 상대방의 성적 자기결정권을 침해하는 모든 행위를 말한다. 성적 자기결정권이란 스스로 선택한 인생관 등을 바탕으로 각자 독자적으로 성적 가치관을 확립하고, 이에 따라 자기 책임하에 스스로 상대방을 선택하고 성관계를 가질 권리를 말한다. 즉, 성적 자기결정권이란 원하지 않은 성적 접촉을 하지 않을 권리, 상대방과 수평적인 관계에서 적극적 동의하에 성적 접촉을 할 권리라 할 수 있다.

아동성폭력은 「형법」 제305조의 '13세 미만의 사람에 대한 간음 또는 추행'과 「성폭력범죄의 처벌 등에 관한 특례법」 제7조의 '13세 미만의 사람에 대한 강간, 강제추행 등', 「아동·청소년의 성보호에 관한 법률」에 따른 19세 미만의 아동·청소년에게 저지른 성범죄 및 성폭력 범죄 조항에 근거하여 처벌받고 있다.

누구든지 아동성폭력 범죄 사실을 알게 되었을 때에는 수사기관에 신고할 수 있고, 학교와 같이 만 19세 미만의 미성년자를 보호하고 교육하는 시설의 장과 관련 종사자는 즉시 신고하여야 한다(「성폭력방지 및 피해자보호에 관한 법률」제9조). 만일 신고의무자가 성폭력이 발생됨을 알고도 수사기관에 신고하지 않거나 거짓으로 신고한다면 300만원 이하의 과태료를 부과받을 수 있다(「아동·청소년의 성보호에 관한 법률」제67조). 따라서 교사는 학생에 대한 성폭력 피해를 감지했을 때 신속히 학교 내 담당자와 협의하고, 수사기관 및 학교 내외 전문가와 협업하여 학생을 보호해야 한다. 성폭력에 노출된 학생은 특히 비밀보장이 안 될까 봐 두려워한다. 그러므로 성폭력 사안에 대한 개입 논의는 최소의 인원으로 진행해야 하며, 개입을 논의하는 모든 교사는 비밀보장 서약서를 작성하는 것이 바람직하다.

3) 가정폭력

가정폭력이란 가정구성원 사이에서 신체적, 정신적 또는 재산상 피해를 수반하는 행위가 발생하는 것을 말한다. 이때 가정구성원[4]은 법률혼 관계의 가정구성원뿐 아니라 사실혼 관계의 가정구성원도 포함된다. 가정폭력은 하나의 형태로 나타나기보다 중첩적으로 나타난다. 예를 들어, 신체폭력만 있는 것이 아니라 정서학대와 같이 나타나거나, 아동학대나 노인학대와 같이 나타난다. 또 가정폭력은 가정 내에서 일어나는 폭력이라서 은폐되기 쉽고, 부부간의 갈등이나 훈육 등으로 포장되어 폭력이 지속적이고 반복적으로 발생할 가능성이 크다.

가정폭력의 유형으로 사자명예훼손, 모욕, 강간, 강제추행, 준강간, 준강제추행, 미성년자 간음, 추행, 폭행, 존속폭행, 협박, 존속협박, 명예훼손, 출판물 등에 의한 명예훼손, 공갈, 상해, 유기, 학대, 체포, 감금, 강요, 재물손괴 등이 있다(「가정폭력

---

4) 「가정폭력범죄의 처벌 등에 관한 특례법」제2조 2항에 의하면, 가정구성원이란 배우자(사실상 혼인관계에 있는 사람 포함) 또는 배우자였던 사람, 자기 또는 배우자와 직계비속 관계(사실상 양친자관계 포함)에 있거나 있었던 사람, 계부모와 자녀의 관계 또는 적모(嫡母)와 서자(庶子)의 관계에 있거나 있었던 사람, 동거하는 가족중 어느 하나에 해당하는 사람을 말한다

범죄의 처벌 등에 관한 특례법」제2조). 이때 가해자란 가정폭력 범죄를 범한 사람 및 가정구성원인 공범을 말하며, 가정폭력 피해자란 가정폭력 범죄로 인해 직접적인 피해를 입은 사람을 말한다.

가정폭력도 누구든지 가정폭력 범죄를 알게 된 경우 수사기관에 신고할 수 있고, 신고되면 피해자는 경찰로부터 폭력행위의 제지, 가해자 및 피해자의 분리 및 범죄 수사 등의 도움을 받을 수 있다. 신고는 여성긴급전화센터(1366), 경찰청(112)에 할 수 있으며, 필요시 응급조치, 병원후송, 친인척 연락 등 신속한 도움을 받을 수 있다.

가정폭력에 노출된 학생은 학교폭력의 가해 및 피해에 연류될 가능성이 높기 때문에(고은주, 장영숙, 김고은, 2019; 이승주, 정병수, 2015; 정윤경, 김혜진, 김정우, 2012), 교사의 세심한 관찰이 필요하다. 가정폭력에 노출된 학생의 경우 심리 정서적 불편감 및 폭력에 대한 잘못된 태도가 학습될 수 있으므로 심리상담 서비스를 받을 수 있도록 학교 내 위클래스와 협업하는 것이 바람직하다.

4) 폭력 관련 아동 · 청소년 대상 법령

〈표 11-1〉 폭력 관련 아동 · 청소년 대상 법령

구분	학교폭력	아동학대	아동학대범죄	가정폭력	아동성폭력
관련 법령	• 학교폭력 예방 및 대책에 관한 법률	• 아동복지법	• 아동학대 범죄의 처벌 등에 관한 특례법	• 가정폭력범죄 의 처벌 등에 관한 특례법	• 형법 • 성폭력범죄의 처벌 등에 관한 특별법 • 아동 • 청소년의 성 보호에 관한 법률
가해자	• 제한 없음	• 보호자를 비롯한 성인	• 보호자	• 가정구성원	• 제한 없음
피해자	• 학생	• 아동(18세 미만)	• 아동(18세 미만)	• 가정구성원	• 아동(19세 미만)

아동·청소년을 대상으로 하는 대표적 폭력 관련 법령은 학교폭력, 아동학대, 아동학대범죄, 가정폭력, 아동성폭력이라 할 수 있다. 이들 간의 차이를 살펴보면 다음과 같다. 아동학대는 가해의 주체가 보호자를 비롯한 성인으로 제한되어 있고, 학교폭력은 가해자에 대한 제한이 없다. 또 가정폭력은 아동이 직접적인 피해자가 아니라 하더라도 폭력행위에 노출되는 것으로 인해 아동의 건강과 복지에 해를 끼칠 수 있어서 아동학대에 해당될 수 있다. 아동·청소년 대상 폭력 관련 법령과 그 내용을 정리하여 〈표 11-1〉에 제시하였다.

3. 고위험 학생의 이해: 학업중단위기와 학업중단숙려제

1) 학업중단위기

최근 학업중단은 고위험군 학생이 아니더라도 학교문화, 교육활동 등의 이유로 다양한 맥락에서 자발적으로 선택되고 있다. 먼저, 학업중단 학생의 개념에 대해 살펴보자. 학업의 사전적 의미는 공부나 학문을 닦는 일이다. 따라서 반드시 학업이 학교에서만 발생한다고 볼 수는 없다. 하지만 통상적으로 학업중단이란 정규 학교에서의 학업을 중단한다는 사회적 함의를 포함한 용어라 볼 수 있으므로(윤철경, 류방란, 김선아, 2010), 이 장에서는 정부가 교육통계서비스(2021)를 통해 공식적으로 사용하는 개념을 학업중단이라 조작적으로 정의하였다. 이에 따르면, 학업중단이란 자퇴, 퇴학(품행), 유예 및 면제의 사유로 학업을 중단한 경우를 말한다.

'생각해 보기' 중 철수의 사례는 학교폭력 피해가 심화되는 것을 두려워하여 학업중단을 고려한 학생에 대한 이야기이다. 학업중단의 이유가 꼭 학교폭력만 있는 것은 아니지만, 학교폭력이 학업중단을 선언하는 데 영향을 미치는 요인일 수 있으므로, 학업중단을 고민하는 학생들이 학교폭력에 노출되어 있었는지 확인할 필요가 있다.

학업중단은 단지 일시적인 하나의 사유 때문이라기보다는 누적되어 온 복합적 갈등의 영향 때문에 발생한다(김현주, 박재연, 2019). 학업중단은 대인관계, 기초학습능력 부족과 학업 부진, 가정문제, 진로나 진학에 대한 고민 또는 결정, 전학 등의 사유가 단일하게 혹은 복합적으로 작용한 것이라 할 수 있다(김성은, 박하나, 김현수, 2021).

교육부(2015)는 [그림 11-2]와 같이 학업중단에 이르게 되는 과정을 6단계로 설명하고 있다. 1단계는 '부정적 경험' 단계로, 개인, 가정, 학교, 사회적으로 부정적인 경험과 부정적인 감정에 노출되는 단계이다. 2단계는 '내면적 갈등' 단계로, 다양한 원인으로 학교 제도에 실망하고 상처를 받으면서 내면적 갈등을 느끼는 단계이다. 3단계는 '부적응 행동' 단계로, 이 단계에서는 학교에 오지 않거나, 가출하거나, 비행으로 경찰서를 출입하는 등 학교 안팎에서 부적응 행동이 발생하는 단계이다. 4단계는 '적절한 도움의 부재' 단계로, 부모나 교사의 적절한 개입과 관여가 없는 상태에서 학교 밖 또래와 강한 유대감이 형성되고 부적응 문제가 증폭되는 단계이다. 5단계는 '강화와 촉발' 단계로, 학업중단과 관련된 직접적 사건이나 계기에 노출되어 학교를 그만두고자 하는 결심을 하는 단계이다. 6단계는 자퇴, 퇴학, 유예 등으로, 학교 제도권에서 공식적으로 벗어나는 '학업중단' 단계이다.

'생각해 보기' 사례의 철수를 예시로 살펴보자. 철수는 담임교사와 엄마에게 자퇴 의사를 밝혔는데, 이단계는 5단계로, 이때 촉발사건은 학교폭력 피해 사건이다. 대부분의 학업중단 의사를 밝히는 학생은 학업중단에 대한 의사가 단호하다. 왜냐하면 학업중단 위험의 씨앗이 오래전부터 마음속에서 자라고 있었기 때문이다. 철수의 경우, 1단계는 한부모 가정의 자녀로 바쁜 엄마를 하염없이 기다려야 했던 외로웠던 초등학교 시절과 소극적인 성격으로 인해 친구관계가 잘 형성되지 않는 중학생 시기라 할 수 있다. 이 기간 동안 철수는 학교와 가정에서 부정적 경험, 부정적 감정에 노출되었다. 2단계는 낮은 학업성취로 인해 학업에 대한 자신감이 상실되고 학교에서 느껴지는 소외감 등 내면적 갈등을 느낀 시기로, 철수에게는 중학교와 고등학교 초기 시절이라 할 수 있다. 3단계는 점점 친구들과 밤에 나가서 술을 마시고 밤 늦게 귀가하는 등 부적응 행동이 나타났던 시기이다. 철수는 이와 같은 비행의 경험을 하고 있었으나 교사나 부모의 적절한 도움은 없었고, 점점 더 비행행동을 하

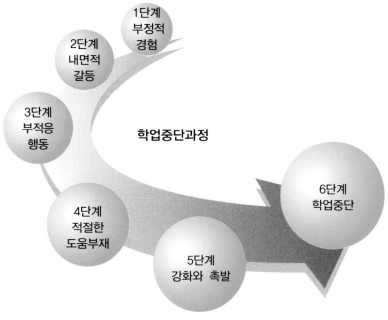

[그림 11-2] 학업중단에 이르는 6단계 과정

는 동네 형들과의 유대감이 돈독해져 갔다. 이 시기가 4단계이다. 이때 학교폭력 피해 사건이 발생하며, 학교를 그만두겠다고 결심하였다. 시 시기가 5단계이다.

따라서 교사는 3수준 공중보건모형에 따라 문제가 심각하게 발화된 상태인 고위험 학생이 되기 전부터 학생들에게 보다 따뜻한 관심을 보이고 소통하려는 노력을 기울여야 한다.

2) 학업중단숙려제

학업중단을 고민하는 학생을 위해 학교에서는 「초중등교육법」 제28조(학습부진아 등에 대한 교육)에 의거하여, 학업중단 징후가 발견된 학생 또는 학업중단 의사를 밝힌 학생에게 학업중단숙려제를 제공해야 한다. 학업중단숙려제란 학업중단 징후 또는 의사를 밝힌 학생 및 학부모에게 일정 기간 동안 숙려의 기회를 부여하여 신중한 고민 없이 학업중단이 이루어지지 않도록 예방하는 제도이다(교육부, 2015). 학업중단숙려제 적용 대상에 대한 판단 기준, 숙려제 적용 기간, 숙려 기간 동안의 출석 일수 인정 범위 등은 교육감이 정하고, 구체적인 운영은 학교 여건에 맞게 학교장이 결정할 수 있다. 부여된 숙려기간 동안 학업중단을 고민하는 학생은 〈표 11-2〉와 같이 학교 내외에서 상담을 포함한 다양한 프로그램에 참여하며 학업중단에 대해 진지하게 고민해 본다. 그리고 학교는 이 기간 동안 해당 학생이 학교에 출석하지 않더라도 출석한 것으로 갈음한다.

교사는 학생의 학업 중단 결정이 오랜 고민 끝에 나온 것임을 염두에 두고, 학생이 원하는 학교생활이 어떠한 것인지 잘 들어줄 필요가 있다. 예를 들어, 학업중단으로 인해 앞으로 정상적인 직업을 갖을 수 없고, 고생이 시작될 것이며, 인생이 꼬일 것이라는 것을 신뢰관계가 형성되기 전에 학생에게 강조하는 것은 바람직하지 않다. 그 보다는 학업중단이 자신의 삶을 잘 살아 내기 위해 학생이 나름 결정한 선택임을 존중하며 학생이 자신의 미래를 현실적으로 그려 볼 수 있게 도와주어야 한다.

학생은 학업중단숙려제 기간 동안 학교를 그만두고 싶은 자신의 마음을 정리해 보고, 자신이 원하는 삶을 살기 위해 학교 밖과 학교에서 얻을 수 있는 것이 무엇이고, 잃는 것이 무엇인지 장단점을 따져 보는 활동을 한다. 만약 고심 끝에 학업중단

〈표 11-2〉 학업중단숙려제 프로그램 예시

영역	프로그램 내용
상담·치유	• 내방 상담 및 심리 검사 • 전화 및 온라인 상담
학습	• EBS 온라인 수업, 기초학력 향상 지원 사이트 활용 • 학업 관련 유튜브 시청 후 피드백
진로	• 학교 밖 청소년 지원센터 온라인 프로그램 • 진로·직업 관련 영상 시청 후 피드백 • 온라인 멘토 상담
체험	• 가정에서 할 수 있는 다양한 체험활동 프로그램 제공

을 선택한다면, 한국청소년상담복지개발원과 전국청소년지원센터의 꿈드림 센터와 같이 학교 밖 청소년을 돕는 기관 등을 같이 찾아 주는 것이 필요하다.

이 장에서는 고위험 학생을 아동학대, 가정폭력, 아동성폭력 피해를 경험한 학생으로 한정하여 살펴보았고, 학업중단 위기학생과 학업중단숙려제도에 대해서 알아보았다. 또 고위험 학생에 대한 이해와 교육에 유용한 3수준 공중보건모형(three-tiered public health model)에 대해 알아보았다.

┃ :☀: 교육적 시사점 ┃

이 장에서 다루었던 고위험 학생을 만나게 될 때, 교사는 당황스러움과 무력감을 느끼기 쉽다. 당연한 일이다. 왜냐하면 이 학생들은 3수준 공중보건모형 중 2수준 또는 3수준에 해당되기 때문에, 학교만의 노력으로 학생들을 제대로 보살피는 것은 한계가 있기 때문이다. 특히 신고 의무가 있는 상황에서는 법령에 따라 신속하게 보고하고 개입해야 하기 때문에 더 긴장하게 된다. 이 장에서 다룬 아동학대, 아동성폭력, 가정폭력, 학업중단위기는 학교폭력 가해 및 피해와 밀접하게 관련 있다. 따라서 교사는 고위험 학생을 신속하게 발견하기 위해 평소 세심하게 학생들을 관찰해야 한다.

고위험 학생을 발견했을 때, 첫째, 교사는 학생에게 따뜻한 관심을 보이며 끝까지 교사로서 최선을 다해 돕겠다는 의사를 표현하는 것이 필요하다. 둘째, 학교의 관리자 및 관련 사안에 대한 업무 담당자와 이 상황을 협의하여 학교 차원에서 일관된 대책을 세우는 것이 필요하다. 이때 해당 학생의 비밀이 노출되지 않도록 철저히 주의하여야 한다.

누구도 부모와 가정을 선택해서 태어날 수 없다. 가정이 학생을 보호하지 못한다면 국가 및 사회가 개입하여 학생을 보호하여야 한다. 때로 교사는 법령이 정한 원칙을 지키려 할 때, 학부모 등 관련자들의 비상식적인 행동을 맞닥뜨려야 할 수도 있다. 또 시간과 노력을 많이 쏟아부어도 학생, 학부모 및 상황이 잘 변화되지 않는 경우도 많다. 그럼에도 불구하고 교사는 가장 빠르게 고위험 학생을 발견하여 신속히 개입할 수 있음을 기억할 필요가 있다.

제12장
학생 관계회복 프로그램의 이해와 실제

이 장은 학교폭력 사안을 처리함에 있어서 학교장 자체해결의 한 방안으로 진행하게 되는 학생 관계회복 프로그램에 대해 다룬다. 먼저, 학생 관계회복 프로그램을 제대로 이해하기 위해 회복적 정의의 패러다임에 대해 알아보고, 학생 관계회복 프로그램이 무엇인지에 대한 개괄적인 이해를 돕고자 프로그램의 목표와 의미, 학생들 관계회복을 위해 고려해야할 사항, 프로그램의 절차 등을 살펴본다. 또 학생 관계회복 프로그램을 어떻게 진행할 것인지와 관련 진행 방식과 내용, 진행하는 교사의 역할 등을 살펴봄으로써 프로그램을 실제 진행할 수 있는 기초적인 지식과 기술에 대해 소개한다.[1]

학습목표

- 학생 관계회복의 필요성과 회복적 정의의 관점에 대해 이해한다.
- 학생 관계회복 프로그램이 무엇인지 이해한다.
- 학생 관계회복 프로그램의 진행 방식과 내용, 교사의 역할에 대해 이해한다.

---

[1] 이 장은 국내에서 학생 관계회복 프로그램을 전문적으로 진행하는 진행자(교사 및 학교 외부 전문가) 13명 대상의 심층 면접 결과를 통해 질적 분석한 연구논문(임재연, 2019, 2021)을 토대로 수정·편집한 것이다.

생각해 보기

민수는 평소 영지에 대한 감정이 썩 좋지는 않았다. 그런데 결국 오늘 교실에서 한바탕 소란이 일고 말았다. 쉬는 시간에 뒤에 앉은 민수가 영지를 불렀지만 영지가 못 들었고, 민수는 계속 부르는데도 대답이 없자 영지에게 짜증이 났다. 급기야 민수는 영지에게 짜증 섞인 소리로 욕설을 했고, 영지는 그 욕설을 들었다. 영지와 민수 사이에 몸싸움이 있었고, 지켜보던 학생들이 이 사실을 담임선생님에게 알려 교실로 오시게 했다. 담임선생님은 영지와 민수를 교무실로 데리고 갔다.

담임선생님은 이전에 영지와 민수 사이에 이런 폭력적 사건이 한 번도 없었고, 오늘도 누가 다친 것은 아니며, 두 학생 모두 잘못했다는 점을 감안하여 서로 화해하는 게 좋겠다고 판단하였다. 교사는 왜 이런 일이 일어났는지, 어떻게 했으면 좋겠는지 영지와 민수에게 물어보았다. 영지와 민수는 화는 났지만 싸운 것은 잘못했다고 느끼는 것 같았다. 담임선생님은 이 사안도 분명히 학교폭력 사안이며 심의위원회에 넘어갈 수도 있으나, 다친 사람은 없는 것 같으니 서로 악수하고 화해하자고 했다. 영지와 민수는 마지못해 악수를 했고 함께 교무실을 나왔다.

영지와 민수는 화해하고 관계가 회복되었을까? 영지와 민수의 관계회복이 효과적으로 이루어지기 위해 무엇이 중요할까? 교사는 영지와 민수의 관계회복을 시키는 과정에서 어떻게 했어야 할까?

1. 학생 관계회복 프로그램의 이해

이 절에서는 학생 관계회복에 대한 이해를 돕기 위해 회복적 정의의 관점에 대해 설명하고, 학교 내 학생 관계회복 프로그램 운영에 대한 이해, 효과적인 운영을 위해 고려해야 할 사항, 학생 관계회복 프로그램의 운영 절차 등에 대해 다루고자 한다.

1) 학생 관계회복에 대한 이해

학생 간에 폭력이나 따돌림 등의 갈등 사안이 발생하면 학교는 자치위원회를 통해 가해학생에게 선도 조치를 내리고 사안을 종결했었다. 그러나 가해학생에 대한 처벌 위주의 사안처리 방식은 표면적으로 사안이 종결되지만, 해당 학생들의 심리적 상처와 관계적 갈등은 여전히 남아 있게 된다. 특히 학교폭력이 재발하는 다수의 경우는 해당 학생들의 친구관계의 문제에서 비롯된다(임재연, 이선숙, 박종효, 2015). 따라서 학교폭력이 발생하면 가해학생에 대한 조치 외에도 학생들이 상대학생과 오해를 풀고 관계적 문제를 개선할 수 있는 관계회복의 기회가 필요하다.

2019년 정부는 학교폭력 발생 시 피해학생과 가해학생의 관계회복에 초점을 두고 학교장이 자체적으로 사안을 처리할 수 있도록 「학교폭력예방법」을 개정하였다. 이에 심각한 학교폭력 사안의 경우 교육지원청의 심의위원회를 통해 가해학생에 대한 선도조치가 이루어지지만, 그 외의 사안에 대해서는 학교에서 해당 학생들의 회복과 치유를 위한 학생 관계회복 프로그램 등을 진행할 수 있게 되었다(법제처, 2021).

이처럼 갈등관계에 있는 당사자들이 함께 대화를 통해 문제를 해결하는 방식은 회복적 정의라는 관점에서 비롯된 것이다. 회복적 정의(restorative justice)란 갈등관계에 있는 당사자들이 사안 해결의 주체로서 함께 대화에 참여하여 가해자는 책임을 인정하고 사과하며 피해자의 피해는 치유·복구됨으로써 사건의 잘못을 바로잡고 해결하여 당사자들이 사회에 재통합될 수 있도록 돕는 것을 의미한다(Zehr, 2002; 김은경, 평화여성회 갈등해결센터, 2008; 이유진, 2015; 이재영, 2011). 즉, 학교폭력과 같은 갈등 사안의 당사자들(피해학생, 가해학생, 이외 관련자)이 사안을 해결하기 위해 함께 대화함으로써 주체적으로 해결방안을 찾아가도록 하는 것이다. 반면, 잘못을 저지른 가해학생에게 처벌을 내림으로써 문제를 해결하려는 관점을 응보적 정의라고 한다. 지금까지 응보적 접근 방식만으로는 학교폭력 문제를 근본적으로 해결하지 못했다. 따라서 회복적 정의라는 새로운 관점에 대한 관심이 사법적 영역에서 시작되었고, 최근 학교 현장에서도 이에 대한 관심이 크다.

2) 학생 관계회복 프로그램에 대한 이해

학교폭력 사안처리의 한 방안으로 학생 관계회복 프로그램을 학교에서 진행할 수 있도록 법제화되었다는 의미는 법적인 테두리 안에서 프로그램을 운영해야 한다는 의미이기도 하다. 예전처럼 교사가 해당 학생들을 함께 불러 성급하게 화해를 종용하거나 시도해서는 안 된다. 학교폭력 발생 인지 후 사안처리 절차인 전담기구의 사안조사나 학교장 자체해결 요건이 성립되는 사안인가에 대한 확인, 피해학생과 학부모측의 심의위원회 미개최에 대한 의사 확인 등의 일련의 공식적인 절차(제6장의 학교폭력 사안처리 절차 참조)를 거친 후 진행해야 한다(법제처, 2021). 그렇다고 학생 관계회복 프로그램을 행정적인 사안처리 절차로만 인식하고 운영해서도 안 될 것이다. 그럼 학생 관계회복 프로그램의 운영은 어떤 사례에 대해 진행할 수 있고, 어떤 목표와 의미를 가지는지 살펴보자.

우선 학생 관계회복 프로그램은 따돌림과 같은 관계적 문제일 경우뿐 아니라 학교폭력의 모든 사례에 대해 적용이 가능하다. 심지어 심의위원회를 개최하는 사안일 경우에도 프로그램을 진행할 수 있다. 학생 관계회복 프로그램 전문가들은 심의위원회를 개최하더라도 개최 전에 해당 학생들에게 갈등에 대한 문제해결의 시간을 줌으로써 사과와 회복의 기회를 갖게 할 수도 있다고 보고한다.

학생 관계회복 프로그램의 목표는 반드시 진정한 용서와 화해를 전제로 하지 않아도 된다. 학생들이 화해한다는 것의 의미는 상대방과의 관계가 새롭게 변화 및 정립되는 것을 의미한다. 프로그램을 통해 더 이상 피해학생과 가해학생의 관계 또는 갈등 관계가 아닌, 새로운 일대일의 관계로 바뀌는 것이다. 화해를 했다는 것이 서로 친하게 지내거나 폭력 사안 이전의 관계로 돌아가야 하는 것은 아니다. 가해학생이 피해학생을 더 이상 건드리지 않고, 피해학생이 가해학생과 함께 있을 때 신경 쓰이지 않는 관계가 되는 것을 의미한다. 대부분의 학생은 사안을 마무리 짓기 위해 자신이 할 수 있는 행동을 약속 혹은 타협하는 단계에서 화해하게 된다. 전문가들은 재발 방지를 위한 서로의 행동 약속만으로도 학생들 관계 변화의 시작이며 화해로 볼 수 있다는 것이다. 이후에 관계의 진정한 회복은 우연한 계기 또는 학생들 스스로의 노력으로 이루어진다.

학생 관계회복 프로그램의 의미는 학생들이 하고 싶은 말을 솔직하게 전달하고 대화하는 장이며, 학생이 갈등해결의 주체가 되어 배워 가는 교육과정이자 인간적 성장의 기회이다. 따라서 사과나 용서와 같은 결과보다 화해 과정에서 배우고 성장하는 것이 중요하다. 관계회복 프로그램은 학교폭력이나 갈등 사안 발생 시 해결 과정에서 배제되었던 학생 당사자들이 해결의 주체가 되어 대화를 통해 해결해 가는 것을 배우는 교육과정이며, 자신과 타인에 대한 성찰과 이해를 통해 성장하는 기회가 된다. 또 상대방과 만나 대화하는 기회가 없어서 말할 수 없었던, 하고 싶은 말을 상대방에게 솔직하게 전달하는 대화의 장이다. 따라서 화해를 위한 만남이기보다 함께 대화하기 위한 만남일 때 학생들을 그 자리로 이끌어 낼 수 있다. 프로그램에 참여한다는 것은 폭력과 갈등을 우선 중단시키고 대안 행동을 고민하고 약속함으로 재발을 방지하기 위한 최소한의 장치가 될 수 있다.

3) 학생 관계회복 프로그램의 효과적 운영을 위한 고려사항

학생 관계회복 프로그램을 효과적으로 운영하기 위해 고려해야 할 사항은 다음과 같다. 첫째, 먼저 교사의 회복적 정의 및 프로그램에 대한 이해와 관심이 필요하다. 교사가 해당 학생들의 관계와 욕구를 제대로 파악하고 프로그램 진행과 관계회복의 과정에 관심을 가지며 프로그램에 함께 참여해야 한다. 그렇지 않고 외부 전문가(또는 교사 진행자)에게 프로그램을 일임하고 학생들의 화해도 맡겨 버리게 된다면 해당 학생은 학교를 믿고 프로그램에 임하거나 솔직한 대화를 하기 어려울 수 있다.

둘째, 해당 학생과 학부모가 대화를 통한 문제해결에 동의해야 한다. 「학교폭력 예방법」에 따르면 학생 관계회복 프로그램을 진행하기 위해 피해학생과 학부모의 학교장 자체해결에 대한 동의가 전제되어야 한다(법제처, 2021). 그러나 회복적 정의의 관점에서 보면 피해학생뿐 아니라 가해학생도 동의할 때 관계회복의 효과는 극대화될 수 있다. 당사자가 상대방과 대화하려는 욕구가 있고 문제해결의 주체로 참여할 때 화해의 가능성은 커질 수 있다.

셋째, 당사자의 욕구를 최대한 반영하는 것이 중요하다. 전문가들은 프로그램을 진행하는 시간, 장소, 배석자 등을 학교가 일방적으로 정하지 않는 것이 좋다고 제안하였다. 해당 학생들이 가능한 시간과 편안한 장소를 정할 수 있고 또 당사자들 외에 추가 참석이 필요한 배석자를 학생이 선택할 수 있게 한다. 특히 피해학생과 가해학생의 힘이 불균형인 사안일 때는 피해학생이 원하는 배석자를 가해학생의 동의하에 참석시킨다. 학생들의 이러한 자발적 선택권이 화해하는 과정에서 문제해결의 주체로 참여하게 만든다.

넷째, 충분히 대화할 수 있는 시간의 확보도 필요하다. 전문가들은 충분히 대화하기 위해 적어도 세 시간 정도의 시간이 확보되어야 한다고 제안하였다. 이에 대해 해당 학생과 학부모에게도 미리 안내하여 시간의 방해를 받지 않고 대화할 수 있어야 한다.

다섯째, 학생들이 편하게 말해도 괜찮다고 느끼는 안전한 분위기가 선행되어야 한다. 안전한 분위기는 진행하는 교사에 대한 신뢰를 통해 만들어지며 화해를 이끌어 내는 중요한 요인이다.

4) 학생 관계회복 프로그램의 운영 절차

학교에서 학생 갈등 사안이 접수된 뒤 관계회복 프로그램을 진행하기로 결정되었다면 운영 절차는 준비단계, 사전모임, 본모임(이하 화해모임[2]), 추수관리 등으로 이루어진다. 각 절차의 의미와 내용에 대해 살펴보면 다음과 같다.

(1) 준비단계

우선 학교는 학생 관계회복 프로그램을 누가 진행할 것인지 결정해야 한다. 학교 내에 프로그램을 진행할 교사가 없는 경우 학교 외부의 프로그램 전문가에게 연계해야 한다. 또 프로그램에 누가 참여할지 결정하고 참여자들의 동의를 받는 것이 필요하다. 당사자가 원하지 않으면 프로그램을 진행할 의미가 없으며, 학교의 사안 처리 방편으로 프로그램 참여를 강요해서는 안 될 것이다. 학교 차원에서 갈등 사안에 대해 명확히 파악하고 확인하는 것도 필요하다. 사안 파악 자체를 프로그램 진행교사에게 맡기는 경우 사안을 파악하면서 프로그램을 진행하기는 어렵다.

(2) 사전모임

사전모임은 프로그램을 진행할 교사가 해당 학생과 일대일로 만나 충분히 소통하며 상대방과 함께 만나게 될 화해모임을 준비할 수 있게 도와주는 과정이다. 사전모임을 통해 피해학생은 무슨 얘기를 하고 싶은지 생각하고 정리해 볼 수 있으며, 가해학생은 사과할 부분에 대해 준비할 수 있고, 진행교사는 사안의 쟁점을 파악하거나 화해모임 때 필요한 질문들을 준비할 수 있다. 해당 학생은 사전모임을 통해 형성된 교사와의 신뢰관계를 바탕으로 화해모임에서도 안전하게 대화할 수 있으므로 사전모임을 갖는 것은 매우 중요하다.

사전모임에서 프로그램의 목적과 취지, 진행 방식 그리고 프로그램이 해당 학생에게 어떤 유익이 있는지 등에 대해 설명하는 것이 필요하다. 대부분의 학생은 프로그램에 대해 잘 모르고 있다. 설령 프로그램 참여에 동의했다 할지라도 프로그램의 의미나 필요성에 대한 인식이 없다면 화해모임까지 못 가는 경우도 있다. 사전모임에서 다루는 내용은 자신의 감정, 생각, 행동의 이유와 욕구, 책임 그리고 힘들

---

2) 해당 학생들이 함께 만나는 대화의 자리는 대화모임, 화해조정, 문제해결 써클 등 다양한 용어로 쓰인다. 이 장에서는 화해모임으로 기술하고자 한다.

었던 점 등을 탐색해 보도록 하는 것이다. 진지하게 고민해 보지 않았던 자신의 생각과 감정을 자각하는 경험이나 교사에게 공감받는 경험은 이후 화해모임에서 솔직하게 자신의 얘기를 할 수 있도록 준비시키는 토대가 된다. 또 상대방과 대화를 하게 된다면 어떤 얘기를 듣고 싶고, 상대방과 앞으로 어떻게 되고 싶은지 등에 대한 탐색도 화해모임의 대화를 준비하는 데 도움이 된다.

(3) 화해모임

화해모임은 진행교사와 해당 학생들이 함께 모이는 자리이며, 충분히 대화함으로써 사안 해결을 위해 각자 할 수 있는 부분을 합의하고 약속하는 과정이다. 화해모임에서 진행하는 대화의 내용, 방식 및 교사의 역할 등에 대해서는 다음 절에서 자세히 다룬다.

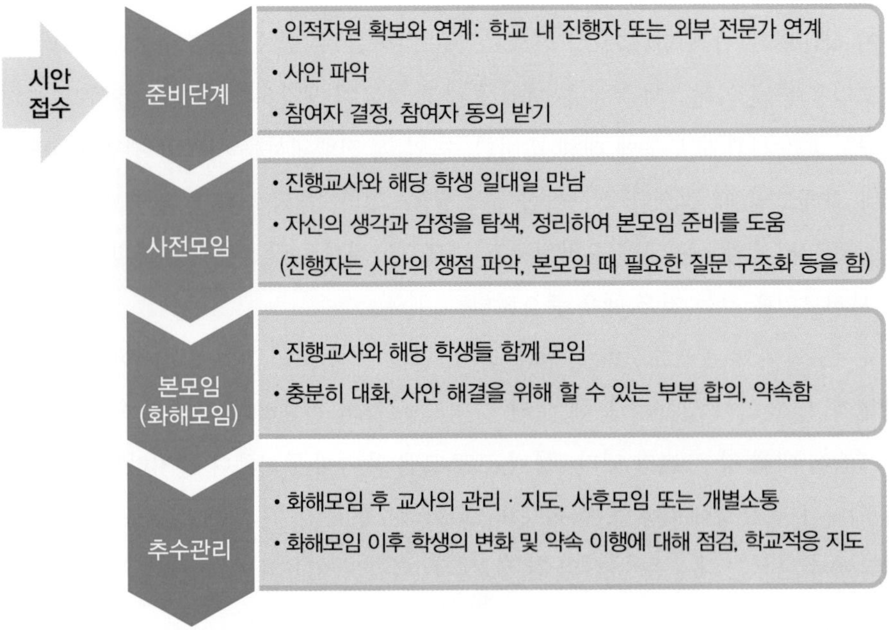

시안
접수

준비단계
• 인적자원 확보와 연계: 학교 내 진행자 또는 외부 전문가 연계
• 사안 파악
• 참여자 결정, 참여자 동의 받기

사전모임
• 진행교사와 해당 학생 일대일 만남
• 자신의 생각과 감정을 탐색, 정리하여 본모임 준비를 도움
  (진행자는 사안의 쟁점 파악, 본모임 때 필요한 질문 구조화 등을 함)

본모임 (화해모임)
• 진행교사와 해당 학생들 함께 모임
• 충분히 대화, 사안 해결을 위해 할 수 있는 부분 합의, 약속함

추수관리
• 화해모임 후 교사의 관리 · 지도, 사후모임 또는 개별소통
• 화해모임 이후 학생의 변화 및 약속 이행에 대해 점검, 학교적응 지도

[그림 12-1] 학생 관계회복 프로그램의 운영 절차

(4) 추수관리

추수관리는 화해모임 후에 해당 학생들의 학교적응을 돕기 위해 교사가 관리 및 지도하는 것이다. 일반적으로 화해모임을 진행하고 2~4주 후에 진행교사가 해당 학생들과 함께 사후모임을 가진다. 사후모임에서는 교사가 화해모임 이후 학생들의 변화와 약속이행에 대해 점검하고 학교적응을 위해 지도한다. 화해모임 후 학생들의 달라진 점이나 힘든 점은 없는지 파악하며, 약속했던 행동을 지켰다면 칭찬하고 안 지켜진 부분은 다시 새롭게 약속할 수 있다. 별도의 사후모임을 갖는 것이 어렵다면 교사가 학생들과 개별적으로 소통하면서 관리·지도하는 것이 필요하다.

2. 학생 관계회복 프로그램의 실제

이 절에서는 학생 관계회복 프로그램(화해모임)의 실제에 대해 다룬다. 갈등관계에 있는 학생들이 처음으로 함께 모여 대화하는 자리가 화해모임이다. 화해모임은 참여 학생들이 어떤 학생들이며, 어떤 사건이 있었는지에 따라 역동이 달라질 수 있다. 즉, 화해모임을 어떻게 진행해야 하는가에 대한 정답이 있는 것은 아니다. 다만, 이 절에서는 국내 학생 관계회복 프로그램 전문가들이 화해모임 진행 경험을 통해 공통적으로 중요하게 여기는 내용을 소개하였다. 화해모임에서 다루어야 할 내용, 진행 방식 그리고 진행을 맡은 교사의 역할에 대해 살펴보자.

1) 화해모임의 내용

화해모임이 시작되면 우선 참여자들에게 모임에 대한 설명과 규칙에 대한 안내가 필요하다. 사전모임 때 한번 안내됐지만, 상대학생과 함께 모인 화해모임에서 다시 설명하는 것이 필요하다. 학생들은 부모님이 가라고 해서 왔거나 처벌을 약하게 받을 수 있다는 등 여전히 이 모임에 대해 오해와 잘못된 인식을 갖고 있는 경우가 많다. 이에 진행자가 왜, 어떻게 이 모임을 진행하는지 명확히 설명해야 한다.

모임의 규칙에 대한 안내도 필요하다. 전문가들이 주로 사용하는 규칙은 다른 사람이 얘기할 때 집중해서 듣기, 중간에 끼어들지 않기, 자기 차례가 되면 말하기, 비밀 보장하기, 솔직하게 말하기, 끝까지 앉아 있기, 큰 소리 내지 않기 등이다.

(1) 대화

화해모임에서 함께 나눌 대화는 무슨 일이 있었는지 사안에 관한 내용이다. 사안에 대해 서로 나누다 보면 각자 입장의 차이를 발견하게 되는데, 이때 서로의 입장이 다르다는 것과 다르게 보는 지점이 어디인지 확인하는 정도에서 넘어가는 것이 좋다. 사안의 내용보다 사안으로 인한 학생들의 생각이나 감정에 집중하고 표현할 수 있도록 해야 한다.

화해모임에서 중요하게 다룰 내용은 이 사안으로 인해 힘들었던 점, 피해와 영향에 대해 나누고 상대방의 마음과 생각을 알게 하는 것이다. 특히 학교폭력, 따돌림의 피해학생이라면 가해학생, 교사 또는 부모도 알지 못하는 자신만의 힘들었던 점이 있다. 이 부분에 대해 충분히 표현하게 함으로써 자신의 감정을 해소할 수 있도록 해 주고, 또 상대학생이 이를 알 수 있도록 돕는 것이 필요하다. 학생들은 자신의 감정과 힘들었던 점을 충분히 표현함으로써 상대방의 얘기도 들어줄 수 있는 공간이 생긴다. 전문가들은 화해모임 중 가장 긴 시간을 이 부분에 할애한다.

또 사안의 원인이 되는 그 행동을 하게 된 의도를 나누고 상대방 행동의 진정한 의도를 알게 한다. 각자가 중요하게 생각했던 욕구나 가치가 다를 수 있기에, 상대방이 어떤 중요한 욕구나 가치로 인해 그 행동을 하게 되었는지 알게 하는 것이 필요하다. 상대방 행동의 진정한 의도를 알게 되면 상대방에 대해 어느 정도 이해할 수 있게 된다. 행동을 하게 된 의도 나누기의 예는 다음과 같다.

> 교사: B야, **A한테 왜 그렇게 했던 건지 얘기해 줄래?**
> B: 아…… A가 일대일로 저한테 어떤 얘기를 하는 건 얼마든지 괜찮은데 반 전체 앞에서 그런 말을 하니까 진짜 기분이 나빴어요.
> 교사: 그랬구나. A가 반 전체 앞에서 이야기 한 것이 불쾌했구나…… **A야 B 얘기 잘**

들었어? B한테 이런 부분이 문제였던 거 같은데 어때?

A: 아, 선생님…… 이제 문제를 확실히 알 거 같아요.

마지막으로, 어떻게 해결됐으면 좋겠는지 해결방안에 대한 욕구를 나누고 자신의 책임과 사과할 부분을 자각하고 준비하게 한다. 지금까지 학생들이 하고 싶은 말을 충분히 할 수 있게 하고 또 들어줬다면 학생들은 이미 자신이 사과해야 할 부분에 대해 자각하고 있다. 그래서 어떻게 해결하기 원하는지의 질문에서 대부분의 학생은 자신이 사과해야 할 부분 또는 사과받고 싶은 부분을 표현한다.

〈표 12-1〉 화해모임의 내용

대화	• 무슨 일이 있었는지 사안에 관해 나눔 → 각자 입장의 차이를 발견함 • 힘들었던 점, 피해와 영향에 대해 나눔 → 상대방의 마음과 생각을 알게 함 • 이 사안의 원인이 됐던 행동을 하게 된 의도를 나눔 → 상대방 행동의 진정한 의도를 알게 함 • 어떻게 해결됐으면 좋겠는지 해결방안에 대한 욕구를 나눔 → 자신의 책임과 사과할 부분을 자각하고 준비함
사과와 화해의 약속	• 사과의 필요성에 모두 동의하면 사과와 화해의 방식과 내용을 합의하고 실행함 • 재발방지를 위해 각자 할 수 있는 구체적인 행동에 대해 약속하고 합의함 • 서로에게 해 주고 싶은 말, 서로의 긍정적인 면을 함께 나눔

(2) 사과와 화해의 약속

이제 충분한 대화를 통해 사과의 필요성에 당사자 모두가 동의했다. 다음은 사과와 화해의 방식 및 내용에 대해 합의하고 실행한다. 대부분의 학생은 갈등의 해결책으로 사과하고 사과를 받는 것에 동의한다. 그러나 사과의 방식과 내용이 상대 학생이 보기에 부족할 수 있다. 교사는 학생들이 사과에 동의했다고 바로 사과를 시키는 것이 아니라, 어떤 말로 어떻게 사과할지 사과의 방식과 내용을 학생들 스스로 결정할 수 있게 하고, 준비와 격식을 갖춘 사과를 할 수 있게 해야 한다. 학생의 사과에 진정성이 느껴지도록 상대 학생의 눈을 보고 마음을 담아서 사과하며, 상대학생이 사과를 받을 준비가 됐는지도 확인한다. 사과는 가해학생뿐 아니라 피해학생도 본인이 원하고 또 필요하다고 여기면 사과할 수 있게 한다. 사과받고 싶은 부분과 사과할 수 있는 부분에 차이가 있을 경우 추가적인 대화를 진행하고 어느 정도 절충선이 생기면 서로 사과를 주고받게 한다.

다음은 재발방지를 위해 각자 할 수 있는 구체적 행동에 대해 약속하고 합의한다. 사과를 주고받았다고 끝나는 것이 아니라 더 나아가 서로 잘 지낼 수 있기 위해 각자 무엇을 할 수 있을지, 상대방이 어떻게 해 주기를 바라는지, 앞으로의 행동에 대해 약속하는 것이다. 이 과정은 사과와 화해의 절차에서 매우 중요한 과정이다. 행동은 구체적이고 현실성이 있어야 하며 학생들이 스스로 제안하도록 하고 서로에게 동의가 되면 합의한다. 다음은 구체적 행동에 대해 약속하기의 예이다.

> 교사: 이제 앞으로의 행동을 약속하는데, 학교에서 서로 다시 만나게 되면 **상대방한테 '내가 어떤 행동을 하겠다'에 대해 한 가지 이상 얘기해 보자.**
>
> B: 저는 A한테 폭력을 쓰지 않을게요.
>
> 교사: 음……. 그래 좋은 말이야. 그런데 **구체적인 행동을 얘기해 주면 좋겠어.** 폭력을 쓰지 않고?
>
> B: 아……. 복도에서 A랑 마주치면 일단 째려보지 않을게요. 눈으로라도 인사를 할게요…….

마지막으로, 서로에게 해 주고 싶은 말, 서로의 긍정적인 면을 함께 나눈다. 이 과정은 화해모임 마지막에 학생들이 서로 긍정적인 말을 주고받음으로써 긍정적인 힘을 가지고 교실로 돌아간다는 점에서 중요하다. 만약 학생이 갑자기 상대방에 대해 칭찬이나 긍정적으로 말하는 것을 어려워한다면 프로그램 과정에서 학생들이 보여 준 관계 개선을 위한 노력이나 상대를 이해하려 했던 자세를 교사가 직접 얘기해 줄 수도 있다.

2) 화해모임의 진행 방식

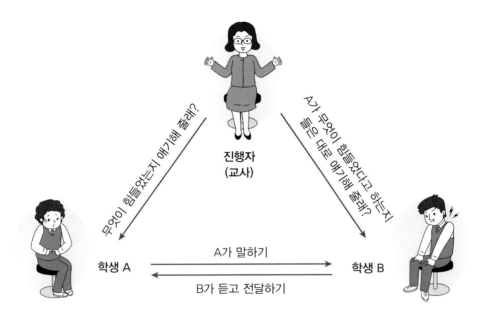

[그림 12-2] 화해모임의 진행 방식

화해모임의 진행 방식은, 첫째, 서로 말하고 듣고 전달하기를 통해 경청과 공감을 반복하는 것이다. [그림 12-2]에 있는 것과 같이 당사자인 학생 A와 학생 B의 대화에서 A가 말하면 B는 듣고 들은 내용을 다시 A에게 전달하는 방식이다. 주의할 점은 A가 말한 내용을 B가 듣고 B의 의견을 말하는 것이 아니다. A가 말한 내용을 그대로 A에게 다시 들려주는 것이다. A가 말하는 차례에서는 A의 말에 집중해야 한다. A가 하고 싶은 말을 충분히 표현할 때까지 말하고 듣고 전달하기를 반복한다. A가 하고 싶은 말을 어느 정도 마치면, 이제 B가 하고 싶은 말을 하고 A는 잘 듣고 들은 내용을 B에게 전달해 준다. 반복되는 말하고 듣고 전달하기를 통해 한 학생은 경청해야 하고, 한 학생은 하고 싶은 말을 표현한 뒤 공감받는 경험을 하게 된다. 다만 전달하기 방식은 전문가에 따라 차이가 있다. B가 A에게 바로 전달하게 하거나, 교사가 B 대신 전달하기도 하고, 또는 교사가 먼저 전달하고 B도 A에게 한 번 더 전달하도록 시키는 등 다양하게 진행된다. 다음은 말하고 듣고 전달하기의 예이다.

교사: **A야, 무슨 일로 힘들었는지, 그때 어떤 기분이 들었는지 B한테 얘기해 줄래? B는 잘 들어줘.**

A: 전화 받을 때 답답하고, 불안하고, 어떻게 해야 할지 모르겠고, 처음엔 그럴 수 있겠지…….

교사: 그랬구나……. B한테 전화 오면 불안하고 두렵고……. **그 얘기 B한테 직접 말할 수 있겠니?**

A: 전화 받았을 때 두렵고, 불안하고, 돈은 부족하고, 고통스러웠어.

교사: B야, A가 네 전화 받고 힘들었다고 얘기하는데, **너는 어떻게 들었어?**

B: A가 내 전화 받았을 때 답답하고 불안한 마음을 가졌다고 그랬어요.

교사: 그래……. **너가 들었던 말을 A한테 직접 얘기해 줄래?**

B: A야, 네가 내 전화 받았을 때 답답하고 불안한 마음을 가졌다는 것을 알았어.

교사: 그래……. 잘했어……. **A야, 그것 외에 또 어떤 일이 있었니?** B한테 얘기해 줄래?

A: 학원은 가야 하는데 계속 전화는 오고, 당황스럽고, 수업에 집중도 안 되고, 불안하고 힘들었어.

교사: 정말 힘들었겠구나……. **B야, A가 무엇이 힘들었다고 하니? 들은 대로 A한테 말해 줄래?**

B: 네가 학원에서 내 전화 받고 당황하고 수업에 집중도 안 된다는 걸 알았어. 정말 미안하다…….

둘째, 학생이 하고 싶은 말을 자발적으로 솔직하게 충분히 말하게 하며, 말하기를 강요하지 않는다. 피해와 가해의 경험이 명확한 사안일 경우 피해학생에게 먼저 말할 기회를 줄 수 있지만, 명확하지 않은 사안에서는 준비된 학생이 말할 수 있게 열어 놓고 진행할 수도 있다.

셋째, 학생의 연령이나 특성에 따라 도구나 매체를 활용해서 표현하게 할 수 있다. 학생들은 매체를 활용하여 자신의 감정과 생각에 대해 더 편안하게 말하고 들을 수 있다. 전문가들은 감정카드, 감정을 적는 활동지, 미술도구, 글쓰기 과제, 심리검사지 등 다양한 도구와 매체를 활용한다.

넷째, 서로 존중하며 대화하도록 하고, 감정이 격해질 때는 잠깐 분리해서 진행할 수 있다. 화해모임을 진행할 때 학생들의 감정이 격해지며 욕설이 오가는 상황이 종종 발생할 수 있다. 이때 규칙을 상기시키며 상대에 대한 존중의 언어 사용과 태도를 요청해야 하며, 그럼에도 불구하고 격한 상황이 계속될 경우 잠깐 분리시켜 진정시킨 후에 계속 대화하기를 원하면 다시 진행한다.

다섯째, 해당 학생들에게 말할 기회가 공정하게 주어져야 한다. 학생들 사이에 힘의 불균형이 존재할 경우 더욱 공정함을 고려해야 한다. 따라서 학생들에게 질문 내용이나 말하는 시간이 공평하게 주어질 수 있도록 진행해야 한다.

3) 화해모임 진행 시 교사의 역할

(1) 교사의 주요 역할

교사는 우선 말과 개입을 최소화하면서 학생들이 자기 말을 잘 표현하고 상대의 말을 경청할 수 있게 도와야 한다. 해당 학생들끼리 대화하는 것이 중요하다. 예를 들어, 상대방의 말을 안 듣고 자기 말을 하려는 학생에게는 규칙을 상기시키며 상대의 말을 듣도록 요청하고, 자기 말을 잘 못하는 학생의 경우 기다려 주거나 사전모임 때 얘기했던 것을 표현해 보도록 지지하고 도와준다.

교사는 학생 간의 대화에서 진정한 의미가 전달되도록 연결해 주는 역할을 한다. 대화 중에 상대학생이 들었으면 하는 부분, 예를 들어 학생의 주요 감정, 행동의 의도, 관계 개선, 사과와 화해 관련 용어 등 중요한 의미의 말이 나오면 교사가 이를 부각해 주는 것이 필요하다. 이에 관해 구체적으로 질문함으로써 충분히 얘기될 수 있게 한다. 중요한 의미의 말을 학생이 직접 표현하지 못할 때 교사가 필요한 단어를 대신 말하고 학생에게 확인하거나 학생에게 말의 의미를 물어봄으로써 그 의미가 상대학생에게 전달되게 돕는다. 다음은 중요한 의미의 말 부각해 주기의 예이다.

교사: A의 얘기를 듣고 나니까 어때?

B: 아……. 그럴 수도 있을 것 같아요.

교사: 그럴 수도 있을 거 같아……. 그럼 A가 얘기한 걸 네가 들어 보니까 좀 이해가 된다는 뜻이니?

B: 네, 어느 부분은 이해가 되는 거 같아요.

교사: 그래, 좀 이해가 되는구나……. 어떤 부분에서 이해가 좀 되는 거 같아?

또한 교사는 학생들과 신뢰관계를 형성하고 안전감을 느끼도록 분위기를 조성해야 한다. 학생들이 안전감을 갖는 것은 솔직한 대화의 장을 위해 매우 중요하다. 사전모임을 통해 형성된 학생들과의 신뢰관계가 화해모임에서도 이어질 수 있도록 교사는 참여 학생들의 말에 충분히 경청, 공감하는 모습을 보여 주어야 한다.

(2) 교사의 인식과 태도

화해모임을 진행하는 교사의 올바른 인식과 태도는 화해모임 진행을 위해 필요한 어떤 기술들보다 중요하다. 교사가 참여 학생들에 대한 믿음, 애정, 성장에 관심을 가지고 임할 때 학생들은 교사의 모습을 통해 자신의 긍정적인 면을 보고 힘을 얻을 수 있게 된다. 또한 교사는 회복적 정의의 관점을 제대로 이해해야 하고 화해모임에 대한 믿음을 가지며 결과를 단정하지 않고 진행해야 한다.

학생을 판단하거나 가르치려 들지 말고 존중과 관심을 표현하는 태도도 필요하다. 화해모임의 자리가 학생들을 훈육하는 자리가 되어서는 안 된다. 특히 가해학생에게 다그치거나 처벌하는 태도를 보여서는 안 된다. 교사가 학생을 존중하는 데서 서로에 대한 신뢰가 생기고 학생들이 마음의 문을 열게 된다. 학생들은 교사가 존중해 주고 수용해 주는 경험을 통해서 사안 해결을 위한 자신의 책임을 인식하게 된다.

마지막으로, 교사 본인의 내면을 자각하고 다스리며 안정적이고 진솔한 태도로 진행하는 것이 필요하다. 사례가 다양하고 화해모임 과정의 역동을 예측할 수 없기 때문에 교사는 화해모임에 대한 긴장이나 두려움을 가질 수 있다. 이러한 교사의 내면 상태를 자각하고 다스림으로써 평온한 마음을 가지고 화해모임을 진행하는 것이 필요하다.

이 장에서는 학생 관계회복 프로그램의 이해와 실제에 대해 살펴보았다. 학교폭력 관련 학생에게 자신의 행동에 대해 사과하도록 돕고 교우관계를 회복시켜 주는 것은 학교폭력 재발방지를 위해 중요하다. 학생 관계회복 프로그램 운영이 학교폭력 사안처리의 방안으로 법제화되었지만 제도가 마련되었다고 해서 프로그램의 효과를 보장하는 것은 아니다. 회복적 정의의 관점에서 학생 간의 갈등해결을 어떻게 도와줄 수 있는지에 대해 교사들이 먼저 관심을 가지고 이해하지 않으면 이 또한 형식적인 절차에 그칠 수도 있다. 전문가들은 교사들 대상의 회복적 대화모임을 운영할 것을 추천한다. 그리고 전문가가 진행하는 학생 관계회복 프로그램에 교사가 참여해서 프로그램을 이해하고 프로그램의 효과를 긍정적으로 경험한다면, 교사도 자신감을 가지고 학생을 대상으로 프로그램을 진행할 수 있다고 보고한다. 비단 학교폭력 사안이 아니더라도 학급 내 폭력 예방을 위해 대화를 통한 회복적 생활지도, 회복적 생활교육을 실시하는 학교와 교사가 늘어나고 있다. 대화로 갈등 문제를 해결할 수 있다는 방향으로 학교 구성원들의 인식이 조금씩 바뀐다면 그 자체만으로도 학생 관계회복과 학교폭력 예방에 긍정적인 효과를 가져올 것이다.

┤ 💡 교육적 시사점 ├

'생각해 보기'의 사례는 학생들이 지켜보는 가운데 벌어진 학교폭력 사안이다. 심각하지 않을 경우 학교장 자체해결로 학생 관계회복 프로그램을 운영할 수 있다. 그러나 학교폭력이 성립하는 사안이라면 관계회복 프로그램의 진행 여부는 담임교사 혼자 결정해서는 안 되며 전담기구에 연계하여 결정되어야 한다. 또한 해당 학생과 개인 면담을 통해 프로그램에 동의하는지 파악하고 학부모도 프로그램에 동의할 때 프로그램을 효과적으로 진행할 수 있다.

영지와 민수가 서로 대화하는 데 동의했다면, 교사는 각각 개별적 사전모임을 통해 왜 갑자기 싸우게 되었는지, 특히 상대방에 대해 평소 갖고 있던 자신의 감정, 생각에 대해 돌아볼 수 있게 하는 것이 필요하다. 상대방에 대한 현재의 화난 감정만이 아니라 왜 이 싸움을 하게 되었는지에 대한 근원적인 생각과 감정을 성찰해 본다면, 함께 모여 대화하는 화해모임의 자리에서 더 솔직한 얘기를 나눌 수 있다.

교사는 사전모임에서부터 학생의 말에 경청과 공감을 해 주며 서로 신뢰관계를 형성하는 것이 필요하다. 교사에 대한 신뢰관계가 있다면 학생들은 화해모임에서도 안전함을 느끼며 서로 말하고 경청하는 화해모임의 규칙을 지켜 가며 대화를 할 수 있을 것이다. 각자 하고 싶은 말을 충분히 하고 상대방이 자신의 말을 들어줬다는 생각이 들 때 학생들은 자신의 행동에 대해 사과하고 마무리해야겠다는 생각에 이른다. 향후 재발방지를 위해 교실에서 어떤 행동을 할 수 있는지도 서로 나누게 되면 학생들은 진정한 악수를 할 수 있을 것이다. 학생 관계회복 프로그램은 징계나 훈육이 아니다. 학생 스스로 자신의 문제해결에 주체가 되어 참여하고 해결방안을 찾아가게 돕는 것이 중요하다.

제13장
학교폭력 관련 정책과 프로그램

이 장에서는 우리나라와 해외의 학교폭력 예방과 대처를 위한 정책을 다룬다. 특히 노르웨이, 영국, 미국, 독일, 등의 학교폭력 관련 정책과 프로그램, 문제해결을 위한 국가적 노력들을 살펴봄으로써 우리나라와 어떤 차이가 있는지 탐색한다. 또 학교폭력과 관련한 우리나라의 지원체계는 어떠한지 알아본다. 정부 차원의 지원체계와 아울러 민간단체의 지원 내용들도 살펴보고 피해학생과 가해학생을 위해 어떤 기관에서 어떤 서비스들이 지원되는지 알아본다.

학습목표

- 우리나라의 학교폭력 관련 주요 정책과 프로그램에 대해 이해할 수 있다.
- 해외의 학교폭력 관련 주요 정책과 프로그램에 대해 이해할 수 있다.
- 피해학생과 가해학생을 위한 지원 기관 및 지원 내용을 알 수 있다.

생각해 보기

중학교 2학년 담임을 맡은 박 선생님은 요즘 민지로 인해 걱정이 많다. 민지는 1학년 때 집단따돌림 피해로 힘든 학교생활을 보냈고, 위클래스에서 상담받았다는 사실을 박 선생님도 알고 있다. 그래서 박 선생님은 나름 민지에게 관심을 가지고 지켜보는 중이었다. 신학기 때는 큰 문제가 없어 보였다. 그런데 1학기가 끝나갈 즈음에 민지는 박 선생님에게 상담을 신청했고, 학교에 다니는 게 힘들다고 호소했다. 민지는 학생들이 대놓고 심각하게 괴롭히지는 않지만, 은근히 무시하고, 아예 그림자 취급하는 애들의 태도가 더 싫으며 교실에서 계속 생활하는 게 힘들다고 말했다. 안 그래도 민지의 주변에서 학생들이 괴롭히지는 않는지 나름 신경을 쓰고 있었던 박 선생님은 민지의 말을 듣고 힘이 빠지는 거 같았다. 박 선생님도 당연히 민지를 돕고 싶다. 그런데 지금 바로 어디서부터 어떻게 도와야 할지 잘 모르겠다. 박 선생님은 민지를 어떻게 도울 수 있을까?

학교폭력은 우리나라만의 문제가 아닌 전 세계의 교육현장에서 이슈가 되고 있는 보편적인 문제이다. 서구사회의 경우 이미 1970년대에 올베우스(Olweus)에 의해 불링(Bullying)의 개념이 처음 정의되며, 학생 간에 일어나는 괴롭힘, 폭력 문제의 사회적 심각성을 인지하였고, 이에 다양한 정책을 통해 문제해결을 위해 노력하였다. 특히 노르웨이, 영국, 독일, 미국 등은 이미 1980년대부터 국가와 지역사회가 학교폭력 예방과 해결을 위해 일관되게 정책을 수립·추진하고 있는 대표적인 나라들이며, 성공적인 정책 수행으로 학교폭력 감소의 효과가 인정되고 있다. 이 장에서는 우리나라와 해외의 학교폭력 관련 주요 정책과 프로그램에 어떤 것이 있는지 살펴보고자 한다.

1. 우리나라의 학교폭력 관련 주요 정책

이 절에서는 우리나라의 학교폭력 주요 정책과 프로그램에 대해 살펴본다. 우리나라 정부 주도의 대표 정책과 학교가 학교폭력 예방 및 대처를 위해 운영하는 프로그램에 관해 〈표 13-1〉에 간략하게 제시되어 있다.

우리나라의학교폭력 문제에 대한 사회적 이슈는 1990년대 중반부터 시작되었으며, 2004년에 「학교폭력예방법」이 제정되었다. 「학교폭력예방법」을 토대로 학교폭력 예방과 대처를 위해 필요한 상담, 교육, 조사 등과 같은 국가 및 지방자치단체의 책무와 관련한 법적·제도적 장치가 마련되었다.

우리나라는 「학교폭력예방법」을 토대로 교육부와 지역교육청이 학교폭력 관련 지침(학교폭력 매뉴얼)을 제공하고 관리하며, 학교 교사, 특히 학교폭력 전담기구 교사들이 제공된 지침대로 업무를 수행한다. 「학교폭력예방법」과 정부 지침의 주요 내용을 살펴보면 학교가 학교폭력 예방교육을 진행하고, 학교 내 상담실을 설치하여 학생 상담 및 프로그램을 실시한다. 또한 2019년 「학교폭력예방법」 개정 전에는 학교 내에 학교폭력대책자치위원회(이하 자치위원회)를 구성하여 학교폭력 사안 발생 후의 철저한 조사, 가해학생 선도조치, 피해학생 보호조치, 피해학생과 가해학생

〈표 13-1〉 우리나라의 학교폭력 관련 주요 정책 및 프로그램

국가	주요 정책 및 프로그램
대한 민국	국가 주도 대표 정책
	• 2004년 「학교폭력예방법」 제정 • 2005년부터 학교폭력근절 5개년 기본계획 발표 및 시행 • 2012년 학교폭력근절 종합대책 　－ 학교장·교사 역할 및 책임 강화, 신고·조사 체계 개선, 학부모 교육 및 책임 　　 강화 　－ 교육 전반에 걸친 인성교육 강조, 게임·인터넷중독 등 유해요인 대처 • 2013년 현장중심 학교폭력 대책 　－ 학교 현장의 자율적 예방 활동 지원 강화(어울림 프로그램 개발 및 보급) 　－ 폭력 유형별·지형별·학교급별 맞춤형 대응 강화, 피해·보호·가해학생 선도 강 　　 화, 학교역량 제고 및 은폐·축소에 대한 관리 및 감독 강화, 안전한 학교환경 및 　　 전사회적 대응 강화 • 2019년 「학교폭력예방법」 개정
	학교 운영 예방·대처 프로그램
	• 학교폭력 매뉴얼에 기초한 예방과 대처 • 매학기 학교폭력 예방교육 및 어울림 프로그램 실시 • 심의위원회에 피해학생·가해학생 조치, 분쟁조정 연계 • 경미한 사안은 학교장 자체해결제

간의 분쟁조정 등의 역할을 수행하도록 하였다(법제처, 2019).

「학교폭력예방법」은 2019년에 사후 대처방안과 관련하여 큰 틀에서 개정되었다. 개정 내용은 지역 교육지원청에 학교폭력대책심의위원회(이하 심의위원회)가 신설되고 지금까지 학교 내 자치위원회가 하던 역할을 심의위원회로 이관하는 것이다. 또 교육적 해결이 바람직한 경미한 사안은 학교장 자체해결제를 적용하게 되었다. 교내 선도형 가해학생의 조치(1~3)도 1회에 한해 생활기록부 기재를 유보하게 되었다.

우리나라의 학교폭력 관련 주요 대책은 2011년 대구 중학생 자살사건을 계기로 정부가 발표한 2012년의 학교폭력 근절 종합대책과 2013년의 현장중심 학교폭력

대책이다. 학교폭력 근절 종합대책은 학교장 및 교사의 역할과 책임 강조, 신고-조사체계 개선, 학부모 교육·책임의 강조 등과 같은 직접대책과 교육 전반에 걸친 인성교육 강조, 게임·인터넷중독 등 유해요인 대처 등과 같은 근본대책이 주요 내용이다. 종합대책을 통해 교사의 학교폭력 및 생활지도 역량을 위한 연수 강화, 학교폭력 신고전화 117 핫라인의 전국 설치, 피해학생 우선의 보호조치, 가해학생 학부모의 특별교육 의무화, 자치위원회 결과 학생부 기재, 인성홍육진흥법 제정 등이 결과로 나타났다.

현장중심 학교폭력 대책에서는 학교 현장의 자율적 예방 활동에 대한 지원 강화, 폭력유형별·지역별·학교급별 맞춤형 대응 강화, 피해학생 보호 및 가해학생 선도 강화, 학교역량 제고 및 은폐·축소에 대한 관리·감독 강화, 안전한 학교환경 및 전 사회적 대응 강화 등이 강조되었다(교육부, 2012, 2013). 현장중심 대책 발표 후에 학교폭력 예방을 위한 어울림 프로그램이 개발되어 전국 학교에 점진적으로 보급되었고, 시도교육청 단위의 피해학생전담 기관 신설, 분쟁조정센터 설치, 학교폭력 점검단 운영, 등의 결과가 도출되었다.

또한 2005년부터 정부 주도로 학교폭력근절 5개년 기본계획이 5년마다 발표·시행되고 있다. 2020년부터 시행되고 있는 제4차 학교폭력 예방 및 대책 5개년 기본계획의 주요 내용은 다음과 같다. 첫째, 학교장 자체해결 활성화 및 학교의 교육적 역할을 강화하기 위해 교과 연계하여 어울림 프로그램을 확대하고, 학생 관계회복 프로그램을 개발·보급한다. 둘째, 피해학생의 보호·치유 지원을 강화하기 위해 피해학생 지원기관을 확대하고 피해상황별 맞춤형 지원을 강화한다. 셋째, 중대 사안에 대해 엄정대처하고, 가해학생의 교육을 강화하기 위해 촉법소년의 연령 하향(만 14세 미만 → 만13세 미만)을 추진하고, 우범소년 송치제도를 적극 활용하여 경찰서장이 법원에 바로 송치한다.

우리나라의 학교폭력 관련 대책들은 주로 학교폭력 사안에 대한 엄정한 대처와 관련이 있었다(박용수, 2015; 임재연, 박종효, 2015). 사안 발생 후의 철저한 조사, 가해학생에 대한 엄격한 처벌, 피해학생 보호조치 강화, 분쟁조정 등 사안을 잘 처리할 수 있는 체계를 만드는 데 집중해 왔다. 그러나 최근 들어 학교폭력 사안처리와 관련된 역할이 지역교육청 심의위원회로 이관되며, 학교는 교육적 역할과 학교폭력 재발 방지에 집중할 수 있도록 하는 정책의 변화를 보이고 있다. 어울림 프로그램의 확대 및 의무적 실시, 학생들의 관계 회복을 통한 폭력 재발방지 등 예방을 위한 노력이 점점 강조되고 있다.

2. 해외의 학교폭력 관련 주요 정책

이 절에서는 해외의 사례로 노르웨이, 영국, 미국, 독일에 대해 다룬다. 이 나라들의 학교폭력 문제를 감소시킨 대표적 정책과 프로그램은 어떤 것들인지 살펴보자. 해외의 학교폭력 관련 주요 정책과 프로그램이 〈표 13-2〉에 요약되어 있다.

〈표 13-2〉 해외의 학교폭력 관련 주요 정책 및 프로그램

국가	주요 정책 및 프로그램
노르웨이	국가 주도 캠페인: 매니페스토 운동
	• 폭력 무관용을 위한 성인의 책임 강조 • 국민 대다수(정부 및 관련 단체 대부분)가 서명, 참여 • 폭력예방 정보·자료 배포, 언론 활용해 국민의식 수준 제고, 프로그램 개발 및 보급을 위한 재정 지원, 지역사회학교의 실행 지원, 유관기관 협력
	학교 운영 프로그램: 올베우스 학교폭력예방 프로그램
	• 학교수준: 폭력실태 파악, 학교협의회 및 교사협의회, 조정자집단 운영 • 학급수준: 학급규칙, 학급회의, 친사회행동 강화, 학부모 모임 • 개인수준: 즉시 개입, 학생 및 학부모와 대화, 학생에 대한 처치방안 마련 • 지역사회수준: 상담서비스 등이 필요한 지역주민은 전문가에게 연계

영국	국가 주도 캠페인: ABC 정책	
	• 불링을 범죄로 규정한 범국민적 캠페인 • 피해학생이 교사나 부모와 의논하도록 유도하는 것이 목표 • 정확한 관찰, 즉각적 보고, 연대책임, 피해 경험이 있는 가해학생에 대한 공정한 처리	
	학교 운영 주요 프로그램	
	• 학교폭력 예방 주간(Anti Bullying Week): 학교폭력 인식 개선, 학생들의 역량 강화, 학생들의 자기표현 기술 향상 등이 목표 • 또래중재 프로그램: 회복적 접근으로 또래가 학생 간 갈등 중재 • 학생들의 사회적 기술, 감정에 대한 기술 교육 등 피해학생을 돕는 훈련	
미국	국가 주도 미디어 캠페인: Stop Bullying Now! 미디어 캠페인	
	• 학교폭력 관련 다양한 정보, 프로그램, 자료 등을 홈페이지에서 제공 • Youth Expert Panel 구성, 학교폭력 관련 슬로건, 캐릭터, 노래, 웨비소드 등 제작에 청소년들의 적극적 참여 유도	
	학교의 대응 프로그램: 폭력대응 및 예방서비스 TIPS	
	• 학교는 지역 전문가를 포함하여 구체적 위기계획 수립, 위기대응팀 구성 • 사안 평가팀, 사안 예방팀으로 나뉘어 신고된 내용 평가 및 개입, 후속조치	
독일	지역사회 연계·개입 프로그램: 위기학생 관리·지원 프로그램	
	• 학교는 지역의 전문가 활용, 전문가는 적극적인 역할, 법적으로 명시 • 학교 내 사회교육사·학교사회복지사가 주도적 역할 • 지역 내 학교상담센터 중심으로 폭력대응팀 구성 • 사안 발생 시 학교가 지역사회 기관과 협력하여 관련 학생 및 가족 지원 • 심각하거나 반복적인 사안은 학교가 경찰에 신고하여 청소년청에 연계	
	학교 운영 주요 프로그램	
	• 학기 초 폭력예방 프로젝트 주간 운영 • 또래중재 프로그램(학교 내 폭력 예방에 성공적 효과)	

1) 노르웨이: 올베우스 학교폭력 예방 프로그램의 성공적 운영

노르웨이는 베르겐대학교의 올베우스(Olweus) 교수가 또래괴롭힘(Bullying)의 개념을 최초로 사용하며 학교폭력에 대한 연구를 시작하였고, 학교폭력을 세계적 문제로 인식하게 만드는 데 가장 중요한 역할을 했던 나라이다. 우선 노르웨이는 1983년부터 2003년까지 3차에 걸쳐 국가 주도의 폭력 예방 프로젝트를 실시하며 예방의 효과들을 체계적으로 검증해 왔다(Roland, 2000; 문용린 외, 2008).

노르웨이의 학교폭력 정책은 초등학교에서 고등학교까지 전체 학교 체제를 대상으로 하며, 학교폭력은 학생들의 학습과도 관련이 있기에 쾌적하고 안전한 학습 환경을 조성하는 데 초점을 두고 있다. 따라서 학급의 효율적 운영 및 관리 체제, 학부모의 참여 활성화 등을 통해 장기적으로 학교폭력을 예방·대처할 수 있는 학교의 역량을 강화하는 것이 목적이다(박용수, 2015).

노르웨이의 학교에서 진행되는 대표적 프로그램은 올베우스의 학교폭력 예방 프로그램이다. 올베우스의 프로그램은 학교폭력의 예방·대응을 위해 체계적으로 만들어진 최초의 프로그램이며, 노르웨이 학교폭력을 50% 정도로 확연하게 감소시켰다(Olweus & Limber, 1999). 올베우스의 예방 프로그램은 학교수준, 학급수준, 개인수준, 지역사회수준의 통합적 접근 방식을 강조한다.

학교수준의 예방을 위해 설문조사를 실시하여 폭력 실태 파악하고, 학교협의회 및 교사협의회를 운영하며, 교사들은 프로그램 전문가의 교육과 훈련을 받는다. 또 쉬는 시간과 점심 시간의 효율적인 감독, 학교폭력 사안에 대한 조정자집단(또래중재 프로그램)을 운영한다. 학급수준에서는 학교폭력에 반대하는 학급규칙을 세우고 강화해 나가며, 학생들과 정기적 학급회의를 통해 친사회적 행동을 격려하고 공감능력과 지식을 향상시키고, 학부모 모임을 통해 학부모의 참여를 유도한다. 개인수준에서는 문제행동 발생 시 즉시 개입하되, 피해·가해학생 및 학부모와 진지하게 대화하며, 개별 학생에 대한 처치방안을 마련한다. 학교폭력과 관련된 학부모나 지역의 주민에게 상담서비스 등이 필요한 경우 학교는 이들을 전문가에게 연계하여 도움을 받을 수 있게 한다(Limber, 2011; Olweus, 1993)

또한 노르웨이는 어떤 학생도 학교폭력, 괴롭힘, 인종차별 등 좋지 못한 환경에 놓이지 않도록 교사와 학교가 책임져야 한다는 「교육법」(the Eucation Act)에 기초하여 학교폭력 대응을 위한 매니페스토 운동을 전개하였다. 매니페스토 운동은 학교폭력을 절대 수용하지 않겠다는 학교폭력 무관용의 실현을 위한 성인의 책임을 강조하고 있다. 학교폭력 무관용 실천을 위해 학생뿐 아니라 취학 이전 아동까지 포함시키고 학교 밖 환경으로까지 확대하여 정부, 지방자치단체, 시민단체, 학부모단체, 교육 기관, 청소년 여가활동 단체들이 매니페스토를 위해 각자의 역할과 책임, 연계와 협력을 약속하였다.

이들의 주요 활동은 학교폭력 예방과 해결을 위해 필요한 정보나 자료를 배포하고 언론매체를 활용해 학교폭력에 대한 국민의식 수준을 제고하는 것이다. 또 프로그램 개발과 보급에 필요한 재정지원을 마련하며, 지역사회와 학교가 독립적으로 학교폭력 관련 활동 계획을 세우고 실행할 수 있도록 지원한다. 매니페스토 운동은 국민의 인식 개선, 학교폭력 법제화, 학교폭력 관련 유관기관의 협력, 학교폭력 감소 등에 있어서 효과를 인정받았다(Tikkanen, 2005).

2) 영국: 학교 주도의 학교폭력 예방

영국의 학교폭력 관련 정책의 특징은 정부가 학교폭력 관련 기본 정책을 수립하고 가이드라인을 제공하면 개별 학교의 학교장이 주도적으로 학교 맥락에 맞게 학교폭력 예방과 대응을 위한 대책을 수립하도록 법제화되어 있다. 따라서 학교장은 행동 규칙, 보상, 처벌 등을 포함한 효과적인 학교폭력 관련 학교 대책을 수립하고, 이를 학생, 학부모, 교직원에게 명확히 인식시켜야 한다(김상곤 외, 2013; 한유경 외, 2020). 영국 정부의 가이드라인에는 학교가 괴롭힘의 발생 후 대응보다 예방을 위해 체계적인 전략을 개발·운영할 것을 요구하고 있다. 학교는 학생들에게 맞는 주제를 선택하여 폭력 예방교육을 할 수 있고, 지역사회와 긴밀히 연계하며, 안전한 학교환경을 조성하는 것에 초점을 두고 있다. 최근 영국은 학교 밖 사안의 경우에도 학교가 주도적으로 대처할 수 있도록 학교의 권한을 확대하기 위해 법을 개정하고 있다(강호원, 2017).

영국의 학교폭력 관련 대표적인 정책으로는 ABC(Anti Bullying Campaign)정책이 있다. ABC정책은 또래괴롭힘을 범죄로 규정하고 홍보 영상, 공익 광고, 교육자료 및 포스터 등의 다양한 방식을 활용한 범국민적 캠페인을 전개하였다. 이를 통해 또래괴롭힘을 해서는 안 된다는 국민적 공감 확보에 성공하였다. ABC정책의 목표는 학생들이 학교폭력의 피해를 혼자 괴로워하지 말고 교사나 부모와 의논하도록 유도하는 것이다. 이를 위해 정확한 관찰과 즉각적인 보고, 연대책임, 피해학생과 가해학생에 대한 공정한 처리 등이 강조되었다. ABC정책을 통해 영국의 학교폭력이 절반 정도 감소된 것으로 보고된다(김현수, 2002).

영국 학교가 시행하는 주요 프로그램으로 학교폭력 예방 주간(Anti Bullying Week)이 있다. 학교폭력 예방 주간은 학교폭력에 대한 인식 개선, 학교폭력에 대항하고 피해학생을 돕는 학생들의 역량 강화, 학생들의 자기표현 기술 향상 등을 목표로 매년 시행되고 있는 대규모 캠페인이다(김상곤 외, 2013).

또래중재 프로그램도 적극적으로 실시하고 있다. 학교폭력이 발생하면 회복적 접근인 중재 프로그램을 실시하되 또래중재자가 진행하는 것이다. 특히 영국의 경우 학교폭력 감소에 크게 기여한 주체가 바로 주변 친구(또래)들이다. 학생들은 사회적 기술, 감정에 대한 기술을 교육받고 피해학생을 도울 수 있도록 훈련받는다. 또래지지를 활용한 프로그램으로 또래 멘토링, 방관자훈련 등도 있다.

이외에 피해학생과 가해학생을 위한 별도의 대안학교가 운영되고 있다. 영국은 학교가 지역사회 및 외부 전문기관과 협력할 것을 강조하고 있다. 특히 민간단체를 중심으로 이루어지는 학생들의 정신건강 서비스의 원활한 지원을 위해 학교가 적극적으로 연계·협력하고 있다(김현수, 2002).

최근 영국은 사이버폭력에 대응하는 별도의 Stop-Speak-Support 캠페인을 실시하고 있다. 이 캠페인은 청소년들이 청소년들을 위해 만든 동영상 자료를 온라인상에서 함께 공유하고 교육 자료로도 활용하게 하는 것이다. 캠페인 자료는 사이버폭력에 대처하기 위한 긍정적인 행동방법을 제공하고 있다. 청소년이 사이버폭력 상황을 목격했을 때 '좋아요'를 누르거나 부정적 의견을 공유하지 않고 일단 중단하며, 믿을 수 있는 어른이나 친구에게 조언을 구하고, 피해자에게 격려의 메시지로 지원하라는 내용이다(Internetmatters, 2022).

3) 미국: 지역사회 전문가 주도의 학교폭력 예방 및 대응

미국은 또래괴롭힘뿐 아니라 학교 총기 사건, 폭탄 위협, 불법 약물 사용 등 학교 내 심각한 사안들이 사회적 문제가 되어 왔다. 이에 미국은 1994년 「안전하고 약물이 없는 학교 및 지역사회 법률」(Safe and Drug-Free Schools, and Communities Act)을 제정하며 폭력 근절에 대한 강력한 의지를 표명하였다. 이 법을 기초로 미국 연방 정부는 재정 및 인적 지원을 주정부에 제공하고, 주정부는 학교폭력 관련 구체적인 규정에 관해 「학교불링예방법」(School Anti-Bullying Legislation)을 제정하여 시행하고 있다(박용수, 2015; 박주형, 정제영, 2012). 미국 대부분의 주에서 시행되고 있는 학교불링예방법의 목적은 학생들에게 안전한 학교환경을 제공하는 것이다 (Stopbullying, 2021). 미국은 학교폭력과 직접 관련 있는 법이 만들어진 몇 안 되는 나라 중 하나이다.

미국은 학교폭력의 문제를 학교, 학부모, 지역사회 모두의 책임으로 간주하여 폭력 예방에서 사후처리까지 지역사회의 다양한 전문가를 활용하는 통합적 접근 방식을 강조한다. 이에 지역사회의 전문가들에게 관련된 재량권을 부여하여 지역사회의 폭력 문제해결을 위해 주도적 역할을 할 수 있게 하였다(차승호, 2014).

미국의 폭력대응 및 예방서비스 TIPS(Threat assessment, Incident management and Prevention Services)에 따르면 학교는 지역사회의 전문가들을 포함시켜 구체적인 위기계획을 수립하고 위기대응팀을 구성한다. 위기대응팀은 교사, 교직원을 비롯하여 경찰, 의료전문가, 소방대원 등 각 분야의 전문가이자 사안을 알고 있는 사람으로 구성된다. 사안이 발생하면 사안 평가팀과 사안 예방팀으로 나뉘어 신고된 내용을 평가·개입하여 예방 및 후속조치를 취한다(문용린 외, 2008; 김현준, 2012).

미국 보건복지부의 건강 자원 및 서비스 관리(Health and Human Services' Health Resources and Services Administration, HRSA)는 학교폭력 예방 및 대책을 위한 Stop

Bullying Now! 미디어 캠페인을 실시하고 있다. 2001년부터 시작된 이 캠페인은 학생, 학부모, 교사를 지원하기 위해 학교폭력과 관련된 다양한 정보, 프로그램, 자료 등을 홈페이지(www.stopbullying.gov)를 통해 제공하고 있다. 또 청소년 전문가 패널(Youth Expert Panel)을 구성하여 학교폭력 관련 슬로건, 캐릭터, 노래, 웨비소드(Web+episode) 등의 제작에 청소년들의 적극적인 참여를 유도하고 있다.

4) 독일: 학교와 지역 전문가 협력 · 연계 중심의 위기학생 관리 · 지원

독일은 1990년 독일 통일 이후 극우파 청소년들의 외국인에 대한 폭력이 사회적 문제로 대두되면서 학교폭력에 대한 독일 정부의 정책 수립, 연구 사업 등이 본격적으로 이루어졌다. 독일은 주정부 차원에서 제정된 「학교법」(Schulgesetz)과 「아동 · 청소년 복지지원법」(Kinder- und Jugendhilfegesetz)을 토대로 폭력 예방을 위한 정책을 수립하고 위기학생 관리 및 지원 프로그램을 진행하고 있다.

독일의 학교폭력 관련 정책은 학교폭력 문제해결에 교사, 학부모, 학생, 지역사회 모두가 참여하는 구조로 지역사회의 자원을 활용하는 것에 초점을 두고 있다. 학교는 지역의 전문가를 활용하고 지역의 전문가는 적극적인 역할을 하도록 법적으로 의무화하고 있다(Günder, 2012). 이에 독일 대부분의 학교에 배정된 사회교육사나 학교사회복지사가 학생의 문제행동에 대해 상담 등의 1차적 개입과 대처, 예방 수업과 프로그램 개발까지 교사, 학부모, 지역의 전문가와 연계하며 주도적인 역할을 담당한다(김한나, 2014). 또 지역 내에 있는 학교상담센터를 중심으로 전문가들이 폭력에 대응하는 팀을 구성하고 있다.

사안이 발생하게 되면 학교는 특히 경찰 및 지역 내 상담기관과 협력해서 관련 학생 및 가족을 지원한다(Hurrelmann, 2007). 사소한 학교폭력 사안은 학교가 학교사회복지사나 지역 내 상담사에게 연계하여 관련 학생에게 상담이나 프로그램을 제공한다. 그러나 심각하거나 반복되는 사안의 경우 학교는 경찰에 신고하거나 지역의 청소년청에 연계하여 해당 학생에 대한 개별적 조치와 필요시 법적 절차가 이루어지게 할 수 있다. 독일은 학교에서 가해학생을 경찰에 연계하는 사례가 학급을 교체하거나 전학을 보내는 경우보다 더 많다(Melzer, 2004). 가해학생 개인에 대한 지원 내용과 절차가 아동·청소년복지지원법에 구체적으로 명시되어 있기 때문에, 학교에서 가해학생을 경찰에 연계한다는 의미는 사법적 징계에 초점이 있기보다 가해학생의 치료와 회복을 통한 향후 사회적 비용을 줄이고자 하는 의미이다.

예방차원에서 독일 학교는 다양한 예방 프로젝트와 프로그램을 진행하는데, 대표적으로 학기 초에 폭력예방 프로젝트 주간을 운영한다. 교사는 폭력예방을 위한 프로젝트 수업을 진행할 수 있고, 수업 시간 외에는 예방 프로그램들을 지역의 전문기관과 연계하여 진행한다(임재연, 2011).

독일의 학교 내 폭력을 예방하는 데 성공적인 효과를 거둔 프로그램 중 하나는 또래중재 프로그램이다. 독일은 영국과 마찬가지로 학생들에게 교육·훈련을 제공하여 학교에서 일상적으로 발생하는 또래 학생 간 갈등을 중재해 주도록 했다. 예를 들어, 뉘른베르크의 한 학교에는 모든 학급에 또래중재자가 있으며, 매일 쉬는 시간과 점심시간에 교대로 학생들의 갈등이나 폭력상황을 관찰하고, 사안이 신고되면 또래중재를 진행한다.

지금까지 살펴본 해외의 학교폭력 관련 정책과 프로그램들은 주로 사안이 발생하지 않도록 예방하는 데 초점을 두고 있다(김상곤 외, 2013; 임재연, 2018). 폭력예방 캠페인을 통해 국민적 인식 개선과 참여를 도모하였고, 안전한 학교·학급의 환경 조성, 학생들의 친사회적 행동 교육 등을 통한 학교와 학생들의 역량 강화를 위해 노력하였다(박성희, 2014; Vreeman & Carroll, 2007). 또한 학교폭력의 예방에서 대처까지 지역사회의 다양한 전문가와 연계·협력할 것을 강조하였고, 학생들의 참여를 강화하여 또래중재 프로그램과 같은 활동이 학교폭력 예방에 기여한 것으로 보고된다.

3. 우리나라의 학교폭력 관련 지원체계

이 절에서는 학교폭력과 관련한 지원체계에 대해 다루고자 한다. 우리나라의 정부 차원에서는 학교폭력 관련 어떤 지원체계가 구축되어 있고 대표적인 지원내용은 무엇인지, 관련 민간단체는 어디이며 어떤 서비스를 제공하는지 살펴보자.

1) 학교폭력 관련 범정부 지원체계

우리나라의 학교폭력을 다루는 주무 부처는 교육부이다. 교육부는 학교폭력예방법의 제정·개정, 학교폭력 근절대책의 수립, 학교폭력 예방 5개년 기본계획의 수립과 같은 우리나라의 학교폭력 대응체계를 수립·추진하는 데 핵심적인 역할을 맡고 있다. 교육부는 학교폭력 관련 대표적 지원체계인 위(Wee)프로젝트(학교안전통합시스템)도 실행하고 있다. 이에 학교폭력으로부터 1차적 안전망인 위클래스를 단위학교에 설치, 2차 안전망인 위센터를 지역교육청 단위에 설치, 3차 안전망인 위스쿨을 시도교육청 단위에 설치·운영하고 있다.[1] 위클래스와 위센터는 학교폭력 피해학생과 가해학생에 대한 상담·교육 프로그램을 주로 실시하고 있으며, 위스쿨은 고 위기학생의 치유와 교육을 위한 대안학교로 운영되고 있다.

이외에 교육부는 피해학생전담 지원기관[2]을 설치·운영하고 있다. 피해학생전담 지원기관은 위센터 또는 민간단체, 상담소, 병원 등을 지정하여 운영되고 있으며, 주로 상담, 치료 관련 지원을 하고 있다. 또 피해학생 일시 보호기관을 운영하는 시도교육청이 있으며, 피해학생 일시 보호기관 역시 위센터 또는 쉼터, 상담소, 민간단체 등에서 운영을 하거나 피해학생 보호 관련 프로그램만 진행하기도 한다.

여성가족부도 학교폭력 피해학생, 가해학생에게 필요한 지원들을 제공하고 있다. 여성가족부는 대표적으로 CYS-NET(Community Youth Safety-Net) 지역사회 위

---

1) 전국에 위클래스 7,631교, 위센터 233개, 위스쿨 15개가 운영되고 있다(2021년 10월 시점).

2) 전국에 피해학생전담 지원기관으로 지정된 곳이 139개 있다(2021년 10월 시점).

기청소년 통합지원체계를 운영하고 있다. 이를 위해 시·군·구 단위에 설치된 청소년상담복지센터를 중심으로 학교, 청소년 쉼터, 경찰서 등 관련 기관과 연계하여 상담, 치료가 필요한 청소년에게 서비스를 지원하고 있다. 주로 청소년상담, 청소년동반자 사업, 또래상담 프로그램 등의 사업이 실시되고 있다. 또한 여성가족부는 여성학교폭력피해자 원스탑지원센터를 경찰청과 공동으로 운영하고 있다. 여성학교폭력피해자 원스탑지원센터는 학교폭력 피해학생에게 긴급하게 필요한 상담, 입원, 치료, 수사 등과 같은 서비스를 한곳에서 원스탑으로 지원받을 수 있는 곳이다. 따라서 이곳에는 상담사, 간호사, 여성 경찰이 24시간 상주하고 있다.

경찰청에서 운영하는 학교폭력 관련 대표적인 지원 프로그램은 학교전담 경찰관 제도이다. 지역의 현직 경찰을 학교전담 경찰관으로 임명하고 그 지역의 학교폭력 사안에 대한 신속한 개입과 대응이 이루어질 수 있도록 운영하고 있다. 학교전담 경찰관은 학교와 경찰서 간의 학교폭력 사안에 대한 정보 공유를 원활하게 하며, 지역의 학교폭력 예방을 위한 교육, 점검 등의 활동도 지원하고 있다. 이 밖에 사이버폭력 수사대, 여성가족부와 공동 진행하는 여성학교폭력피해자 원스탑지원센터 등이 경찰청에서 운영되고 있다.

법무부는 학교폭력 가해학생과 비행청소년의 선도 및 대안교육을 지원하기 위해 청소년비행예방센터를 운영하고 있다. 또 소년법상 보호처분을 받은 가해학생들을 위한 학생전담 보호관찰관을 지정하여 운영하고 있다.

2) 학교폭력 관련 민간단체 및 지원 내용

우리나라의 학교폭력 관련 대표적인 민간단체로 푸른나무재단(전 청소년폭력예방재단, www.jikim.net)이 있다. 푸른나무재단은 학교폭력으로 아들을 잃은 아버지가 학교폭력의 심각성을 우리 사회에 알리고 학교폭력 예방과 치료를 위한 활동을 목적으로 1995년에 만들어진 비영리공익 단체이다. 이 단체는 학교폭력 위기상담(1588-9128), 피해학생 및 가해학생 상담·치료, 분쟁조정, 화해조정, 예방교육사 파견 등과 같은 학교폭력 관련 다양한 전문 서비스를 지원하고 있다. 예방교육사 파견을 제외한 대부분의 지원은 무료로 제공된다.

　학교폭력 관련 전문 민간단체로 학교폭력피해자가족협의회(www.uri-i.or.kr)도 있다. 학교폭력피해자가족협의회는 집단폭력으로 신체적·정신적 피해를 크게 당한 한 여학생의 어머니가 사안을 해결해 가는 과정에서 많은 어려움을 겪은 뒤에 단체를 만들게 되었다. 학교폭력피해자가족협의회는 주로 피해자의 치유·회복을 위해 필요한 정보들을 공유하고 피해자 가족들을 지지하는 프로그램을 진행하고 있다. 또 피해학생의 치료·교육센터인 해맑음센터를 교육부로부터 위탁받아 운영하고 있다. 해맑음센터는 기숙형 대안학교로서 짧게 2주에서 길게 1년까지 다양한 상담·치료 프로그램과 주요 교과목에 대한 교육을 제공한다. 지원되는 서비스는 무료이다.

〈표 13-3〉 피해학생·가해학생 지원 기관 및 지원 내용

지원 기관		지원 내용
교육부	위클래스, 위센터	피해·가해학생 상담, 교육프로그램
	위스쿨	고 위기학생 대안학교
	피해학생전담 지원기관	피해학생 상담·치료 지원
	피해학생 일시보호기관	피해학생 보호 관련 프로그램
여성가족부	청소년상담복지센터	위기청소년 상담, 보호, 교육 관련 지원
	여성학교폭력피해자 원스탑지원센터	피해자 상담, 입원, 치료, 수사 지원
경찰청	여성학교폭력피해자 원스탑지원센터	피해자 상담, 입원, 치료, 수사 지원
법무부	청소년비행예방센터	가해학생 및 비행청소년 선도·대안교육 지원
푸른나무재단	본부 및 각 지부	피해학생 및 가해학생 상담·치료, 분쟁조정, 화해조정 지원
학교폭력피해자 가족협의회	본부 및 각 지부	피해자 가족 정보공유, 가족 지지 프로그램 지원
	해맑음센터(교육부 위탁)	피해학생 기숙형 치료·교육 지원

우리나라는 학교폭력과 직접 관련된 법이 만들어져 있는 세계에 몇 안 되는 나라이다. 학교폭력에 대응하는 시스템도 체계적으로 구축되어 있다. 그러나 법과 시스템만으로 학교폭력을 예방하고 피해학생과 가해학생을 보호·선도하기에 충분하지 않다. 결국 학교와 교육의 주체들이 학교폭력 문제에 더 민감해져야 하며, 지원 제도와 프로그램을 잘 알고 필요할 때 활용할 수 있어야 한다.

교사는 학급의 학교폭력 문제를 혼자 해결하기 어렵다. 학교 내 그리고 지역사회의 전문가들과 함께 협력해야 한다. 교사는 학교폭력 관련 정책과 프로그램에 대해 아는 만큼 학생들의 성장과 회복도 도울 수 있고 학교폭력도 예방할 수 있을 것이다.

💡 교육적 시사점

'생각해 보기'의 박 선생님은 학교생활을 힘들어하는 민지를 위해 담임교사로서 학급 학생들의 폭력에 대한 인식을 강화시키고 학급 문화를 비폭력적으로 조성해 감으로써 민지의 학급 적응을 도울 수 있다. 그러나 지금 힘들어하는 민지에게 바로 도움이 될 수 있는 지원을 학교 내외 전문가들을 통해 알아볼 수 있을 것이다. 예를 들어, 민지가 피해학생이라는 낙인 없이 학교 외부에서 상담받을 수 있는 기관을 연계해 줄 수 있다. 또 사회적 기술을 배울 수 있는 다양한 프로그램이 진행되는 센터도 추천해 줄 수 있다. 학교를 잠시 떠나 새로운 환경에서 또래들과 어울릴 수 있는 학교생활을 경험하고 싶다면 기숙형치료교육센터에 신청해서 단기 또는 장기 치료와 교육 프로그램을 받게 할 수도 있다. 이런 서비스들이 진행되는 기관이 어디인지 또 어떻게 도움받을 수 있는지는 상담교사, 전담기구 교사 또는 학교폭력 관련 단체에 문의하면 관련된 정보들을 얻을 수 있다. 박 선생님은 얻은 정보들을 민지에게 안내하고 민지가 선택할 수 있도록 도울 수 있다.

참고문헌

제1장 참고문헌

교육부(2021). 2021년 1차 학교폭력 실태조사 결과 발표 보도자료.

교육부(2022). 2022 학교폭력 사안처리 가이드북.

두경희, 김계현, 정여주(2012). 사이버폭력 연구의 동향과 과제: 사이버폭력의 정의 및 유형을 중심으로. 상담학연구, 13(4), 1581-1607.

정보통신윤리위원회(2005). 사이버피해사례 및 예방안내서.

푸른나무재단(2021). 2021 전국 학교폭력·사이버폭력 실태조사 연구 결과 보고서. 서울: 푸른나무재단.

Olweus, D. (1993). Bullies on the playground: The role of victimization. In C. H. Hart (Ed.), *SUNY series, children's play in society. Children on playgrounds: Research perspectives and applications* (pp. 85-128). New York, NY: State University of New York Press.

Smith, P. K., Mahdavi, J., Carvalho, M., Fisher, S., Russell, S., & Tippett, N. (2008). Cyberbullying: Its nature and impact in secondary school pupils. Journal of Child Psychology and Psychiatry, 49(4), 376-385.

Younan, B. (2019). A systematic review of bullying definitions: how definition and format affect study outcome. *Journal of Aggression, Conflict and Peace Research*, 11(2), 109-115.

제2장 참고문헌

교육부(2020). 2020년 학교폭력 실태조사 결과 발표. https://www.moe.go.kr

김예성, 박현선(2007). 초등학교 또래괴롭힘 피해 아동의 학교적응유연성에 관한 연구. 한국아동복지학. 23, 65-97.

김현욱, 안세근(2013). 학교폭력 가해자 심리와 가해자 유형에 관한 연구. 학습자중심교과교육연구. 13(5), 19-40.

김혜원(2011). 집단따돌림과 집단괴롭힘에 따른 남녀 청소년들의 심리적 건강, 학교인식 및 학교적응에 대한 구조분석, 청소년복지연구, 13(2), 173-198.

문용린 외(2006). 학교폭력 예방과 상담. 서울: 학지사

방기연(2011). 학교폭력 사건에 대한 교사의 인식과 경험에 대한 질적연구, 상담학연구, 12(5), 1753-1778

박종효(2003). 공격적 피해자의 심리·사회적 특성과 문제행동. 교육학연구, 41(3), 423-449.

박종효(2006). Aggressor/Victim Subtypes and Teacher Fators. *Asia Pacific Education Review*, 7(1), 108-119.

박종효(2007). 학교폭력 가해행동에 대한 이해: 대인관계의 매개효과. 교육학연구, 45(1), 1-24.

성지희, 정문자(2007). 학교폭력 피해아동의 학교적응과 보호요인, 아동학회지, 28(5). 1-18.

신성웅, 권석우, 신민섭, 조수철(2000). 학교폭력 피해자의 정신병 실태조사, 소아청소년정신의학, 11(1), 124-143.

엄명용, 송민경(2011). 학교 내 청소년들의 권력관계 유형과 학교폭력 참여 역할 유형. 한국사회복지학, 63(1), 241-266.

이승하(2012). 학교폭력의 현황과 실태, 원인분석: 비교문화적으로 본 한국 학교폭력의 발생현황과 특징, 한국교원교육학회 학술대회자료집, 6, 1-18.

이은희, 김남숙(2011). 학교폭력피해 청소년의 학교적응에 관한 연구 -탄력모델을 이용하여. 청소년복지연구, 13(4), 71-89.

임재연(2017). 학교폭력 예방 및 대처를 위해 필요한 교사역량에 관한 질적연구. 교원교육, 33(2). 143-169

임재연(2021). 학교폭력 피해학생의 심리를 통해 본 학폭미투 및 피해지원기관 구축 강화 방안. 2021 경기교육 정책토론회 자료집, 7-33.

임재연, 김미정, 조영선(2019). 학교폭력 가해학생의 특별교육 경험에 관한 질적연구. 청소년상담연구, 27(1), 45-74

임재연, 이선숙, 박종효(2015). 학교폭력 피해유형이 학교적응에 미치는 영향; 대인관계의 조절효과. 한국청소년연구, 26(2), 5-34.

장은진(2013). 학교폭력 가해 연구 개관과 향후방향성. 발달지원연구, 2(2). 153-175.

정지선, 안현의(2008). 청소년 학교폭력의 복합 외상(Complex Trauma)적 접근. 한국심리학회지 상담 및 심리치료, 20(1), 145-160.

정희태(2011). 학교폭력 예방과 갈등해결 방안: 인성 교육적 접근. 윤리연구, 83, 123-162.

지하영, 김빛나(2020). 학교폭력 피해경험이 사회불안에 미치는 영향: 거부민감성의 매개효과. 한국청소년학회, 27(11), 71-92.

최운선(2005). 학교폭력 관련변인에 관한 메타분석. 한국가족복지학, 10, 95-111.

푸른나무재단(2008). 학교폭력SOS지원단 학교폭력사례집. 푸른나무재단.

푸른나무재단(2010). 학교폭력 예방교육사 교육자료집. 푸른나무재단.

푸른나무재단(2018). 2018 전국 학교폭력 실태조사. 푸른나무재단.

푸른나무재단(2019). 2019 전국 학교폭력 실태조사. 푸른나무재단.

Crick, N. R., & Dodge, K. A. (1996). Social information-processing mechanisms in reactive and proactive aggression. *Child Development, 67,* 993–1002.

haynie, D. L., Eitel, P., Crump, A. D., & Yu, K. (2001). Bullies, victims, and bully/victims: Distinct groups of at-risk youth. *Journal of Early Adolescence, 21*, 29–49.

Hodges, E. V., & Perry, D. G. (1999). Personal and interpersonal antecedents and conse-quences of victimization by peers. *Journal of Peraonality and Social Psychology, 76*(4), 677–685.

Macklem, G. L. (2003). *Bullying and Teasing: Social power in children's groups.* MA: Klu-wer Academic Pub.

Neary, A., & Joseph, S. (1994). Peer victimization and its relationship to selfconsept and de-pression among schoolchildren. *Personality and Indivisual Differences, 16*, 183–186.

Olweus, D. (1993). *Bullying at school: What we know and what we can do,* 5–56. Oxford: Blackwell.

Olweus, D. (1994). Bullying at school: basic facts and effects of a school based intervention program. *Journal of Child Psychology and Psychiatry, 35*(7), 1171–1190.

Salmivalli, C., & Nieminen, E. (2002). Proactive and reactive aggression among school bullies, victims, and bully-victims. *Aggressive Behavior: Official Journal of The International Society for Research on Aggression, 28*(1), 30–44.

Salmivalli, C. (1999). Participant role approach school bullying : Implicarions for interven-tions. *Journal of Adolescence, 22,* 453–459.

Stephenson, P., & Smith, D. (1988). Bullying in two English comprehensive schools. In E. Roland & E. Munthe (Eds.), *Bullying: An international perspective.* Great Britain: David Fulton Publishers.

제3장 참고문헌

도기봉(2008). 지역사회요인이 청소년의 학교폭력에 미치는 영향: 충동성의 조절효과를 중심으로. 한국지역사회복지학, 27. 99–120.

도기봉(2009). 지역사회 환경적 요인이 학교폭력에 미치는 영향: 공격성을 중심으로. 한국지역
사회복지학, 29, 83–103.

박영신(2005). 아동의 공격성 유형과 학교적응의 관계. 연세대학교 대학원 석사학위논문.

이지영(2016). 지각된 부모의 양육방식과 정서조절곤란의 관계에서 정서조절방략의 매개 효
과. 한국심리학회지: 상담 및 심리치료, 28(1), 217-244.

Baldry, A. C., & Farrington, D. P. (1998). Parenting influences on bullying and victimization.
Legal and Criminological Psychology, *3*(2), 237–254.

Bandura, A. (1997). *Social learning theory*. Englewood Cliffs, NJ: Prentice-Hall.

Berk, L. E. (1997). *Child development* (4th ed.) Allyn and Bacon.

Berkowitz, L. (1974). Some determinants of impulsive aggression: role of mediated associa-
tions with reinforcements for aggression. *Psychological Review*, *81*(2), 165–176.

Berkowitz, L. (1993). *Aggression: Its causes, consequences, and control*. New York:
Mcgraw–Hill Book Company.

Bowlby, J. (1982). *Attachment and loss: vol. 1. attachment* (2nd ed.). New York: Basic
Books.

Carlson, K. T. (2006). Poverty and youth violence exposure: Experiences in rural communi-
ties. *Children & Schools, 28*(2), 87–96.

Conners-Burrow, N. A., Johnson, D. L., Whiteside-Mansell, L., McKelvey, L., & Gargus, R.
A. (2009). *Adults matter: Protecting children from the negative impacts of bullying.*
Psychology in the Schools, 46(7), 593–604.

Coyne, S. M., & Stockdale, L. (2021). Growing up with Grand Theft Auto: a 10-year study
of longitudinal growth of violent video game play in adolescents. *Cyberpsychology,
Behavior, and Social Networking, 24*(1), 11–16.

Crick, N. R., & Dodge, K. A. (1994). A review and reformulation of social information-
processing mechanisms in children's social adjustment. *Psychological Bulletin,
115*(1), 74–101.

Crick, N. R., & Grotpeter, J. K. (1995). Relational aggression, gender, and social-psychologi-
cal adjustment. *Child Development, 66*(3), 710–722.

de Castro, B. O., & Van Dijk, A. (2017). It's gonna end up with a fight anyway: Social cogni-
tive processes in children with disruptive behavior disorders. In J. E. Lochman & W.
Matthys (Eds.), *The Wiley handbook of disruptive and impulse-control disorders*
(pp. 237–253). New York: John Wiley & Sons.

Dodge, K. A., Pettit, G. S., McClaskey, C. L., Brown, M. M., & Gottman, J. M. (1986). Social competence in children. *Monographs of the Society for Research in Child Development, 51*(2), 1-85.

Dollard, J., Miller, N. E., Doob, L. W., Mowrer, O. H., & Sears, R. R. (1939). *Frustration and aggression.* New Haven: Yale University Press,

Elgar, F. J., Craig, W., Boyce, W., Morgan, A., & Vella-Zarb, R. (2009). Income inequality and school bullying: multilevel study of adolescents in 37 countries. *Journal of Adolescent Health, 45*(4), 351-359.

Elsaesser, C., Russell, B., Ohannessian, C. M., & Patton, D. (2017). Parenting in a digital age: A review of parents' role in preventing adolescent cyberbullying. *Aggression and Violent Behavior, 35,* 62-72.

Henry, D., Farrell, A. D., Schoeny, M. E., Tollen, P. H., & Dymnicki, A. B.(2011). Influence of school-level variables on aggression and associated attitudes of middle school students. *Journal of School Psychology, 49,* 481-503.

Johnson, S. L. (2009). Improving the School Environment to Reduce School Violence: A Review of the Literature. *Journal of School Health, 79*(10), 451-465.

Jolliffe, D., & Farrington, D. P. (2006). Examining the relationship between low empathy and bullying. *Aggressive Behavior: Official Journal of the International Society for Research on Aggression, 32*(6), 540-550.

Karriker-Jaffe, K. J. (2006). *Neighborhood and Family effect on trajectories of physical and social aggression during adolescence three studies using multilevel growth curve modeling.* Ph. D. dissertation University of North Carolina at Chapel Hill.

Loeber, R., & Stouthamer-Lober, M. (1998). Development of juvenile aggression and violence: Some common misconception and controversies. *American Psychologist, 53*(2), 242-259.

Loukas, A., Paulos, S, K., & Robinson S. (2005). Early adolescent social and overt aggression: Examining the roles of social anxiety and maternal psychological control. *Journal of Youth and Adolescence, 34*(4) 335-345.

Mehrabian, A., & Epstein, N. A. (1972). A measure of emotional empathy. *Journal of Personality, 40,* 525-543.

Pellegrini, A. D., & Bartini, M. (2001). Dominance in early adolescent boys: Affiliative and aggressive dimensions and possible functions. *Merrill-Palmer Quarterly, 47*(1), 142-163.

Skinner, B. F. (1969). The role of the environment. In B. F. Skinner (Ed.), *Contingencies* of *reinforcement: A theoretical analysis* (pp. 3-28). New York: Appleton-Century-Crofts.

Swearer, S. M., & Hymel, S. (2015). Understanding the psychology of bullying: Moving toward a social-ecological diathesis-stress model. *American Psychologist, 70*(4), 344-353.

Swearer, S. M., Espelage, D. L., & Vaillancourt, T. (2010). What can be done about school bullying? Linking research to educational practice. *Educational Researcher, 39*(1), 38-47.

Zych, I., Ttofi, M. M., & Farrington, D. P. (2019). Empathy and callous-unemotional traits in different bullying roles: A systematic review and meta-analysis. *Trauma, Violence, & Abuse, 20*(1), 3-21.

제4장 참고문헌

권지웅, 박종효(2020a). 초·중등학생의 친사회성, 교사학생지지와 방어행동 간의 관계에서 또래지위의 매개효과. 열린교육연구, 28(2), 115-134.

권지웅, 박종효(2020b). 초·고등학생의 또래지위가 방어행동에 미치는 영향: 다층수준모형을 이용한 학교급 및 학급 수준의 괴롭힘대처집단효능감의 조절효과. 교육심리연구, 34(2), 347-368.

김규리, 김장회(2021). 청소년의 반사회적 또래 동조성과 또래괴롭힘 방관 및 방어 행동 간의 관계에서 도덕적 이탈의 매개 효과. 아시아교육연구, 22(3), 567-590.

김현주(2003). 집단 따돌림에서의 동조집단 유형화 연구. 청소년복지연구, 5(2), 103-118.

김현준(2012). 학교폭력 종합정보사이트로 본 미국의 사이버 집단괴롭힘 대책 및 시사점. 교육정책포럼, 229.

전연희, 심은정, 이윤형(2015). 중학생들의 또래괴롭힘 참여유형에 따른 도덕 판단의 차이: 결과의 수혜자와 상황의 책임소재를 바탕으로. 청소년복지연구, 17(1), 33-54.

Atlas, R. S., & Pepler, D. J. (1998). Observations of bullying in the classroom. *The Journal of Educational Research, 92*(2), 86-99.

Berndt, T. J. (1979). Developmental changes in conformity to peers and parents. *Developmental Psychology, 15*(6), 608.

Craig, W. M., & Pepler, D. J. (1998). Observations of bullying and victimization in the school yard. *Canadian Journal of School Psychology, 13*(2), 41-59.

Millman, S. (1968). Anxiety, comprehension, and susceptibility to social influence. *Journal of Personality and Social Psychology, 9*(3), 251-256.

Obermann, M. L. (2011). Moral disengagement in self-reported and peer-nominated school bullying. *Aggressive Behavior, 37*(2), 133-144.

Rigby, K. (1999). Peer victimisation at school and the health of secondary school students. *British Journal of Educational Psychology, 69*(1), 95-104.

Rigby, K., & Slee, P. T. (1991). Bullying among Australian school children: Reported behavior and attitudes toward victims. *The Journal of Social Psychology, 131*(5), 615-627.

Salmivalli, C., & Voeten, M. (2004). Connections between attitudes, group norms, and behaviour in bullying situations. *International Journal of Behavioral Development, 28*(3), 246-258.

Salmivalli, C., Lagerspetz, K., Björkqvist, K., Österman, K., & Kaukiainen, A. (1996). Bullying as a group process: Participant roles and their relations to social status within the group. *Aggressive Behavior: Official Journal of the International Society for Research on Aggression, 22*(1), 1-15.

Sandstrom, M. J. & Bartini, M. (2010). Do perceptions of discrepancy between self and group norms contribute to peer harassment at school? *Basic and Applied Social Psychology, 32*(3), 217-225.

Sandstrom, M., Makover, H., & Bartini, M. (2013). Social context of bullying: Do misperceptions of group norms influence children's responses to witnessed episodes? *Social Influence, 8*(2), 196-215.

Sutton, J. & Smith, P. K. (1999). Bullying as a group process: An adaptation of the participant role approach. *Aggressive Behavior: Official Journal of the International Society for Research on Aggression, 25*(2), 97-111.

제5장 참고문헌

김병찬(2012). 핀란드의 키바 코울루(KiVa Koulu) 프로그램 및 한국교육에 주는 시사점. 교육정책네트워크 세계교육정책 인포메이션. 서울: 한국교육개발원.

박종효 외(2012). 우리들의 행복한 교실. 교육부

Bronfenbrenner, U. (1979). *The ecology of human development*. Cambridge, MA: Harvard University Press.

Espelage, D. L., & Colbert, C. L. (2016). School-based interventions to prevent bullying and promote prosocial behavior. In K. R. Wentzel & Ramani, G. B. (Eds), *Handbook of social influences in school context* (pp. 405–422). New York: Routledge.

National Research Council and Institute of Medicine (2009). *Preventing mental, emotional, and behavioral disorders among young people: progress and possibilities.* Washington, DC: The National Academies Press.

Olweus, D. (1993). Bullies on the playground: The role of victimization. In C. H. Hart (Ed.), *SUNY series, children's play in society. Children on playgrounds: Research perspectives and applications* (pp. 85–128). New York, NY: State University of New York Press.

Orpinas, P., & Horne, A. M. (2006). *Bullying prevention: Creating a positive school climate and developing social competence* (pp. 107–137). Washington, DC: American Psychological Association.

Salmivalli, C., Lagerspetz, K., Björkqvist, K., Österman, K., & Kaukiainen, A. (1996). Bullying as a group process: Participant roles and their relations to social status within the group. *Aggressive Behavior: Official Journal of the International Society for Research on Aggression, 22*(1), 1-15.

Salmivalli, C., Karna, A., & Poskiparta, E. (2011). Counteracting bullying in Finland: The KiVa program and its effects on different forms of being bullied. *International Journal of Behavioral Development, 35*(5), 405–411.

Sugai, G., & Horner, R. R. (2006). A promising approach for expanding and sustaining school-wide positive behavior support. *School Psychology Review, 35*(2), 245–259.

Sugai, G., & Horner, R. H. (2009). Responsiveness-to-intervention and school-wide positive behavior supports: integration of multi-tiered system approaches. *Exceptionality, 17,* 223–237.

〈사이트〉
어울림 프로그램
https://www.stopbullying.re.kr/board?menuId=MENU00345&siteId=SITE00002
Second Step
https://www.secondstep.org/
키바코울루
https://www.kivaprogram.net/

제6장 참고문헌

교육부(2022). 2022 학교폭력 사안처리 가이드북.

제7장 참고문헌

김동민, 김인규, 남미향, 노성덕, 손재환, 양난미, 윤재희, 이아라, 정순례, 정여주, 주영아, 하정희, 하혜숙(2016). 2015년도 NCS 학습모듈 개발사업: NCS기반 학습모듈 개발_청소년상담복지(위기개입). 서울: 한국직업능력개발원.

김환, 이장호(2006). 상담면접의 기초. 서울: 학지사.

송승훈, 이홍석, 박준호, 김교헌(2009). 한국판 외상후 성장 척도의 타당도 및 신뢰도 연구. 한국심리학회지: 건강, 14(1), 193-214.

이규미(2019). 상담의 실제. 서울: 학지사.

정문자, 송성자, 이영분, 김유순, 김은영(2008). 해결중심단기치료. 서울: 학지사.

한국단기가족치료연구소(2006). 해결중심적 단기가족치료 초급과정 워크샵 교재. 서울: 한국단기가족치료연구소.

Baumgardner S. R., & Crothers M. K. (2013). 긍정심리학(*Positive Psychology*). 안시호, 이진환, 신현정, 홍창희, 정영숙, 이재식, 서수균, 김비아 공역. 서울: 시그마프레스(원전은 2009년에 출판).

Heaton. J. A. (2006). *Building Basic Therapeutic Skills: A Practical Guide For Current Mental Health Practice*. CA: Jossey-Bass

James, R. K., & Gilliland, B. E. (2008). 위기개입[*Crisis Intervention Strategies* (5th ed.)]. 한인영, 박형원, 장수미, 최정숙, 이소래, 이혜경 공역. 서울: 나눔의 집(원전은 2005년에 출판).

Tedeschi R, G., & Calhoun, L. G. (1998). Beyond recovery from trauma: Implications for clinical practice and research. *Journal of Social Issues, 54*(2): 357-371.

Tedeschi R, G., & Calhoun, L. G. (2004). Posttraumatic growth: Conceptual foundations and empirical evidence. *Psychological Inquiry, 15*(1), 1-18.

제8장 참고문헌

곽호완, 고재홍, 권석만, 김정오, 장문선(2019). 심리학. 세종: 세종특별자치시교육청.

교육부(2021). 2021 학생정서·행동특성검사 및 관리 매뉴얼.

권석만(2011). 우울증. 서울: 학지사.

김동민, 김인규, 남미향, 노성덕, 손재환, 양난미, 윤재희, 이아라, 정순례, 정여주, 주영아, 하정희, 하혜숙(2016). 2015년도 NCS 학습모듈 개발사업: NCS기반 학습모듈 개발_청소년상담복지(위기개입). 서울: 한국직업능력개발원.

김화정, 송현주(2019). 청소년의 비자살적 자해와 수치심경향성, 죄책감 경향성의 관계. 한국심리치료학회지, 11(1), 1-20.

김혜원, 임광규, 임동훈(2013). 집단괴롭힘 가해·피해·목격 경험이 청소년들의 심리사회적 적응에 미치는 영향. 청소년학연구, 20(5), 77-106.

방수영, 유한익, 김지훈, 김봉석, 반건호, 안동현, 서동수, 조수철, 황준원, 이영식(2011). 청소년용 정신건강 선별검사 개정 연구. 소아청소년정신의학, 22(4), 271-286.

서미, 이자영(2012). 역경, 스트레스 대처방식 및 이점발견이 청소년 학교생활적응에 미치는 영향. 청소년학연구, 19(12), 275-300.

안창일, 고영건, 김미리혜, 김지혜, 김진영, 박경, 박기환, 서혜희, 안귀여루, 오상우, 육성필, 윤혜영, 이경희, 이은영, 이임순, 이현수, 정진복, 조선미, 최기홍, 최승원(2019). 이상심리학. 서울: 학지사.

오경기, 이재호, 김미라, 김태훈, 김시현, 김문수, 이건효, 송길연, 구훈정, 정형수, 한민, 조옥경, 최훈(2020). 인간 이해의 심리학. 서울: 학지사.

유형근, 정연홍, 남순임, 노인화, 박선하, 이필주(2019). 학교폭력 예방 및 학생의 이해. 서울: 학지사.

이동귀, 함경애, 배병훈(2016). 청소년 자해행동-여중생의 자살적 자해와 비자살적 자해. 한국상담심리학회지: 상담 및 심리치료 28(4), 1171-1192.

이수원, 장현갑, 안시호, 이만영, 김경린, 정찬섭, 이승복, 이춘재, 윤호균, 안창일, 오경자, 조경호, 한덕웅, 윤진(2002). 심리학. 서울: 정민사.

이수정(2001). 정서의 이론적 접근에 입각한 정서관리 방략. 한국심리학회지 일반, 20(1), 67-90.

이종원, 이순래, 정윤미(2016). 한국아동·청소년패널조사 Ⅶ: 기초분석보고서 I 청소년 비행의 실태와 추이 분석. 현실비행과 사이버비행. 서울: 한국청소년정책연구원.

이종하, 신철민, 고영훈, 임재형, 조숙행, 정승현, 정인과, 한창수(2012). 한글판 스트레스 지각 척도의 신뢰도와 타당도 연구. 정신신체의학, 20(2), 127-134.

정경운(2018). 그 외 자해 청소년을 도울 수 있는 방법들. 대한소아청소년정신의학회 학술대회논문집, 69-77.

정승아, 안동현, 정선녀, 정윤경, 김윤영(2008). 청소년 정신건강 및 문제행동 선별검사 개발 연구. 신경정신의학, 47(2), 168-176.

조정호, 권순일(1998). 스트레스의 이론적 체계에 관한 연구. 신라대학교 논문집, 46, 53-79.

황준원 외(2016). 학생정서 · 행동특성검사 도구 개발 연구. 대한정신건강재단 · 대한신경정신의학회 · 대한소아청소년정신의학회.

홍세희, 정송, 노언경(2016). 청소년의 자살생각과 위험요인에 대한 메타분석. 청소년학연구, 23(5), 153-179.

American Psychinatric Association (2015). DSM-5 정신질환의 진단 및 통계 편람(제5판)(*Diagnostic and Statistical Menual of Mental Disorders*)(5th ed.). 권준수, 김재진, 남궁기, 박원명, 신민섭, 유범희, 윤진상, 이상익, 이승환, 이영식, 이헌정, 임효덕 공역). 서울: 학지사(원전은 2013년에 출판).

Walsh, B. W. (2019). 자해치료실무지침서[*Treating Self-Injury* (2nd ed.): *A Practical Guide*]. 이동훈 역). 서울: 박영스토리(원전은 2012년에 출판).

Forsythy, C. J., & Compas, B. E. (1987). Interactions of cognitive appraisals of stressful events and coping: Testiong the goodness of fit hypothesis. *Cognitive Therapy and Research, 11*, 473-485.

Whitlock, J., Muehlenkamp, J., & Eckenrode, J. (2010). Variation in nonsuicidal self-injury: identification and features of latent classes in a college population of emerging adults. *Journal of Clinical Child & Adolescent Psychology, 37*(4), 725-735.

제9장 참고문헌

교육부(2020. 1.). 인성교육 5개년 종합계획(2016~2020)에 따른 2020년 인성교육 시행계획.

교육부(2020. 10.). 제2차 인성교육 종합계획(2021~2025) 보도자료.

교육부(2021). 2021년 인성교육 주요사업 계획.

김서연, 박종효(2019a). 용서 프로그램이 고등학생의 긍정심리와 사회역량에 미치는 효과. 교육연구, 77, 137-161.

김서연, 박종효(2019b). 고등학생의 인성과 도덕성 함양을 위한 용서프로그램 개발 및 효과검증. 한국교육문제연구, 37(4), 37-60.

신현숙(2011). 학업수월성 지향 학교에서 사회정서학습의 필요성과 지속가능성에 관한 고찰. 한국심리학회: 학교, 8(2), 175-197.

신현숙(2013). 교과수업과 연계한 학급단위의 사회정서학습: 사회정서적 유능성과 학교관련 성과에 미치는 효과. 한국심리학회: 학교, 10(1), 83–110.

이선숙, 박종효(2019). 사회정서학습 프로그램이 일반고등학교 여학생의 정신건강에 미치는 효과. 상담학연구, 20(5), 311–332.

정창우(2019). 21세기 인성교육 프레임: '사람다움'과 '시민다움'을 지향하는 인성교육. 경기: 교육과학사.

Durlak, J. A., Domitrovich, C. E., Weissberg, R. P., & Gullotta, T. P. (2015). *Handbook of social and emotional learning*. NY: The Guilford Press.

Durlak, J. A., Weissberg, R. P., Dymnicki, A. B., Taylor, R. D., & Schellinger, K. B. (2011). The impact of enhancing students' social and emotional learning: A meta-analysis of school-based universal interventions. *Child Development, 82*, 474–501.

Flay, B. R., Allred, C. G., & Ordway, N. (2001). Effects of the Positive Action program on achievement and discipline: Two matched-control comparisons. *Prevention Science, 2*(2), 71–89.

Kellam, S. G., Mackenzie, A. C. L., Brown, C. H., Poduska, J., Wang, W., Petras, H., & Wilcox, H. C. (2011). The Good Behavior Game and the future of prevention and treatment. *Addiction Science and Clinical Practice, 6*(1), 73–84.

Merrell, K. W., & Gueldner, B. A. (2020). *Social and emotional learning in the classroom: Promoting mental health and academic success*. NY: The Guilford Press. 신현숙 (역). 사회정서학습: 정신건강과 학업적 성공의 증진. 파주: 교육과학사(원전은 2010년에 출판).

Merrell, K. W., Juskelis, M. P., Tran, O. K., & Buchanan, R. (2008). Social and emotional learning in the classroom: Evaluation of Strong Kids and Strong teens on students' social emotional knowledge and symptoms. *Journal of Applied School Psychology, 24*(2), 209-224.

사이트

인성교육진흥법

https://www.law.go.kr/

제10장 참고문헌

교육부(2019). 2019 다문화교육지원계획.

구정화, 박윤경, 설규주(2018). 다문화교육의 이해와 실천. 경기: 정민사.

박용한, 이신동(2017). 다문화가정 청소년의 초·중 전환기 학교적응 및 학업성취 발달 요인에
　　　대한 탐색. 한국교육문제연구, 35(4), 1-19.

박종효, 문경숙, 안해정, 최지영, 홍경화, 김진구, 최은영(2017). 사회연결망분석에 기초한 웹
　　　기반 클레스넷(ClassNet) 프로그램 개발 연구. 교육과학연구, 48(3), 107-137.

심재량, 박종효(2018). 초등학생의 또래거부와 괴롭힘 피해행동의 관련성: 학급 갈등규범의 조
　　　절효과. 교육심리연구, 32(3), 549-569.

양계민, 강경균, 김주영(2017). 다문화청소년패널(MAPS) 제1-5차 조사 데이터 유저 가이드. 세종:
　　　한국청소년정책연구원.

양계민, 신현옥, 박주희(2014). 다문화 청소년 종단조사 및 정책방안 연구Ⅱ : 총괄보고서 세종: 한국
　　　청소년정책연구원.

양계민, 장윤선, 정윤미(2019). 다문화청소년 종단연구 2019: 총괄보고서. 한국청소년정책연구원.

연보라(2017). 다문화청소년 종단조사 및 정책방안연구 Ⅴ: 다문화청소년의 발달 추이 분석.
　　　한국청소년정책연구원.

이나영(2021. 12.). 다문화교육의 현황 및 실태. 한국교육개발원 이슈통계.

이신동, 김진호, 이상희, 이경숙, 차재경, 이영(2017). 다문화와 교사교육. 서울: 학지사.

하여진(2021). 다문화청소년의 진로태도와 진로장벽에 따른 잠재프로파일분석과 영향요인검
　　　증. 청소년복지연구, 23(2), 1-22.

Bear, G. G., & Manning, M. A. (2018). Positive psychology and school discipline. In Fur-
　　　long, M. J., R. Gilman, & E. S. Huebner, *Handbook of positive psychology in schools*
　　　(2nd ed., pp. 347-364). 김광수, 김경집, 하요상, 양곤성, 기경희, 한선녀 공역. 학교긍
　　　정심리학: 긍정적 학교환경 조성과 긍정심리의 교육적 적용. 서울: 학지사(원전은 2014년에
　　　출판).

Canter, L. (2010). *Assertive discipline: Positive behavior management for today's
　　　classroom.* Bloomington, IN: Solution Tree Press.

Cohen, J., McCabe, L., Michelli, N. M., & Pickeral, T. (2009). School climate: Research,
　　　policy, practice, and teacher education. *Teachers College Record, 111,* 180-213.

Corrigan, M. W., Klein, T. J., & Isaacs, T. (2010). Trust us: Documenting the relationship of
　　　students' trust in teachers to cognition, character, and climate. *Journal of Research in
　　　Character Education, 8,* 61-73.

Gregory, A., Cornell, D., Fan, X., Sheras, P., Shih, T., & Huang, F. (2010). Authoritative school discipline: High school practices associated with lower student bullying and victimization. *Journal of Educational Psychology, 102,* 483-496.

Hamre, B. K., & Pianta, R. C. (2007). Learning opportunities in preschool and early elementary classrooms. In R. Pianta, M. Cox, & K. Snow (Eds.), *School readiness and the transition to kindergarten in the era of accountability* (pp. 49-84). Baltimore: Brookes.

McNeely, C. A., Nonnemaker, J. M., & Blum, R. W. (2002). Promoting school connectedness: Evidence from the National Longitudinal Study of Adolescent Health. *Journal of School Health, 72,* 138-146.

O'Brennan, L. M., & Furlong, M. J. (2010). Relations between students' perceptions of school connectedness and peer victimization. *Journal of School Violence, 9,* 375-391.

Pianta, R. C., Hamre, B. K., & Allen, J. P. (2012). Teacher–student relationships and engagement: Conceptualizing, measuring, and improving the capacity of classroom interactions. In S. L. Christenson, A. L. Reschly, & C. Wylie (Eds.), *Handbook of research and student engagement* (pp. 365-386). New York, NY: Springer.

Rogers, J. E. (2019). *Leading for change through whole-school social-emotional learning: Strategies to build a positive school culture.* CA: CORWIN A SAGE Company.

Saarento, S., Garandeau, C. F., & Samivalli, C. (2015). Classroom- and school-level contribution to bullying and victimization: A review. *Journal of Community and Applied Social Psychology, 25,* 204-218.

Thapa, A., Cohen, J., Guffey, S., & Higgins-D'Alessandro, A. (2013). A review of school climate research. *Review of Educational Research, 83,* 357-385.

Torney-Purta, J. (2002). The school's role in developing civic engagement: A study of adolescents in twenty-eight countries. *Applied Developmental Science, 6*(4), 203-212.

Vieno, A., Perkins, D. D., Smith, T. M., & Santinello, M. (2005). Democratic school climate and sense of community in school: A multilevel analysis. *American Journal of Community Psychology, 36,* 327-341.

Wang, W., Vaillancourt, T., Brittain, H. L., McDougall, P., Krygsman, A., Smith, D., Cunningham, C. E., Haltigan, J. D., & Hymel, S. (2014). *School climate, peer victimization, and academic achievement: Results from a multi-informant study. School Psychology Quarterly, 29*(3), 360-377.

Williams, K. R., & Guerra, N. G. (2011). Perceptions of collective effcacy and bullying perpetration in schools. *Social Problems, 58*(1), 126-143.

You, S., Furlong, M. J., Felix, F., Sharkey, J. D., Tanigawa, D., & Green, J. G. (2008). Relations among school connectedness, hope, life satisfaction, and bully victimization. *Psychology in the Schools, 45,* 446-460.

제11장 참고문헌

고은주, 장영숙, 김고은(2019). 가정폭력과 학교폭력 피해와의 상관관계 메타분석 연구. 한국보육학회지, 19(3), 1-12.

교육부(2015). 학업중단 위기 학생을 위한 길라잡이 매뉴얼. 세종: 교육부.

교육통계서비스(2021). 용어사전. https://kess.kedi.re.kr/frontPop/dictionary?term=학업중단

김동민, 김인규, 남미향, 노성덕, 손재환, 양난미, 윤재희, 이아라, 정순례, 정여주, 주영아, 하정희, 하혜숙(2016). 2015년도 NCS 학습모듈 개발사업: NCS기반 학습모듈 개발_청소년상담복지(위기개입). 서울: 한국직업능력개발원.

김성은, 박하나, 김현수(2021). 학업중단 현황조사 및 지원 방안. 청소년정책연구원.

김수정, 정익중(2013). 아동학대가 우울·불안과 공격성에 미치는 지속 효과와 최신 효과에 대한 종단연구. 한국아동복지학, 43, 1-28.

김현주, 박재연(2019). 학교 밖 청소년의 학업중단 경험에 대한 질적 연구: 학업중단 이전, 당시, 이후 경험을 중심으로. 예술인문사회융합멀티미디어 논문지, 9(3), 119-130.

송지훈, 김세창, 김전종, 김호연, 문장윤, 김성환, 윤인철(2020). 아이들을 지키는 관심과 용기, 아동학대예방 학교용 가이드북. 교육복지정책중점연구소.

양소남(2016). 공중보건모델에 근거한 호주의 아동보호서비스에 관한 연구. 청소년학연구, 23(8), 79-98.

윤철경, 류방란, 김선아(2010). 학업중단현황 심층분석 및 맞춤형 대책 연구. 서울: 교육과학기술부.

이선숙, 박종효(2017). 특성화 고등학생의 아동학대경험이 학교참여 및 우울·불안에 미치는 영향: 용서의 조절효과. 인간발달연구, 24(2), 59-86.

이승주, 정병수(2015). 가정폭력 노출경험과 학교폭력 가해행동의 관계: 공격성의 매개 효과 검증. 한국경찰학회보, 17(3), 223-250.

이영준(2021). 성폭력 가해 청소년의 심리적 특성: 정신병리에 따라 분류되는 하위 집단 간의 비교. 보호관찰, 21(1), 91-125.

임구원(2015). 청소년의 학대경험이 학교폭력 가해행동에 미치는 영향요인 연구. 교정복지연

구, 37, 121-139.

정윤경, 김혜진, 김정우(2012), 청소년의 가정폭력 노출이 학교폭력 가해에 미치는 영향과 자기보호태도의 조절효과. 한국청소년연구, 23(4), 79-100.

조민경, 조한익(2019). 가정학대가 청소년의 학교폭력 가해 및 피해경험에 미치는 영향: 공격성과 우울의 매개효과. 한국심리학회지: 학교, 16(1), 17-38.

한국청소년정책연구원(2021). 학업중단 현황조사 및 지원 방안. 세종: 교육부.

한국교육개발원(2019). 교육통계연고. 세종: 교육부.

Evans, S. E., Davies, C. A., & DiLillo, D. (2008). Exposure to domestic violence: A meta-analysis of child and adolescent outcomes. *Aggression and Violent Behavior, 13*(2). 131-140.

Merrell, K. W., & Gueldner, B. A. (2010). 사회정서학습: 정신건강과 학업적 성공의 증진(*Social and emotional learning in the classroom*). 신현숙 역. 경기: 교육과학사(원전은 2010년에 출판).

Trickett, P. K., Negriff, S., Underwood, M., & Rosen, L. (2011). Child maltreatment and social relationships. In M. K. Underwood, & Rosen, L. H. (Eds.), *Social development: Relationships in infancy, childhood, and adolescence* (pp 403-426). NY: Guilford Publications.

Smolkowskia, K., Seeley, J. R., Gau, J. M., Dishion, T. J., Stormshak, E. A., Moore, K. J., Falkenstein, C. A., Fosco, G. M., & Garbacz, S. A. (2017). Effectiveness evaluation of the Positive Family Support intervention: A three-tiered public health delivery model for middle schools. *Journal of School Psychology, 62*, 103-125.

Walker, H. M., Horner, R. H., Sugai, G., Bullis, M., Sprague, J. R., Bricker, D., & Kaufman, M. J. (1996). Integrated approaches to preventing antisocial behavior patterns among school-age children and youth. *Journal of Emotional and Behavioral Disorders, 4*(4), 194-209.

제12장 참고문헌

교육부(2020). 제4차 학교폭력 예방 및 대책 기본계획 발표. http://www.moe.go.kr

금천구 청소년상담복지센터(2020). 2020 금천구 청소년 위기실태조사 보고서. 금천구 청소년상담복지센터.

김은경, 평화여성회 갈등해결센터(2008). 21세기 소년사법개혁의 방향과 과제(Ⅱ), 회복적 소년사법

실천모델의 효과성 연구. 한국형사정책연구원, 17-94.

박수선(2010). 한국에서의 회복적 사법 피해자-가해자 대화모임 시범운영사례. 이화여자대학교 법학논집, 15(1), 107-128.

박수선(2011). 화해권고 진행매뉴얼. 서울가정법원 회해권고위원 교육 자료집. 서울가정법원.

박숙영(2014). 공동체가 새로워지는 회복적 생활교육을 만나다. 서울: 좋은교사.

법제처(2021). 학교폭력 예방 및 대처에 관한 법률. http://www.moleg.go.kr

신한미(2011). 소년보호재판의 새로운 시도, 청소년참여법정과 화해권고제도의 현황과 과제. 아세아여성법합, 69-102.

이유진(2015). 학교폭력 해결을 위한 회복적 정의모델 모형개발 연구. 소년보호연구. 28(4). 169-207.

이유진, 이창훈, 강지명(2014). 학교폭력 해결을 위한 회복적 정의모델 도입방안 연구. 한국청소년정책연구원.

이재영(2011). 회복적 사법의 이해. 서울가정법원 회해권고위원 교육 자료집. 서울가정법원.

임재연(2019). 화해 진행자가 경험한 학교폭력 피해·가해학생의 화해와 회복의 요인에 관한 합의적 질적연구. 교육심리연구, 33(3), 509-535.

임재연(2021). 학교 내 효과적인 학생 화해프로그램 운영 방안에 관한 연구. 학교사회복지. 55. 27-51.

장다혜, 김정연, 강지명, 설경옥(2016). 공동체 규범 및 분쟁해결절차와 회복적 사법의 실현방안. 한국형사정책연구원.

하태선, 배임호(2014). 소년범죄 피해자 및 가해자의 관계회복 경험에 관한 사례연구. 학교사회복지. 28, 167-193.

홍봉선, 남미애(2014). 학교폭력문제해결을 위한 학교 차원의 회복적 사법의 적용. 형사정책, 26(2), 45-79.

EBS(2013). 다큐프라임, 학교폭력 4부, 교실 평화 프로젝트.

Zehr, H. (2002). *The little book of restorative justice*. Intercourse. PA: Good Books.

제13장 참고문헌

강호원(2017). 영국의 학교폭력 예방정책, 교육정책 포럼. 한국교육개발원.

교육부(2012). 학교폭력근절 종합대책. 2012. 2. 6. 보도자료(www.moe.go.kr).

교육부(2013). 현장중심 학교폭력 대책. 2013. 7. 23. 보도자료(www.moe.go.kr).

김상곤, 배진형, 한정숙, 김희영(2013). 영국, 미국, 노르웨이, 독일의 학교폭력 예방과 문제해결을 위한 대처방안 분석연구, 학교사회복지, 23, 333-364.

김한나(2014). 2014 한국과 독일의 학교폭력 실태와 예방 및 대책. 석사학위논문. 경상대학교.

김현수(2002). 외국에서의 학교 위기개입 사례. 학교사회사업 세미나 자료집: 학교 위기상황 발생에 대한 위기개입, 17-35. 한국학교사회사업실천가협회·한국학교사회복지학회.

김현준(2012). 학교폭력 종합정보사이트로 본 미국의 사이버 집단괴롭힘 대책 및 시사점. 교육정책포럼, 229.

문용린, 임재연, 이유미, 강주현, 김태희, 김충식, 김현수, 김영란, 이정옥, 박종효, 이진국, 신순갑, 최지영, 김미란, 리하르트 퀸더, 최정원, 장맹배, 이기숙, 김미연(2008). 학교폭력 위기개입의 이론과 실제. 서울: 학지사.

박성희(2014). 사회적 역량 개발을 지원하는 독일 학교폭력 예방교육의 의의. 교육연구. 29(1). 39-58.

박용수(2015). 외국의 학교폭력 근절 대책에 관한 고찰. 융합보안논문지. 15(6). 129-139

박종효(2012). 한국과 외국의 학교폭력 현황 및 실태조사에 관한 쟁점 분석. 교사와 교육, 30(1), 17-38.

박주형, 정제영. (2012). 한국과 미국의 학교폭력 예방 및 근절 관련 법령 및 정책 비교연구. 초등교육연구, 25(4), 105-124.

박효정(2012). 노르웨이의 학교폭력 실태와 대책. 그리고 한국교육에의 시사점. 서울: 한국교육개발원.

법제처(2019). 학교폭력 예방 및 대처에 관한 법률. www.moleg.go.kr

임재연(2011). 학교 및 지역사회 기반의 폭력예방 우수사례, 독일편. 국외 우수 상담사례 연구. 서울: 한국교육개발원.

임재연(2018). 한국과 외국(노르웨이. 미국, 독일)의 학교폭력 관련 교사의 역할 및 역량 요인의 차이에 대한 탐색. 교육논총, 38(1), 143-168.

임재연, 박종효(2015). 학교폭력 예방 및 대처를 위한 교사역량 진단척도 개발 연구. 교육학연구, 53(3), 407-434.

차승호(2014). 학교폭력 대응을 위한 지역사회 협력치안체계 우선순위 분석. 한국지방지치연구, 16(3), 289-324.

한유경, 박주형, 엄수정, 곽예린(2020). 학교폭력 예방 및 대응 대책에 관한 국제 비교 연구: 영국, 프랑스, 독일, 핀란드를 중심으로. 비교교육연구, 30(3), 25-56.

Günder, R. (2012). 독일의 학교폭력 예방 및 대책. 2012 청예단 독일초청세미나 자료집, 1-39.

Hurrelmann, K. (2007). *Gewalt an schulen*. Weinheim und München: Juventa Verlag.

Internetmatters. (2022). Stop speak support code. www.internetmatters.org

Limber, S. P. (2011). Development, evaluation and future directions of the olweus bullying prevention program. *Journal of School Violence, 10*(1), 72–76

Melzer, W. (2004). *Gewaltprävention und Schulentwicklung.* Weinheim und München; Juventa Verlag.

Olweus, D. (1993). *Bullying at school: What we know and what we can do.* Oxford: Blackwell.

Olweus, D., & Limber, S. P. (1999). *Blueprints for violence prevention: Bullying prevention program.* Institute of Behavioral science university of Colorado: Boulcer, USA.

Roland, E. (2000). Bullying in school: Three national innovations on norwegian schools in 15 years. *Aggressive Behavior, 26*, 135–143.

Stopbullying. (2021). School Anti-Bullying Legislation. www.stopbullying.gov

Tikkanen, T., & Junge, A. (2004). Realising a bullying free educational environment for children and youth. Final report to the evaluation of the Manifesto against bullying 2002-2004. RFRogland Research. Research Reports 223/2004. Stavanger.

Vreeman & Carroll, (2007). A systematic review of school-based interventions to prevent bullying. *Archives of Pediatrics & Adolescent Medicine, 161*(1), 78–88.

찾아보기

■ 저자 소개

박종효(Park, Jong Hyo)

미국 위스콘신대학교 교육심리학과 철학박사(교육심리 전공)

전 OECD, UNESCO 교육분야 한국대표

    NIH/NIMH 박사 후 연수

현 건국대학교 사범대학장, 교육대학원장

    통계청 국가 삶의 질 지표 교육분야 전문위원

〈주요 저·역서〉

상처와 분노를 치유하고 사랑의 유산을 남기는 용서하는 삶(공역, 시그마프레스, 2014)

용서, 행복에 이르는 길(미래를 소유한 사람들, 2011)

〈주요 논문〉

학습컨설팅 2.0 대비 학습컨설턴트 자격규정 개정 연구(공동, 교육심리연구, 2019)

Relationship between Forms of Aggression and Social Status in South Korean Primary

    School Peer Groups(공동, Journal of Child and Family Studies, 2019)

사회연결망분석에 기초한 웹 기반 클래스넷(Class Net) 프로그램 개발 연구(공동, 교육과

    학연구, 2017)

이선숙(Lee, Sun Sook)

건국대학교 일반대학원 교육학과 교육학박사(상담심리 전공)

전 서울특별시교육청 성북 Wee센터 실장

    서강대학교 평생교육원 심리학과 시간강사

현 건국대학교 교육대학원 교직과 강사

    경희사이버대학교 상담심리학과 겸임교수

    서울누원고등학교 교사

〈주요 역서〉

ADHD 아이들을 위한 활동(명상상담연구원, 2012)

〈주요 논문〉
사회정서학습 프로그램이 일반고등학교 여학생의 정신건강에 미치는 효과(공동, 상담학연
　구, 2019)
특성화 고등학생의 아동학대경험이 학교참여 및 우울·불안에 미치는 영향: 용서의 조절
　효과(공동, 인간발달연구, 2017)
학교폭력 피해유형이 학교적응에 미치는 영향: 대인관계의 조절효과(공저, 한국청소년
　연구, 2015)

임재연(Lim, Jae Youn)
건국대학교 일반대학원 교육학과 교육학박사(상담심리 전공)

전　청소년폭력예방재단 클리닉센터 소장
현　목원대학교 사범대학 교직과 교수
　　서울가정법원 소년보호사건 화해권고위원

〈주요 저서〉
학교폭력 위기개입의 이론과 실제(공저, 학지사, 2008)
학교폭력 예방과 상담(공저, 학지사, 2006)

〈주요 논문〉
학교 내 효과적인 학생 화해프로그램 운영방안에 관한 연구(학교사회복지, 2021)
학교폭력 가해학생의 특별교육 경험에 관한 질적연구(공동, 청소년상담연구, 2019)
화해 진행자가 경험한 학교폭력 피해·가해학생의 화해와 회복의 요인에 관한 합의적 질
　적연구(교육심리연구, 2019)

최은영(Choi, Eun Young)
건국대학교 일반대학원 교육학과 교육학박사(교육심리 전공)

전　경인교육대학교 교육학과 강사
　　경희대학교 후마니타스칼리지 강사
　　성균관대학교 사교육혁신교육연구소 선임연구원
현　건국대학교 사범대학 교직과 강사
　　한양대학교 상담심리대학원 강사

동국대학교 교육학과 강사
성균관대학교 교육학과 강사
춘천교육대학교 교육학과 강사

〈주요 논문〉

또래지위와 학교참여 간의 관계에서 학급특성의 조절효과(공동, 교육학연구, 2020)

초등학생의 사회적 성취목표와 공격성 간의 관계에서 기본심리욕구의 매개효과(공동, 교육심리연구, 2020)

초등학생의 사회적 성취목표 유형에 따른 잠재집단 분류와 또래지위 및 공격성과의 관련성 탐색(한국심리학회지, 2020)

권지웅(Kwon, Ji Woong)

건국대학교 일반대학원 교육학과 교육학박사(교육심리 전공)

현 건국대학교 교육대학원 겸임교수
미림여자정보과학고등학교 교사

〈주요 논문〉

다층 구조방정식을 이용한 초등학생의 학급 공동체 의식 및 또래지위와 방어행동의 관계에서 친사회적 행동의 매개효과(공동, 교육심리연구, 2021)

초등학교 고학년 학생들의 학급 공동체 의식 및 친사회적 행동이 학교폭력 가해경험 및 피해경험에 미치는 영향에서 방어행동 매개효과(공동, 교육학연구, 2021)

초등학생의 또래공동체 의식과 외현적 공격성의 관계에서 친사회적 행동과 방어행동의 매개효과(공동, 교육학연구, 2020)

학교폭력 예방 및 학생의 이해
Prevention of School Violence and Understanding Students

2022년 8월 20일   1판 1쇄 인쇄
2022년 8월 30일   1판 1쇄 발행

지은이 • 박종효 · 이선숙 · 임재연 · 최은영 · 권지웅
펴낸이 • 김진환
펴낸곳 • (주) **학 지사**

　　　　　04031 서울특별시 마포구 양화로 15길 20 마인드월드빌딩
대표전화 • 02)330 - 5114　　　팩스 • 02)324 - 2345
등록번호 • 제313 - 2006 - 000265호

홈페이지 • http://www.hakjisa.co.kr
페이스북 • https://www.facebook.com/hakjisabook

ISBN 978-89-997-2723-8 93370

정가 17,000원

출판미디어기업 학 지사

간호보건의학출판 **학지사메디컬** www.hakjisamd.co.kr
심리검사연구소 **인싸이트** www.inpsyt.co.kr
학술논문서비스 **뉴논문** www.newnonmun.com
교육연수원 **카운피아** www.counpia.com